精神の生活（上）

精神の生活

上

第一部 思　考

ハンナ・アーレント 著
佐藤和夫 訳

岩　波　書　店

THE LIFE OF THE MIND

by Hannah Arendt

This Japanese edition published 1994
by Iwanami Shoten, Publishers, Tokyo
by arrangement with
Harcourt Brace & Company, New York
throughTuttle-Mori Agency, Inc., Tokyo.

〝何もしないときほど活動しているときはないし、
一人でいるときほど孤独でないときはない。〟

カトー

我々はみな、まるで夢のなかでものを見て、完全に知っていると思っていながら、
目がさめてみると自分は何も知らないと気がつく人間のようだ。

プラトン『ポリティコス』

編者のまえがき

私は、ハンナ・アーレントの友人として、また彼女の遺稿の管轄の任を負うものとして、『精神の生活』の出版の準備をした。一九七三年に**思考**が、アバーディーン大学のギフォード講座においてもっと短かい形で講義された。また、一九七四年には、**意志**の冒頭の部分も行われた。**思考**も**意志**も再度、もっと短い形で、一九七四—五年、および、一九七五年にニューヨークのニュー・スクール・フォー・ソーシャル・リサーチで講義として行われた。著作の経過とその準備の経過については各巻の終わりに編者の後記のなかで述べられることになろう。下巻には判断に関しての付録がふくまれることになるが、これはニュー・スクールで一九七〇年に行われたカントの政治哲学に関しての講義から採られたものである。

ハンナ・アーレントにかわって、アバーディーン大学のアーチボールド・ワーンハム(Archibald Wernham)教授とロバート・クロス(Robert Cross)教授、および、ワーンハム夫人とクロス夫人に感謝の意を表したい。彼らは、ギフォード・レクチャラーとして過ごしたときに厚意と親切をもって遇してくださった。また、招請に際しての責任者である大学の評議会にも感謝しなければならない。

編者として私自身は、とりわけて、ジェローム・コーン(Jerome Kohn)氏に感謝する。氏はニュー・スクールのアーレント博士の教育助手として、文献上の問題についてのいくつかの難問を解決するのにたえず助力してくれ、文献指示探索とチェックに熱心かつ注意深く助力してくれた。また、索引の準備に当たっては、氏およびラリー・メイ(Larry May)氏に感謝する。また、マーゴ・ヴィスクージ(Margo Viscusi)氏には特に謝意を捧げたい。彼女は聖人のような忍耐強さで、ひどく書き直しの入った原稿、しかも多くの挿入があり、さまざまな手書きで行間への書き込みのはいったものをタイプに打ってくれたし、徹底的に編集上の問題点を指摘してくれた。彼女の夫のアンソニー・ヴィスクージ氏には大学の教科書を貸していただき、いくつかのはっきりしない引用をチェックするのに大いに助けとなり、感謝する。私の夫であるジェームズ・ウェスト（James West）は、彼の大学の哲学教科書という意外なる授かりものを与えてくれ、原稿について討論し、時にはそこで生まれる難問をすすんで議論してくれたことに感謝する。共同夫にはまた、この本の全体的なプランと配列にあたって快刀乱麻を断つ決断を示してくれたことにも感謝する。共同の遺稿管理者であるロッテ・ケーラー（Lotte Köhler）氏は、出版社の編集者がハンナ・アーレントの蔵書を利用できるように関連する本を選び出してくれたし、あらゆる面で献身的に援助してくれた。そのことにお礼を言いたい。ハーコート・ブレイス・ジョヴァノヴィッチ（Harcourt Brace Jovanovic）社のロバータ・レイトン（Roberta Leighton）さんと彼女のスタッフは原稿に対して多大の労と理解を示し、通常では考えられないようなことをしてくれたことへ大いに感謝する。ウィリアム・ジョヴァノヴィッチ（William Jovanovich）氏は、三度にわたるギフォード講座へ出席されていたことからもすでに明らかなように、『精神の生活』に対して常に深い関心を氏個人として抱いてくださっていた。そのことに心から感謝する。ハンナ・アーレントは氏に対して「著者」という以上の存在であったし、アーレントの側でも、たんに友情をうれしく思っただけでなく、本文に対してコメントや批判的見解を述べてくださったことを高く評価していた。アーレントの死以後、編集された文章を注意深く読み、カント講義からの**判断**の素材を扱う点でも、私を力づけてくれた。それ以上に、大小さまざまな点で決定する際の労をすすんでとってくださった。私は、また、友人のスタンレー・ガイスト（Stanley Geist）とジョセフ・フランク（Josef Frank）にも感謝しなければならない。彼らは、原稿の言語上の問題点が生じたときに相談に乗ってもらった。また、パリのゲーテ・インスティテュートの私の友人であるワーナー・ステーマン（Werner Steman）にはドイツ語について助けにのってもらった。

ザ・ニュー・ヨーカー（The New Yorker）が思考を少し変更を加えただけで公刊してくださったことに謝意を示したい。ウィリアム・ショーン（William Shawn）氏は、原稿に対して熱心かつ好意的に扱ってくださったが、著者もそれには非常に満足したことであろう。最後に、なによりも、ハンナ・アーレントが彼女の本を仕上げる名誉を私に与えてくれたことに感謝する。

メアリ・マッカーシー（Mary McCarthy）

目　次

精神の生活（下）・目次

凡　例

一、本書の底本としては左記の書物を用いた。

Hannah Arendt, The Life of the Mind, A Harvest/HBJ book, 1978, San Diego.

ただし、この著作にはアーレントの他の多くの著作のように、ドイツ語版も存在するので、それも適宜参照した。ドイツ語版は、左記のものである。これは単なる忠実なドイツ語への英語からの翻訳ではないので英語版との違いも見られる。

Hannah Arendt, Vom Leben des Geistes, R. Piper & Co. Verlag, München, 1979.

さらに、英語からの忠実な翻訳としての左記のフランス語版も参考にした。

Hannah Arendt, La vie de l'esprit, traduit par Lucienne Lotringer, PUF, 1981.

一、英語版には一巻にとりまとめられた出版もあるが、本書はドイツ語版フランス語版と同じく二巻に分けて出版する。

一、編者のメアリー・マッカーシーの後書きにもあるとおり、編集の過程ではマッカーシーの手が入っている（内容的には本質的な介入ではない）ので、とりわけ引用にはさまざまな形式がとられているが、ドイツ語、フランス語、ギリシア語、ラテン語の引用については訳語を示してその後に（　）で原語を示した。ただし、ロゴス、ヌースのように哲学的にみて基礎的と判断される単語については、必要と思われる範囲でそのままカタカナ表記を使った場合もある。日本語に翻訳したが、原文での表記が英語以外のものであった場合には、〃　〃によってそれが英語以外のものであることを示した。

一、原文で“ ”による引用は「 」で示し、さらにそのなかで‘ ’で引用されている単語は「 」で示した。また、アーレントが引用で[ ]として補足しているものは【 】で示した。原文イタリックで表記されたものは傍線によって示した。また、大文字で表記されている名詞はゴチックで示した。

一、原文で**I-am**のようにハイフンでつながれているものは〈私は存在する〉というように示した。

一、訳者が最低限理解のために必要だと判断して挿入したものについては〔 〕で表記した。

一、原文による注番号は(1), (2), (3), のように示し、訳注は*, **, ***で示した。

一、原注については、英語版を基本にしたが、引用された本のうち、ドイツ語やフランス語の著作の多くが英語への翻訳に依拠して記載されており、日本の読者にとっては必ずしも有益ではないので、それぞれできるだけ原典の出典に立ち戻ってページを引用するようにした。また、その際に、ドイツ語版、フランス語版の双方を参照した。また、原典に立ち戻って調べると、かならずしも当該の文章に合致していないものも少し見られたが、それも英語版に従った。

第一部　思　考

序論

思考は科学のように知識をもたらしはしない。
思考は役に立つ人生訓を作り出しはしない。
思考は宇宙のなぞを解きはしない。
思考は直接行為への力を与えるわけではない。

マルティン・ハイデガー

この講義に私がつけた『精神の生活』という名前は、もったいぶった感じがするし、思考について話をするというのは、私には大変におこがましく感じられるので、これを正当化するよりも申し訳を述べることで始めたほうがよいとも思われる。もちろん、とりわけ、ギフォード講座という著名で意義深い場からすればテーマそのものはどんな正当化も必要でないほど明らかである。私が不安に思っていることは、この私がそれを手がけるということである。というのも、私は「哲学者」だと言う気はないし、また、「哲学者」でありたいというわけでもないからだ。いいかえれば、カントが、皮肉抜きで「職業的思想家」(1)(Denker von Gewerbe)と呼んだものの一員だという気がないし、その野心もないからである。それなら、こうした問題は専門家の手に委ねるべきだったのではないかと問われるだろうし、また、答える場合にも、私が比較的安心していられる政治学と政治理論の領域から、畏れ多いといってよいような事柄をそのままに放っておかないでどうしてあえて飛び込んでいったのかの動機を示す必要があろう。

事実経過としては、私が精神の活動について取り組むようになったのには二つのかなり異なった原因がある。直接の動機になったのは、私がイェルサレムのアイヒマン裁判に傍聴に行ったことである。その報告のなかで(2)、私は「悪の陳腐さ」について述べた。その背後にテーゼや理論があったわけではない。しかしながら、ぼんやりとはいえ、私はそれが悪という現象についての我々の思想伝統――文学、神学、哲学上の――とは違っているものだという事実に気付いていた。我々が学んだところでは、悪というのは、なんか悪魔のようなもので、それが姿をとったものがサタンであり、「稲妻のように天から落ちる」(ルカによる福音書、10章18節)ものである。あるいは、堕落した天使である悪魔ルシファー(「悪魔は天使でもある」――ウナムノ)であり、その罪は驕り高ぶりにある。(「悪魔ルシファーのように驕っている」)、すなわち、最善の人だけがおちいる〝驕り〟(superbia)である。彼らは神に仕えたいとは思わず、むしろ自分が神のようであろうとする。悪人は嫉妬が原因となって行為すると言われている。こうするのは、自分では何の科もないのにことがうまくいかなかったことへの恨みのためかもしれない(リチャード三世)し、あるいは、カインのような嫉妬からかもしれない。カインの場合、「主がアベルとその貢物には目を留めたが、カインとその貢物には目を留められなかった」のでアベルを撲殺したのである。また、弱さの故にそそのかされてのことかもしれない(マクベス)。反対に、悪が純粋な善に対して感じる強い憎悪から(イアーゴは「俺はムーア人が嫌いだ。気に入らぬことだらけだ」といい、クラッガードはビリー・バッドの「野蛮な」無邪気さに憎悪し、メルヴィルはそれを「自然からする邪悪」だと考えている)*である場合もある。あるいは、「一切の悪の根源」(**Radix omnium malorum cupiditas**)である強欲による場合もある。ところが、私が直面したのはまったく別のもので、しかもなお、まごうことない事実なのである。私はこの犯罪者の行ないがあまりに浅薄であることにショックを受けた。ここでは彼の行為の争う余地のない悪を、より深いレヴェルの根源ないしは動機にさかのぼってたどることができないのだ。やったことはとんでもないことだが、犯人(今、法廷にいる、少なくともかつてはきわめて有能であった人物)は、まったくのありふれた俗物で、悪魔のようなところもなければ巨大な怪物のようでもなかった。彼には、しっかりしたイデオロギー的確信があるとか、特別の悪の動機があるといった兆候はなかった。過去の行動および警察による予備尋問と本審の過程でのふるまいを通じて唯一推察できた際立った特質といえば、まったく消極的な性格のものだった。愚鈍だというのではなく、何も考えていないということなのである。イスラエル法廷と監獄のなかで、彼はナチ時代と同じように役割をこなしていた。ところが、そういった日常の手順では済まない状況にぶつかると、彼は途方に暮れた。また、彼が仕事をしているときには、きっと決まり文句だけでしゃべっていたに違いないが、それを証人台でも使ったので一種のブラックユーモアをかもし出した。常套語、決まり文句、因習的で規格にはまった言い方や行動様式というのには、現実から我々を守るという社会的に認められている機能がある。すなわち、それらによって現実の出来事が生じているときに思考が注意を向けないようになるのである。もし我々がいつ何時でもこうした出来事に注意を向けるように求められたら、我々はほどなく疲れ切って消耗してしまうだろう。アイヒマンが我々他の人間と違っていたのは、彼はあきらかに、このように思考を働かせることをまるで知らなかったということだけなのである。

このような思考の欠如というのは、我々の日常生活ではきわめてありふれたことであるのだが、そうなるのは立ち止まって考える時間もほとんどないし、ましてや、そうしたいとも思っていないからである。しかし、これこそが私の興味をひいたことである。〈悪を為すこと〉(作為による罪も不作為による罪も)は、「邪悪な動機」(法律で言われるような)がなくてもできるというだけでなく、また何か特別な差し迫った利害なり意志がなにもなくても可能なのではないだろうか。悪意というのをどう定義するにせよ、このような「悪への意志」というのは、ひょっとしたら悪しき行為にとってなんら必要条件ではないのではないか。ことによれば善悪の問題、正不正を区別する能力は我々の思考能力と結びついているのではないか。それは、「徳は教えられ」学ばれうるかのように、思考が結果として良い行いを生み出すことができるといった意味ではない。教えられうるのは習慣や慣習だけであり、しかも、新しい状況が生まれて対応の仕方を変える必要が起きると、驚くほどの早さで学んだことを疎かにしたり忘れたりしてしまうことはよくよく知られている。(我々が、通常、善悪の問題を「道徳」や「倫理」として扱うという事実は我々がいかにそれらについて知っていないかを示すものである。というのも、道徳〔moral〕というのは mores から、倫理〔ethics〕は ēthos から来ており、ラテン語とギリシア語の慣習と習慣という言葉なのである。その場合、ラテン語では行動の規則と結びついているが、ギリシア語では英語の「habit」のように住み家〔habitat〕から来ているのである。)問題となっている思考の欠如は、以前よい習慣・慣習とされていたものを忘れることから出てきたものでもないし、理解力がないという意味での愚かさによるものでもない。また、「精神異常」という意味での愚かさによるものでさえない。

というのも、いわゆる倫理的決定だとか良心の問題といったものと何の関係もない状況のなかで思考の欠如が現われているものだからである。

するとおのずと次のような問いが出てくる。思考活動そのもの、結果や内容には関係なく、起きたり注意を引いたりするものを何でも調べようという習慣、こうした活動は、〈悪を行なう〉ことを抑制する条件になりうるか、あるいは、実際に、悪を為さないようにと人間を「条件付ける」ことがいったい可能なのだろうか、と。(「良心」という英語、con-science そのものが、いずれにせよ、「自分自身によって自分と一緒に知る」という意味であるかぎりでは、このことを示しており、これは思考過程ではいつも起きることである。) そして、この仮説は我々が良心について知っていることのすべてからも確かめられるのではないか。すなわち、「やましいところのない心」というのは、一般的にいえば、犯罪者とかそういった本当に悪い人びとだけが持てるものであり、他方、ただ「善良な人びと」のみが「良心の呵責」を持ち得るということだ。カントの表現を使って別の言い方をすればこうなる。私がいやおうなしに「概念(悪の陳腐さという)を所有する」ことになったという事実にショックを受けた後では、私は〝権利問題〟(quaestio juris)を立てて「どういう権利があって私はそれを所有し、使うのか[3]」と問わずにはいられない。

こうして、アイヒマン裁判がまず最初にこの問題への関心を呼び起こした。第二に、これらの倫理的問題は、現実の経験から生まれてきているが、年月を経て得られた人類の英知には反するものであって、哲学の一部門たる「倫理学」が悪の問題について与えてきたさまざまな伝統的な回答に反しているというだけでなく、「思考とは何か」というもっとずっとさし迫った必要性のとぼしい問いに対して哲学が用意してきたずっと広範囲にわたる回答にも反している。「人間の条件」についての研究を終えた後、私には頭を悩ましていたいくつかの問題を新たに考えてみるのにちょうどよい時期だった。ちなみに、『人間の条件』というのは出版社がつけた巧みなタイトルであって、私はもっと控えめに「活動的生活」〔The Vita Activa〕の研究とするつもりだったのである。私は政治理論で古来の関心事であった**活動**(Action)に関心を持っていたのだが、私がそのことでいつも頭を悩ましていたのは、この問題を考察する際に使った用語であるウィタ・アクティウァ(vita activa)というのは、観想的生活に没頭し、生きることをすべてその視点から考察している人びとが作った言葉だということなのである。

この面から見ると、活動的な生活の仕方は「労多く」、観想的な在り方はまったくの静寂である。活動的なそれは公で営まれるが、観想的なそれは「さびしい荒野」で営まれる。活動的なそれは「隣人の必要」のために捧げられるが、観想的なそれは「神を見ること」に捧げられる。(**Duae sunt vitae, activa et contemplativa. Activa est in labore, contemplativa in requie. Activa in publico, contemplativa in deserto. Activa in necessitate proximi, contemplativa in visione Dei.**)私は十二世紀の中世の作家[4]からほとんど自由に引用したが、それは観想が最高の精神の状態だという考えは西欧の哲学の発生と同じくらい古いからである。プラトンによれば、思考活動というのは我々が自分自身と沈黙のうちに行なう対話だというのだが、この思考活動は精神の目にのみ見えるようになっているし、アリストテレスのヌース(**nous**、理性)でさえも真理を見て捉えるための手段なのである。いいかえれば、思考の目標と終局は観想にあり、観想とは能動的なものでなく受動的なものなのである。観想とは精神活動が休息するに至る点なのである。哲学が神学の侍女となっていたキリスト教時代の伝統に従えば、思考は省察となったのであり、省察は再び観想に終わるのであった。観想というのは、一種の魂が祝福された状態で、精神はもはや真理を知ろうと労するのではなく、未来の状態を予感しながら、一時的にそれを直観として受け取るのである。(特徴的なことに、デカルトもこの伝統に影響されて、神の存在を証明しようとした論文を『省察』と呼んでいる。)近代の登場とともに、思考は基本的には体系化された知識としての科学の侍女となった。たとえ思考がきわめて活動的なものとなったとしても、「私が自分で作ったものだけを知ることができる」という近代の中核的確信に従うと、現象によって隠された自然と宇宙の法則を探る鍵を与える諸科学の中の王としての**科学**となったのは、際立って非経験的な学問である**数学**だったのである。

数学においては、精神が自分とだけ遊び戯れるように見えるのである。プラトンの場合、魂の不可視の目は確実な認識を伴って不可視の真理を捉える器官だというのが公理のようなことだったとすれば、デカルトにとってそうだったのは、――「啓示」の有名な夜の間――「[現象によって隠されており、感覚知覚をだます]自然の法則と数学の法則が基本的に一致していること[5]」だった。すなわち、最高のもっとも抽象的なレヴェルにある推論による思考の法則と、自然の単なる仮象の背後にあるものすべての法則とが一致するということである。デカルトは実際に、このような種類の思考、ホッブズが「結果の計算」と呼んでいたものによって、神の存在、魂の本性、といったたぐいの事柄に一定の認識が得られると信じていたのである。

活動的生活で私の興味を惹いたのは、それが**観想的生活**の完全な静寂さとまったく反対のものだという考えがあまりに支配的になっているので、静謐さに比較すれば**活動的生活**のさまざまな活動の間の他の区別は消え去ってしまっているということである。この静寂さに比べれば、汗水流して地を耕すのか、労働して有用物を生産するのか、何かのことを人と一緒に企てるのかという違い*はどうでもよくなった。マルクスの著作と思想においては、行為の問題は中核的な役割を演じていたのだが、その彼でさえも「「実践」(Praxis)という言葉を、「思考すること」に対比した意味で「行動すること」という意味で使ったに過ぎない[6]」。とはいっても、この問題をまったく別の視点から見ることができることは知っていたし、私の疑問を示す意味で、活動的生活についてのこの著作をキケロがカトーのものだとした奇妙な文章で終えたのである。カトーは「人は何もしていないときほど活動していることはないし、一人でいるときほど孤独でないときはない」(**Numquam se plus agere quam nihil cum ageret, numquam minus solum esse quam cum solus esset**[7])とよく言っていたというのである。カトーが言っているのが正しいとするとしても、当然次のような問題がある。我々が何もしないでただ考えているとき、我々は何を「している」のか、また、通常は仲間に囲まれている我々が誰とも一緒でなくただ自分だけと一緒にいるとき、我々はどこにいるのか、と。明らかにこういう問いを立てるのは困難がある。ちょっと見ると、これはかつて「哲学」や「形而上学」と呼ばれていた、今日では周知のように不人気になっている二つの言葉と二つの領域に属しているように見える。もしこれがたんに現代の実証主義者や新実証主義者の非難だけに係わることなら、おそらく気にかける必要もあるまい。もしこれがたんに現代の実証主義者というカルナップの言明は、たしかに、形而上学者の普通の考えに反している。けれども、形而上学者の考えの方もカルナップ自身の評価のように、ことによると詩を過小評価しているのかもしれない。カルナップに攻撃目標として選ばれているハイデガーは、哲学と詩とはきわめて密接に結びついているのだと切り返している。二つは同じというのではないが、同じものに起源を持っており、思考がその起源なのである。アリストテレスについて、彼がただ「たんに」詩だけを書いているといって非難する人はいないが、彼も同じ考えで、詩と哲学は同じものに属しているという意見だった。ヴィトゲンシュタインの有名なアフォリズム、「語り得ないものについては沈黙しなければならない」はもう一方の意見を代表するが、もしこれを真面目に取れば、たんに感覚経験を超えるものについてだけでなく、さらに感覚対象にまで当てはまることになるだろう。見たり聞いたり触れたりするもののどれも、感覚に与えられたままに言葉で表現するということはできない。ヘーゲルが「感覚の**このもの**について……言葉で表現することはできない」[8]と指摘していたのは正しい。なによりも哲学と形而上学を求めていったのは、まさに、思考の場である言葉と、生活の場である現象世界の間に亀裂があるということを発見したからではないか。当初、真理あるいは真の存在に達するのは、ロゴス(**logos**、言葉)という形態であれ、ノエーシス(**noēsis**、思考作用)の形態であれ、思考だと考えられていた。ところが、終わりには、重点が知覚に与えられるものや身体の感覚を拡張し鋭敏化するための用具へと移ってしまったのである。前の場合には現象が低く扱われて差別され、後者では思考が差別されるのはきわめて当然のことのように見える。

形而上学的問題に係わる困難が生まれてきたのは、その問題を「無意味」とする人びとによってというよりは、むしろ、攻撃されている側からである。というのは、神学者たちが、昔からの不信仰者の輩とは区別したうえで「神は死んだ」という命題について話しはじめたときに神学における危機が頂点に達したように、哲学と形而上学における危機が明らかになるのは、哲学者自身が哲学と形而上学の終焉を宣言しはじめたときだからである。今ではそれももう古い話である。（フッサールの現象学が魅力的であったのは「事象そのものへ」(Zu den Sachen selbst)というスローガンが反歴史的で反形而上学的な意味を含んでいたからである。そしてハイデガーは「一見形而上学の道に留まっているように見える」が、一九三〇年以来くりかえし宣言しているように、「形而上学の克服」を目指していたのである。[9]）

「近代の宗教の基礎に流れている感情は「神は死んだ」という感情だ[10]」と最初に宣言したのはニーチェではなくてヘーゲルだった。六〇年前、エンサイクロペディア・ブリタニカは「形而上学」のことを「もっとも信用を失った[11]」哲学と扱ってまったく問題としなかった。そして、もしもっと立ち戻って、この不評をたどりたければ、そのけちをつけているのでもっとも有名な人物としてカントにぶつかる。ただし、モーゼス・メンデルスゾーンが「すべてを破壊するもの」(alles Zermalmer)と呼んだ『純粋理性批判』ではなくて、前批判期の著作におけるカントである。そこでカントは、自由奔放に、「形而上学と恋に陥るのは運命だ」ということを認めながら、それが「底なしの深淵」で、「あやふやな地盤」であって、「理性の夢想家」たちが「飛行船」の中に住んでいるみたいに感じるユートピア的な「安逸の地」(Schlaraffenland)であって、「どれをとっても根拠なしの世間知とぴったりと一致する愚行ばかりだ[12]」と述べている。この点について、リチャード・マッキーンの見事な発言で今日述べるべきことはつきる。長く錯綜した思想史のなかで、この「畏怖すべき学問」は「その機能についての一般的な納得も、また、……この主題についての合意すらも[13]」生み出しはしなかったというのである。このような価値低落の歴史を考えると、「形而上学」という言葉がそもそも残ることができたということはむしろ驚くべきことである。カントが老年になって「畏怖すべき学問」

に最後の一撃を加えた後、人間は、「喧嘩で別れた後で愛人のところに戻っていくように」(wie zu einer entzweiten Geliebten)(14)きっと形而上学に戻ってくるだろうと予言したのは正しいのではと思いたくもなろう。

私は、それがとりわけ正しいとも望ましいとも思わない。けれども、我々が現在の状況の利点はなんだろうかと考え始めるまえに、神学や哲学、形而上学が終わりに達したと考えることが実際何を意味しているかを反省してみるのが賢明だろう。それはたしかに神が死んだということではない。それは神の存在について知り得ない(事実、ほとんど分からないのだから「存在」という言葉も不適切である)のと同じく我々の知り得ないようなことである。そうではなくて、数千年来、神について考えられてきた考え方がもはや説得的ではないということなのである。もし何かが死んだのなら、それが可能なのは神についての伝統的な考えだけである。同じようなことが哲学と形而上学の終焉ということについても当てはまる。人間のこの世への登場と時を同じくする古来からの問題が「無意味」になったのではなく、その枠組みや答えの仕方が妥当性を失ったのである。

終わってしまったのは、感覚的なものと超感覚的なものとの基本的な区別である。この区別は、少なくともパルメニデス以来、感覚に与えられないものは——**神**であれ、**存在**であれ、**第一原理**かつ**原因**(archai)であれ、**イデア**であれ——、現象するものよりも実在的で、真実であり意味が深いものであり、感覚知覚を超え出るだけでなく、感覚世界の上の方にあるのだという考えと一緒になっているのだが、これが終わったのである。「死んで」いるのはこのような「永遠の真理」の限定ということだけではなく、区別そのものなのでもある。他方、少数の形而上学の擁護者たちはこのような発展にはニヒリズムの危険性があるとますます大きな金切り声をあげて警告している。そして、彼らには重要な論拠があって自身ではめったにそれに頼ったりはしないが、彼らに利のあるものだ。一旦、超感覚的な領域が捨てられると、たしかに、その対立物だと何世紀にもわたって考えられてきた現象世界もまた抹消されてしまう。実証主義者によって今日なお感覚と考えられているものは超感覚的なものが死んだら生き延びることはできないというのだ。このことを一番よく知っていたのはニーチェであって、彼は神の暗殺を詩的で比喩的な描写によって行なって、[15]このことに大波乱をまき起こした。『偶像の黄昏』の重要な箇所で、彼は以前の歴史で「神」という言葉が何を意味していたかを明らかにする。それは、形而上学で考えられてきた超感覚的な領域の象徴にすぎなかった。そこで、彼は「神」に代って「真の世界」という表現を使い、こういう。「我々は真の世界を廃絶した。何が残っているか。ことによったら現象世界か？　あー、違う！　真の世界と一緒に現象世界もまた廃絶してしまったのだ」。[16]

このようなニーチェの洞察、すなわち、「超感覚的なものの除去はまたたんに感覚的なものも除去し、したがって両者の違いも除去してしまう」（ハイデガー）[17]というのは、実際、きわめて明白なので、それを歴史の問題としてしまおうという試みはどれも不可能である。二世界についてのあらゆる思考から帰結することは、これら二つが相互に不可分に結びついているということである。こういうわけだから、実証主義に反対する手のこんだ近代の議論は、デモクリトスによって、超感覚的なものの器官である精神と感覚との間の小対話で、これ以上ないほど単純明快に予言的におこなわれている。精神が言う。「感覚知覚は幻影だ。それは身体の条件によって変化するからだ。甘さ、苦さ、色などというのは、人間の取り決めによって（nomō）存在するのであって、現象の背後にある真の自然によって（physei）いるのではないのだ」と。これに対して、感覚は答える。「哀れな精神よ！　お前は、証拠［pisteis，信用できるものすべて］を私たちからとっておきながら我々を打ち倒そうというのか。我々を打倒すればお前が滅亡することになるぞ」。[18]言いかえれば、一旦、これまでいつも周到に保たれてきた二つの世界のバランスが失われてしまうと、「真の世界」が「仮象の世界」を絶滅しようと、その反対であろうと、我々の思考がつねづね依拠してきた枠組み全体が崩壊していく。そのように見ると、何ももう大した意味がないかのように見えるだろう。

神や形而上学、哲学、さらには実証主義もそこに入ることになろうが、近代におけるこれらの「死」は歴史的にかなりの影響力のある出来事となった。というのは、今世紀の初め以来、こういうことは知的エリートの独占的関心事でなくなってしまっており、かわりに、この死は関心事どころかほとんどすべての人の共通の前提として吟味以前のものとなっているからである。このことの政治的側面についてここでは扱わない。ここでの問題からすれば、実際に一つの政治的権威である問題については考察外に置いて、我々の思考様式がどれほどこの危機に巻き込まれようとも思考する能力は問題になっていないのだという単純な事実をむしろ強調するほうがよかろう。我々人間は常にそうであったのだが、――思考する存在なのである。この意味するところは、人間は認識の限界を超えて思考し、この能力を知識をえたり行動するための手段として使う以上のことをしようという傾向、あるいは、ことによったら欲求を持っているのだということである。この点でニヒリズムだというのは、もうしばらく前に実際に死んでしまっているけれど、その消滅が公認されたのはほんの最近のことである概念や推論をきっぱり捨てさってしまいたくないということにすぎない。こういう状況のなかで我々は、近代の初期にやったこと、すなわち、すべての問題を「私以前には誰もその問題に触れたことがないかのように」(デカルトが『情念論』の序論のところで提起しているように)扱うことさえすればなあ！　と、考えたくもなるのだ。これが不可能になったのは、一つには、歴史意識が非常に拡大したからであるが、主要には、活動としての思考が、思考を人生のあり方として選んだ人びとにとって、どのようなものであったのかといえば、今日なら「形而上学的誤謬」と呼ぶようなものの意味しか記録に残っていないからである。大思想家のものだと伝えられている体系や教説のどれもが近代人が読むと説得力を持たないし、もっともらしくさえ見えない。しかしながら、そのどれも恣意的なものではないのだということをここで示そうと思うし、それをまったく無意味だとあっさりと片付けることはできないのである。反対に、形而上学的誤謬の中にだけ、思考している人にとって思考がどういう意味なのかということへの手がかりが含まれているのである。これは今日非常に重要なことだが、それについては奇妙なことにほとんど直接の言及がないのである。

したがって、形而上学と哲学が消滅した後の我々の状況で有利なことがあり得るとすれば二つであろう。我々は、伝統に束縛も指導も受けることなしに新しい目で過去を見ることが許されるし、生の経験という巨大な富について、その宝をどうすべきかという指示に拘束されないで取り扱うことができる。「我々には何の遺言書もなしに過去から受け継がれてきた」(Notre héritage n'est précédé d'aucun testament)[19]。そうした有利さが一層増すかもしれないのは、そのことによって、どんなレヴェルにせよ、不可視なものの世界で活動することができなくなる──それはほとんど不可避のことなのだが──ことにならないでいたらのことである。別の言い方で言えば、見たり触れたりすることのできないものはみなだめだということになって、伝統と一緒に過去そのものまで失うという危険に陥ることになっていなかったならば、この有利さは一層大きなものにさえなるだろう。

というのも、形而上学の主題が何かについてはあまり十分な合意がなかったけれども、少なくとも一点は認められている。すなわち、形而上学と呼ぼうと哲学と呼ぼうと、この学問は感覚知覚には与えられないものを扱い、その把捉においては、感覚経験から生まれて経験的な検証によって確証されるものである常識の推論を超越していくということである。パルメニデスから哲学の終わりまで、すべての思想家が一致したのは、そのようなことを扱うには、感覚によって得られる世界からも感覚対象から生まれる感覚作用──ないし情念──からも精神を引き離して、精神を感覚から引き離さなければならないということである。哲学者は哲学者であって「そこらの普通の人間」(もちろんそうでもあるのだが)でないかぎりでは、現象の世界から退きこもるのであり、こうして移っていった領域は、哲学の始まり以来、いつも少数者の世界だとされてきたのである。「職業的思想家」というのは人間が達し得る最高の活動とされているもの──プラトンにおいて哲学者は「神の友と呼ばれ、もし人間に不死性が与えられ得るとすれば、哲学者に割り当てられることになる」[20]──にもっぱら係わるとされているが、これと世の多数派という昔からの区別は通用しなくなっており、このことは現代の我々の状況の第二の有利な点である。以前に示唆したように、正誤を区別する能力が思考する能力と何らかの関係があるべきだとすれば、正常な人間なら、その人の教養や知識がどうであろうと、この能力を働かせることを「要求」することができるにちがいない。カントは、この点に関して哲学者のなかでほとんどたった一人、哲学というのは、倫理的な内容が含まれているというまさにその理由からして、ただ少数者のためだけにあるという通俗的見解に心を悩まし、一度は「邪悪な心が愚かさの原因」[21]と述べたのである。しかし、これは正しくない。思考が欠如していることが愚かだというのではない。思考の欠如はきわめて知的な人びとにも見いだされるし、邪悪な心はその原因ではない。たぶん、反対なのであって、悪は思考の欠如によって引き起こされるのだろう。いずれにせよ、思考が高等数学のように専門分野の独占物だといった具合に、「専門家」に任せておけばよいものではない。

我々の意図からすれば肝心なのは、カントの Vernunft と Verstand、「理性」と「知性」(「悟性」というのは誤訳だと思う。カントはドイツ語の Verstand をラテン語の intellectus の訳語に使ったのであり、Verstand は verstehen、現代の訳で言えば「理解する」というものの名詞形だが、ドイツ語の das Verstehen に含意されているものを持っていない)という区別である。カントが二つの精神能力についてこのように区別をしたのは、「理性のスキャンダル」を発見した後からであった。すなわち、我々の精神は、どうしても考えずにはいられない事柄や問題があるが、それらについて確実で検証できるような認識を持つことはできないのだというのである。しかも、彼によれば、これらは純粋思考だけが係わり合うことのできるものであるが、今日「究極の問い」と呼ばれている神、自由、不死ということに限られているのである。けれども、こういう問題について人びとがかつて実存的な関心を寄せていたということとはまったく別に、また、カントは「誠実な心の持ち主で、すべては死と共に終わると考えて平然と生きていられた人はいなかった」[22]となお考えていたが、理性の「差し迫った欲求」というのは「単なる知識欲とは」異なっているし「それ以上のものである」[23]ということもきわめてよく分かっていた。したがって、理性と知性という二つの能力を区別するのは、まったく別の二つの精神活動である思考することと知ることとを区別することと合致している。また、まったく別の二つの精神の関心事である意味（第一の分野）と認識（第二の分野）との区別と合致するのである。カントはこの区別を主張はしていたけれど、形而上学の伝統のずっしりとした重みを強く感じとっていたので、伝統的な主題、すなわち、結果的には知ることができないと分かることになる話題に執着していたのである。また、彼は理性には認識し得るものの限界を超えて考えようという欲求があることを認めたが、人間には知っていることも知り得ないことも自分に係わるほとんどすべてのことに思いをめぐらしたいという欲求があるという事実には気づかないままでいた。彼は究極の問いに係わって理性を弁護したが、そのことによって思考する能力たる理性をどれほど解放したかにはまったく気づかないままでいた。彼は、弁護的な言い方で、自分は「認識を拒絶する必要があると分かったが、……それは信仰に余地を与えるためである」[24]と述べたが、信仰のために余地を与えはしなかった。彼は思考のために余地を与えたのであり、「認識を拒絶」したのではなく、認識から思考を分離したのだ。形而上学に関する講義の注の中で「形而上学の目的は感覚世界の制約を超えて、消極的にだけでしかないけれど、我々の理性を拡張していくことなのである。すなわち、理性自身を妨げてきた障害を除去することである」[25]（傍線付加）と書いた。

　理性（Vernunft）が自ら課してきた大きな障害は知性（Verstand）の側から生まれてくるもので、知性が我々の認識衝動を満足させ要求をみたすという自分の目的のために立てた基準を完全に正当化しようとして生まれてくるのである。カントも彼の後継者も活動としての思考にあまり関心を寄せず、まして思考する自我の諸経験に注意を払わなかった理由は、あらゆる区別をしたにもかかわらず、彼らが認識の結果や認識の基準となるような類いの確実性と明証性の結果と基準を思考に要求していたからだ。しかしながら、仮に、思考と理性は認識と知性の限界を超える権利を持っているということが成り立つ――カントはその対象を認識することはできないが、人間にとってきわめて大きな実存的関心なのだということの理由でそのことを認めているが――とすると、思考と理性は知性の場合とは別のものに係わっているのだということが想定されなければならない。そこから帰結するところを簡潔化して先に言えばこうである。理性の必要は真理の探求によってではなく意味の探求によって生まれる。そして、真理と意味とは同じではない。あらゆる個別の形而上学的誤謬に先立つ基本的な誤りは意味の解釈に際して真理をモデルにすることである。このことのごく最近の、しかも、いくつかの視点からしてきわめて衝撃的な例は、ハイデガーの『存在と時間』に見られる。この出発点は「**存在**の意味の問いを新たに」[26]立てることから始まっているのである。ハイデガー自身は自分が最初に立てた問題を後に解釈してこうはっきりという。「「**存在の意味**」と「**存在の真理**」は同じことである」[27]と。

このように両者を等しいと考えれば、カントによる理性と知性の区別、思考するという「突き上げてくる欲求」と「知識欲」との間の区別を認めて思考するのを拒絶することになるが、この同一視したいという思いは非常に強くて、それを伝統の重みのせいだけにしてしまうことはできない。カントの考察によって結果的にはドイツ哲学を非常に大きく解放することになり、ドイツ観念論の興隆を引き起こしたのである。これによって思弁的な思考をする余地ができたことは疑いないところだが、この思考がふたたび専門家の新分野のための領域となり、哲学の「主題」は「真にあるものを現実に認識すること」[28]だということになるのである。カントによって旧来の学派の独断論とその不毛な訓練から解放されたのだが、この専門家たちは新しい体系を立てただけでなく、新しい「学問」を立て――その仕事で最大の著作であるヘーゲルの『精神現象学』のもともとのタイトルは「**意識の経験の学問**」[29]であった――て、カントが立てた区別、不可知なものへの理性の関心と知性の認識への関心とは別だとした区別をわざわざ曖昧にしていった。カントがまるで存在しなかったかのようにデカルト流の確実性の理想を追求しながら、彼らは自分たちの思弁の結果が認識過程の結果と同じ種類の確実性を持つかのようにみな本気になって信じたのだ。

第Ⅰ章　現　象

神はまさか我々を現象によって判断している
のだろうか。そうかとも思える。

W. H. オーデン

1　世界の現象するという性格

人間が生まれてくるこの世界には多くのものが含まれている。自然物もあれば人工物もあり、生きたものも死んだものもあるし、一過的なものも永続的なものもある。これらのすべてに共通なのは、それらが現象するということ、したがって、見たり、聞いたり、さわったり、味わったり、においをかいだりされるようになっており、照応する感覚器官を持っている感覚能力のある生物に知覚されるようになっているということである。もしかりに、現象するものの受け取り手、つまり、気付いて、それと認め、それに反応することのできる生命体がいなければ、なにものも現象することができないだろうし、「現象」ということばが意味をなさないだろう。この場合、それを避けて逃げるのか望むのか、あるいは、それを是認するか否認するか、さらには、非難するか、それとも、称賛するのかといった反応の違いがあるが、たんにそこに存在するというだけでなく、それらに知覚されるようになっているのである。我々はこの世界へどこからともなく現象してきて、しかもそこから、どことも知れぬところへと消えてゆくのである。この世界においては存在と現象とは一致する。死んだものは自然のものであれ、人工のものであれ、あるいは、変化するものであれ、変化しないものであれ、生命体のいるところでなければ存在できない、つまり、現象しえないのである。この世界のなんであれ、誰であれ、それが実際に存在するためには、かならず、観察者〔観客〕が必要なのである。いいかえれば、存在しているものはなんでも、それが現象するかぎりは単独に現存することはない。存在するものはすべて誰かに知覚されるようになっている。**人間なる抽象体**がこの惑星に住んでいるのではなく、人々が住んでいるのである。複数であることがこの世のおきてなのである。

人間や動物という感覚能力のある存在者にたいしてものごとは現れ、しかもこの人間や動物がものごとの実在を保証するのである。ところが、この感覚能力のある存在者自身がまた現象するものであり、見ることと見られること、聞くことと聞かれること、触れることと触れられること、その両方をするようになっているし、また、そうできるのである。それらは、けっしてたんに主体としてのみ存在するわけではないし、またそのように捉えられえないのである。それらは石や橋におとらず「客体として対象となるもの」なのである。生命体の世界性とは、つまり、同時に客体でもないような主体は存在しないということを意味している。また、その「客体的な」実在性を保証してくれる誰か他の人にそのように現象するのである。我々がふつう「意識」と呼んでいるもの、すなわち、私が自分自身に気付いており、したがって、ある意味で私自身に対して現象することができるという事実があったからといって、それで実在性が十分に保証されるということにはなるまい。(デカルトの〃私は自分が考えているということを考えているから私は存在する〃(Cogito me cogitare ergo sum)ということから、かならずしもつぎのことが単純に帰結するわけではない。つまり、この〃考えるもの〃(res cogitans)が現象するためには、かならず、〃考えるという働き〃(cogitationes)が、声を出したり書きとめたりするという言表として明確化されていなければならないというわけではない。この音にしたり書きとめたりすることは、受け手としての聴衆や読者をめざしており、またその人たちを想定しているのだが。)世界という次元から見ると、そこに生まれてくるどんなものも、**存在**と**現象**とが一致するような世界でやっていくにふさわしい能力を十分備えてやってくるのである。彼らは世界で存在するのに適するようになっている。生命体は人間であれ動物であれ、たんに世界のなかに存在するのではなくて、この世界の一部〔of the world〕をなしている。そしてこれはまさしく、彼らが同時に主体であって客体である、つまり知覚しつつ知覚されるものであるからにほかならない。

我々のこの世界で、ほとんど無限にさまざまな形で世界が現象すること、しかもその世界が見られたり、音を聞かれたり、においをかがれたりするということが、端的に価値のある楽しみであることほど驚くべきことはたぶんほかにあるまい。しかもそのことは、思想家や哲学者によってほとんど論じられたことのないことである。（すくなくもただアリストテレスだけが、我々の身体の器官によって与えられる快楽を受動的に享受する生活についてちょっと論じていた。彼によれば、その生活は必要にせまられることがない人で、〝美〟(kalon)、つまり、必要なものや有益なものとは対立したものである美しいものに熱中できる人が選ぶ三つの生活様式の一つなのである。[1]）この多様性に対応して、動物のなかにある感覚器官の多様性も同様に驚くべきものである。したがって生命体が実際に現れる場合には、姿形がきわめて多様であることは当然のことである。つまり、どの動物種もそれ固有の世界のなかで生きているのである。さらにすべて感覚をもった生物は現象するという性格をもっているのだが、その際、共通点があって、第一には現象する世界というものがあり、第二には、この方がたぶん重要なことなのだろうけれど、生物自身が現象〔出現〕したり消えたりするものだということである。しかも、生物が現れでるまえからそこにはいつも世界があったのだし、それらが消えていったあとでも世界はいつもあるであろうということである。

生きているということは、自分が生まれてくる前から存在し、自分がいなくなった後にも存在し続けるであろう世界のなかで暮らすということを意味している。たんに生きているというこの水準では、現象〔出現〕してはまた消えるという継起が、根源的な出来事なのであって、これによって誕生から死までの時間の広がりを区切るのである。各生命体に割り当てられた有限な一生の長さが、あと何年生きられるかを決めるだけではなく、時間の経験をも決める。これがあらゆる時間を測る際の秘密の原型をつくることになる。その場合、たとえ、この測定によって過去と未来の間で割り当てられた一生の長さをどれほど超え出てしまうことになってしまってもこのことは当てはまる。こういうわけだから、一年の長さがどう生きられて経験されるかは我々の生涯を通して大きく変化する。五歳の子どもにとって自分の五年目の生活の一年は、この世での彼の人生の二十年目や三十年目にすぎない時と比べたら、ずっと長いものにみえるにちがいない。皆が知っているように、年齢をとればとるほど、年月はどんどん早く過ぎていく。そして、ついには老年が近づくにつれ再びゆっくりとしたスピードとなる。というのは、自分が死んでいく時の日を心理的にも肉体的にも予感しているので、我々は再びそれに逆らって年月を測り始めるからである。生まれては死んでいく生命体に備わっているこの時計と対立する形で「客観的な」時間が存在しており、この時間によれば一年の長さはけっして変化しないのである。これが世界の時間なのである。しかも、その基礎となっている想定とは、宗教的ないし科学的な信念とは関係なしに、世界には始まりも終わりもないという想定である。しかし、この想定が自然に見えるとすれば、それはただ、自分よりも前から存在し死後にも存在し続ける世界にいつでも入って来る存在者にとってのみのことである。

生命のない物質が有機的なまとまりもなくただそこにあるといった性格しか持たないのにたいし、生命ある存在者はたんに現象するものというだけではない。生きているということは自分自身が現象するという事実に応答する形で、自己表示しようとする衝動にとらわれていることを意味している。生きているものは自分のためにしつらえられた舞台の上の俳優のように、自分がどう現象する〔見られる〕かを決めるのである。舞台は生きているものすべてにとって共通だが、種が違えばおのおの違っているように見えるし、それぞれの個物にとってもまた異なって見える。外観〈私にはこう見えるということ〉dokei moi*というのは、現象する世界が気付かれ知覚される様式、おそらくは唯一可能な様式であろう。現象するというのはいつも他人にそう見えるということであるし、この外見は観察者の立場や視点によって変化する。いいかえれば、現象するものはどれも現象するということによって一種の仮面をかぶることになる。それによって場合によっては実際にそのものを隠してしまったり、歪めてしまったりしかねない〔隠したりする必要があるというのではない）。外見があるというのは、どんな現象も、それが同じものであったとしても、複数の観察者によって知覚されるのだという事実に対応している。

自己表示したいという衝動、つまり、他からこうだと示されるときの効果が非常に大きいので自分でも示して応答しようとする衝動は、人間にも動物にも共通であるように見える。そして、ちょうど俳優が登場するには舞台や仲間の俳優、観客を必要とするように、生きたものはどれも自分が現象するための場として安心して現象できる世界を必要としており、一緒にやってくれる仲間の生き物も必要だし、自分の存在を気づいて認めてくれる観客が必要である。さて、生きたものが現象しそして最後には消え去って見えなくなるのは観察者にたいしてなりたつことである。その場合、この観察者の視点からすれば、おのおのの個が成長し衰えていく生活というものは、発展的な過程をなしているのであり、一つの存在者が上の方向にむかって運動しながら自分を展開していき、ついにはすべての持てるものが十全に実現されていく。しかも、こうした局面に続いて、安定的静止の状態（いわば、全盛ないし顕現とでもいう状態）があり、その次には、今度はだんだんバラバラになって衰えるという下の方向にむかっての運動が続く。そして、最後には完全に消え去って終わるわけである。この過程が見られ、吟味され、理解されていくにもいろいろな視点があるが、生きたものが本質的にはなんであるかについての基準はいつも同じである。科学的な研究だけでなく、日常生活にあっても、それは十全に現象している比較的短い時間枠、頂点の盛りの時期がどうであるかによって決められているのである。現象しているものがどれほど完全で十全であるかという基準だけでおこなう選択は、もし、現実というものがなによりもまず現象するという性格をもつものでないとすれば、まったく恣意的だということになってしまうだろう。

すべての生命体にとっては世界が〈私にはこう見える〉という仕方で現象してくるのだが、それゆえに、この生命体にとっては現象の優位は、我々がこれから扱おうとしている話題にとって大変に重要なことである。その話題とは、我々人間が他の動物から区別される根拠をなす精神の活動のことである。というのは、この精神活動というのは人によって非常に大きな差があるけれど、この現象世界から退きこもり、自己の側に立ちもどるという点ではみな共通であるからだ。もし我々がたんなる観察者であり、神のように世界を見守り、それを享受し、それで楽しみを得るようにこの世に投げ入れられた存在者であって、しかも、我々の自然の住み家と同じような他の地域を所有しているというのなら、これは問題とならないことだろう。しかしながら、我々は世界の一部をなして属しているのであり、しかも、たんにそのなかにあるというだけではない。我々はまた、この世に到着しては出発し、出現しては消えていくということによって現象物なのである。そして、我々はどこからともなくやってきても、我々に現象してくるどんなものにも十分処して世界の営みに参加できる能力を備えてこの世に到着するのである。我々がたまたま精神活動に係わるようになって、プラトン流の言い方をすれば、我々の身体の目を閉じて精神の目を開きうるようにしても、こういう性質は消え去ることはない。二世界説というのは形而上学的な誤謬に属することではあるが、おそらくはなんらかの基礎的な経験に対応していなかったとすれば、こんなにも何世紀にもわたって生きのびることはなかったであろう。メルロ・ポンティがかつて「私はただ存在から存在へとのがれることができるだけだ」といったのだが、**存在**と**現象**とは人間にとってのみ一致するのだから、この意味は、私は現象から現象へのみ逃れることができるということなのである。しかも、それで問題が解消するわけではない。というのは、問題はそもそも思想が現象するのに適したものかどうかに係わることであるし、問われているのは、思考の働きと他の目に見えず音もしない精神活動が現象するようになっているかどうかであり、実際、それらが世界では適切な居場所を発見できないのではないかということだからである。

2 （真の）存在と（単なる）現象＝二世界論

この問題についてまず最初にヒントになりうるものを見いだせるのは、（真の）**存在**と（単なる）**現象**という昔からの形而上学的な対立を考えるときであろう。なぜなら、この対立もまた実際には現象が優位にたっていること、すくなくとも、先行していることがなければ成り立たないことだからである。真に何があるかが分かるためには、哲学者はもともと本来はそこに親しんでいる現象の世界から離れなければならないのである。パルメニデスの場合なら、昼夜の門を越え出て「人間によって踏み固められた道のはるか彼方に」(3) ある神の道へと昇って連れていかれた時にそうしたし、プラトンの場合には、また、**洞窟**の比喩(4)でいわれたようにするわけである。哲学者が「真の」故郷としてどこを選んでも、現象の世界はそれに先立っているし、その上、その哲学者はこの故郷で生まれたわけではないのである。哲学者すなわち人間の精神に、現象ではないなにものかが存在するに違いないという思いをいだかせてきたのは、いつもまさしくこの世界の現象するという性格なのである。カントの言葉でいえば(5)、「世界を現象としてみると、現象でないなにものかが実際に存在することが明らかになる」(Nehmen wir die Welt als Erscheinung so beweiset sie gerade zu das Dasein von Etwas das nicht Erscheinung ist)、いいかえれば、哲学者が感覚に与えられる世界に決別して、精神の生活へと方向転換（プラトンのペリアゴーゲー（periagōgē））する際に、現象の世界を手掛かりとしながら、その下にある真理を説明してくれるようなものを探し求めていくのである。この真理――ア・レーテイア（a-lētheia）、覆い隠されたものが現れること（ハイデガー）――は、もうひとつ別の「現象」としてのみ考えることができるし、もともとは隠されているがおそらくはもっと高い次元のもうひとつの現われとしての「現象」なのである。だから、それは現象がずっと優位に立つものであることを示している。我々の精神の器官は、現在の諸現象からは退きこもることはできるが、いつも現象には結び付いたままである。精神は探究しているときには〈ヘーゲルの〝概念の労苦〟(Anstrengung des Begriffs)〉、感覚に劣らず、なにかが現象してくるのを期待する。

まったく同じようなことが科学、とりわけ、現代科学についてもあてはまる。マルクスの初期の著作によれば、科学は存在と現象を分けてしまった上に成立しているという。したがって、哲学者が個人として特別に努力すべきこととして、現象の背後にある何らかの「真理」に達しようとする必要がないのである。科学者もまた現象に依拠しているのである。それは、表面下にあるものを見いだすために、内側を見ようとして見えている物体を開け広げる場合であろうと、あるいは、感覚器官に現れてくる外面の性質を取り除いてしまう高度な器具をすべて使って隠れている対象を捉えようとする場合であろうと、いずれの場合も同じことである。このような哲学や科学の努力を導く思想はいつも同じである。カントがいっているように、現象は「それ自身現象でないものに根拠を持たざるをえない(6)」という思想がそれである。これは実際には自然物が闇をなす大地の根拠から昼間の光のなかへと成長し「現象する」過程を一般化したものであることは明らかである。ただし、この大地たる根拠がたんに現象してはしばらくすると再び消えていくものよりもより高い次元での実在性を持つとされた点がいまでは異なっているが。そして、ちょうど哲学者が「概念の労苦」によって現象を越えるものを見つけようとしていつも「単なる現象」を荒っぽく悪口をいって終わることになりがちであるように、科学者たちが、現象自体では示されることのないものを、手を加えることによって暴きだすという実際にきわめて優れた成果を産み出すときには、現象が犠牲にされるのである。

現象が優位に立っているということは、科学者も哲学者も逃れることのできない日常生活の事実であり、研究や思索の末にいつもそこへと立ち戻らなければならないのである。しかも、現象から退きこもって何を発見したとしても、現象はけっして変更されることも歪めることもできないほどの確たる力を有しているのである。「こうして、新しい物理学の「奇妙な」概念は、……カテゴリーは少しも変えないでおいて、……常識を〔驚かせる(7)〕」。このような常識のゆるぎない確信に対立しているのは、古来、**存在**と**真理**が単なる現象にたいして理論的に持っていた優位、つまり、現象する表面よりも現象しない根拠のほうが優位であるということである。この根拠がおそらくは科学と哲学の最古の問いに答える。すなわち、そもそも、ものや人(私自身を含めて)が現象するというのはどうやって起きることなのか、どうしてほかの姿形ではなくてこの姿形で現象するのか。問いそのものからして基礎とか根拠よりも原因を求めているが、問題の中心は、我々の哲学の伝統において、ものが生じてくる原理がものを産出する原因へと変形させられてしまって、その際、たんに目に見えてくるものよりも、この産出原因のほうがより高度な実在性を持っているとしてしまったことにある。原因が結果よりも高い地位にあるものだという思い(したがって、結果はその原因にまで引き戻すことによって、容易にその価値を低めてしまう)は、もっとも古くからあるたちの悪い形而上学的な誤謬のひとつである。しかし、我々は、ここでまた、まったくの恣意的な誤りに係わっているわけではない。本当のところ、現象はおのずとは現象の下に横たわっているものを暴き出すということにならないだけでなく、総じて言って、きちんと暴き出すことなどないのである。現象は隠しもする。「どんなものも、どんな側面も他のものにたいして積極的に自分を隠すことによってしか自分を示すことはない」[(8)]。現象はさらしつつ、また、さらすことから自分を守るのであり、下にあるものが隠されているかぎりでは、このようにさらさないように守るというのは一番重要な機能でさえあるかもしれない。いずれにせよ、このことは生命体についてはあてはまることであり、生命体の表面は、その生命の源をなす内部器官を隠して守っているのである。

存在と**現象**が対立して分かれているという理論のすべてが基本的に論理的に誤っているということは明らかだし、そのことはソフィストのゴルギアスが早くに発見して、彼の紛失した『非存在あるいは本性について』という論文からの断片にまとめられている。この論文はおそらくはエレア派の哲学への反論である。「存在は「人間には」現象しない［ドケイン(dokein)］のだから、明白ではない。「人間に」現象するというのは、それが存在へと続いていかないのだから、力のないことだ(9)」。

近代科学が単なる現象の下にある基礎を仮借なく探究したことが、古来からの議論に新しい盛り上がりを引き起こした。実際、人間という、現象に適応し現象に依存している存在が、その根拠をむりやりにでも明らかにして、それをしっかりとつかもうとしたのである。ところが、結果はむしろ困惑に満ちたものだった。分かったのは、だれも「原因」のなかで生きることはできないし、実験室では科学的に証明でき、テクノロジーの駆使によって現実の世界でも本当であると実践的に確かめられたりできるような存在を、日常の人間の言語で十分に説明できないということなのである。まるで一旦明らかになった存在は現象を支配してしまうかのように見える。とはいっても、だれもが自ら正体を明らかにしない世界のなかで生活することに成功した人はこれまでいないのだが。

3　形而上学的ヒエラルキーの逆転＝表面の価値

日常の常識の世界は科学者や哲学者も避けて通るわけにいかないものだが、そこには誤謬もあれば錯覚もある。かといって、誤謬を減らし錯覚をなくしていったからといって現象を超えた領域に達し得るわけではない。「というのも、錯覚が消えて現象が突如として一変しても、それはいつも新しい現象であるからであって、この新たな現象は最初の現象の存在論的な機能を自分の側でふたたび受け継いでいくのである。……脱―錯覚〔幻滅〕というのが一つの明証の喪失であるのは、それが別の明証の獲得だからである。……〝現象〟(Erscheinung)のない〝仮象〟(Schein)はないし、どの仮象も現象の片割れである(10)」。近代科学が単なる現象の背後に真理そのものをたゆみなく探求しつづけていくことによって、この困難から抜け出ることができるかというと、どうみてもきわめて疑わしい。というのは、科学者が、たとえ、この世界での視点が常識の視点とは異なったものであったとしても、自身、現象世界に属しているからである。

歴史的に論じるならば、近代における科学の勃興以来、どんな企ても、その最初のものからことごとく懐疑の俎上に乗ることを免れなくなっているように見える。近代という新時代になって持ち込まれた最初のまったく新たな観念として、一七世紀の無限進歩の理念というのは、数世紀後には科学指向の世界での全人類のもっとも愛好された考えとなったが、これはこのような困難を除去するはずのように見えた。どんどん進歩していくように期待したのだが、誰も真理の究極の絶対目標に達したと思ったようには見えないのである。

困難がもっとも鋭く意識されているのが人間を直接扱う学問の場合であるのは明らかである。そして、生物学や社会学、心理学のさまざまな分野の答えを、最小の共通分母まで還元すると、すべての現象を生命過程の機能として解釈することになる。機能主義の大きな利点は、それによって統一的な世界像がふたたび提示されることにあり、しかも、（真の）**存在**と（単なる）**現象**という古来の形而上学的対立は、**存在**が現象よりも優れているという古い偏見と一緒に、やり方は違うにしても、変えないままにしておかれるのである。論点がずらされてしまったのである。現象はもはや「従属的な性質」だと価値を低められず、生きた有機組織の内部で進行する本質的な過程に必要な条件と考えられるのである。

このようなヒエラルキーに、近年、疑問を提起されるようになったが、これは私にはきわめて重要に見える。現象があるのは生命過程のためではなく、反対に、生命過程が現象のためにこそ存在するというのではないだろうか。我々は現象する世界に生きているのだから、この我々の世界で意味あるものはまさしく表面にあるという方がもっともらしいのではないか。

動物の生活のさまざまな形態と形状についての一連の出版物のなかで、スイスの動物学者で生物学者であるアドルフ・ポルトマンは次のように述べている。事実そのものの語るところによれば、生命体の諸現象は自己保存と種の保存という二つの目的のためにだけあるとする単純化された機能的仮説とは、ずいぶん違ったものである。別の、いわば、もっと素朴な視点からすると、内面の現象しない器官というのは、反対に、現象を生み出し維持するためにのみ存在するかのように見える。「個と種の保存という目的のためのあらゆる機能に先立って……現象というのはこのような機能が意味あるものとなるための自己表示なのだという単純な事実を発見する」(傍線付加)(11)。

さらに、ポルトマンは、多くの魅力的な例をあげながら、あるがままに見れば明らかであること、すなわち、動物および植物の生命がきわめて多様であり、ありあまるほどに純然たる機能が非常に豊かに表われていることは、生命を機能性によって捉える普通の理論によっては説明できないということを証明している。そこで、鳥の羽毛は「こういうわけで、まずは暖をとり防護のための覆いだと我々は考えるが、それ以上に、その見える部分が――そこだけが――色のついた外観を持つのはもっぱら目に見える現象となることに本質的な価値がある」(12)。一般的に言えば、「**自然**にかなっている【自然の目的にふさわしい】として何人かから称揚されるような純粋で単純な機能的形態は珍しい特殊な場合である」(13)。だから、生命組織の内部で生じている機能過程だけを考慮して、外側にあって「感覚に現われる」ものを「もっと本質的で「中心的」で「実在的」な過程に対して多かれ少なかれ従属的な結果だ」(14)と考えるのは間違っている。誤った支配的解釈によれば、「動物の外面形態は運動や食物摂取、敵からの避難、異性のパートナーを見つけることを通じて本質的なもの、内面の器官を保存するのに役立つのである」(15)というが、それは間違っている。このようなアプローチに反対して、ポルトマンは「形態学」を提起する。これは、優劣を逆転しようとするものであって「あるものの存在ではなく、その「現象」が研究課題である」(傍線付加)(16)。

これが意味しているところによれば、動物の形態そのものを「見ている目との関連で存在する特別の器官だと捉えなければならない……目と見られるものとは、食物と消化器官との間にあるのと同じくらい厳格な規則に共に属して機能的な統一をなしている。[17]」このような逆転とあわせて、ポルトマンは、「真正な現象」と「真正でない現象」とを区別する。その場合、前者はおのずと明らかになるが、後者については、これが見えるようになるのは、植物の根や動物の内部器官のように「真正な」現象に干渉され侵入されることによってなのである。

重要さにおいては等しい二つの事実からして、この逆転が本質的なところで納得のいくものだということが分かる。第一には、「真正な」現象と「真正でない」現象、外観と内部の器官との間に現われとしての印象に違いがある。外観というのは無限に変化があって高度に分化している。高等動物については、一個体を他から通常は区別できる。さらに、生命体の外面的特徴は、対称の法則に従って、きっちりと決まって心地よい秩序を持った現象となっている。反対に、内部の器官はけっして目で見て心地よいものではない。やむをえず見ることになって見ると、ばらばらに寄せ集めたもののようで、病気や何かの特殊な異常によって変形していないかぎり、それらは一様に見える。個体同士はいうまでもなく、異なった動物種の間でさえ腸を見ただけで各々を区別するのは容易なことではない。ポルトマンは生命を「内面の外面への現象[18]」と定義しているが、これは自分が批判している見解の犠牲者になってしまっているように見える。というのは、彼自身の発見のポイントは、外部に現象するものは絶望的なほどに内部とは異なっているので、そもそも内部が現象するといえないほどだということだからである。内部という、機能からすれば生命過程の器官であるものが、一つの外部に包み隠されているわけで、この外部は、生命過程に係わっていえば、たった一つの機能、すなわち、内部を隠し、保護して、現象世界の光にさらされないようにすることのためだけにある。もし内部が現象するということになれば、みんな同じように見えてしまうだろう。

第二に、生得的衝動（純粋に機能的な保存本能と並ぶ強制力のある）が存在していることについては同じく印象的な証拠があって、ポルトマンはこれを「自己表示（Selbstdarstellung）衝動」と呼んでいる。この本能は生命維持という点ではまったく余分なものである。これは性的な魅力を示すために必要だと見なされるものをはるかに超えて強い。

こうした発見から示唆されるのは、外部現象が優位に立つことによって、我々の感覚が純粋の受容性だけでなく、自発的な活動性も含むということである。見ることのできるものは、何にせよ、見られることを欲しており、聞くことのできるものは聞かれることを、触れることのできるものは触れられることを欲している。実際、生きているものはどれでも――表面が現象のために作られていて見られるのに適しており他者に現象しようとしているという事実に加えて――現象への衝動を持っており、「内的な自己」ではなく個体として自分自身を表示し提示することによって現象世界に合わせようとしているかのようである。（英語の「self-display」という言葉はドイツ語のSelbstdarstellungと同じく、あいまいだ。それは、積極的に自分の存在が触れられたり見られたり聞かれたりするという意味であるか、または、自己という、他ではまったく現象しないであろう自分の内部の何かを表示するということ――これは、ポルトマンの用語でいえば「真正でない」現象である――でもありうる。以下ではこの言葉は第一の意味で用いる。）この自己表示というのは動物の生命では高等な形態のなかですでに目につくことだが、その頂点に達するのはまさしく人類においてである。

ポルトマンが形態学的な問題についての通常の順位付けを逆転したことがもたらす結果は非常に大きなものであるが、彼自身はたぶんそれなりの理由があってのことだろうが、それを徹底しては扱わないでいる。それは、彼が「表面の価値」と呼んでいるもの、すなわち、「現象は内部のものに比べて表現に対して全力を払う。内部のものの機能はもっと原始的な秩序に属しているのである」[19]ということと関連がある。「表現」という言葉を使用したことは、この結果を徹底して扱っていく際にかならずぶつからざるをえない用語上の困難があることを示している。というのは、「表現」というのはかならず何かを表現せずにはいられないが、「表現は何を表現する〔外に押し出す〕のか」という避けられない質問に対しての答えといえば、いつでも観念とか、思想、感情のように内面の何かをいうことになろう。ところが、現象が外に出ようとする〔表現〕性格はそれとは違うものである。現象は自分自身以外の何も表現しない。

すなわち、現象は展示し、表示する。我々が習慣的にとっている判断基準は形而上学的な前提や偏見にどっぷり浸かっているので、この考えでは本質的なものは表面の下にあり、表面は「見かけだけで浅薄だ」ということになるのだが、ポルトマンの発見から帰結するところでは、これは間違っていて、我々が何で「ある」かということにとっては、我々の内部にあるもの、我々の「内面生活」の方が外側に現象するものよりも重要だという一般の信念は錯覚なのである。しかし、この誤謬を正すとなると、我々の言語、少なくとも我々の用語法での話はうまくいかないということが分かる。

4　身体と魂、魂と精神

その上、困難はおよそ用語の問題に留まらない。我々の魂の生活および魂と身体との関係に関して我々が抱いている問題ぶくみの信念に密接にからまっているのである。たしかに、我々は内部の身体が真正にそれ自ら現象することなどないと言うことにややもすれば同意しがちだが、もし我々が外部の現象に表現されている内面生活について語るとすれば、それは魂の生活のことなのである。内部と外部の関係は、身体については当てはまっても、魂については当てはまらない。たとえ、魂の生活について、また、それが我々の「内部」でどこにあるかについては、明らかに身体上の経験事実から採ってきた比喩で語るにしてもである。さらに、比喩の同様な使用は、精神の生活を明らかにさせようとして使う概念的な言語においても特徴的である。厳密な意味での哲学的議論で使用する言葉もまた、もともとは身体の五官に与えられる世界からの表現からいつも由来しているのである。ロックが指摘したように、五官の経験からそれらは「転移されて」――運び移す（metapherein）――「もっと深遠な意味になり、感覚の認識の範囲に入らない観念を表わすようになる」[20]のである。ここで、ロックは昔からの暗黙の前提である魂と精神の同一に依拠しており、この両者は不可視であるということによって身体とは対立させられているのである。

しかし、より詳しく吟味してみると、精神にとって当てはまることが魂の生活にとってはまったく当てはまらないのである。すなわち、精神にとっては、比喩的な言語は精神が「外部の感覚現象」となるための唯一つの方法であり、沈黙したままの現象しない活動でさえも、自分の自分自身との沈黙の対話という形の言語活動によって成り立っているが、これは魂の生活にはまったく当てはまらない。概念的な比喩の言語というのは、思考活動、精神の営みにはじつによく適したものだが、魂の生活は、その性格が十分表わされている場合、言語よりも一つのまなざしや音、しぐさによってずっとよく表現されるのである。魂の経験について言表する時に明らかになるのは、けっして経験そのものではなくて、それについて反省しているときに考え回っていることなのである。思考や観念と違って、感情や情念、情動というのは、我々の内部器官と同じく、現象世界の部分となり得ない。魂の記号のほかに、外部世界に現象するものは、思考操作を通じて我々が作り上げたもののみである。怒りを示すことも私の感じる怒りとは違って、どの場合もすでにそれについての反省が入っている。そして、この反省こそが感情にきわめてかけがえのない個性的な形態を与えるのであって、これが表面の現象すべてにとって有意味なものなのである。怒りを示すのは自己表示の一形態である。私は、何が現象にふさわしいものかを決定する。言いかえれば、私の感じる感情は生命の内部器官と同じく、あるがままで手の加わらない状態で見せようというつもりのものではない。たしかに、もし感情に誘発されなければ、また、私の内部での生命過程を気づかせてくれる他の感覚作用を感じとるようにそれを感じなかったら、感情を現象に移し変えることはできなかったろう。しかしながら、反省が介入し言語に移されるということなしに、まなざしやしぐさ、文節化されない音によって表明されるやり方は、高等動物が自分たち同士でも人間にたいしてでもコミュニケーションする時に示す同様な感情と何ら異なる所がない。

それに対して，我々の精神活動はコミュニケーションが行なわれる前でも言語によって把握されるのであるが，話される言語は聞かれることを想定しているし，言葉は自分でも話すことのできる他の人に理解されることを想定している。それは，ちょうど視覚器官を持つ生物が見たり見られたりすることを想定しているのと同じである。言語表現なしの思想というのは考えられないし，「思考と言表は互いに先取りし合う。両者はたえず互いの場を取り合う」[21]。両者は互いにその存在を認め合って前提としあっている。言語活動の能力は，愛憎や恥，嫉妬のような多くの感情よりもどこにあるかを場所的にはっきりと確定できるが，その場は「器官」でなく，有機体の生命過程にはどれでも見られる厳密に機能的な特性をまったく持っていない。すべての精神活動はたしかに現象世界から退きこもるが，この退きこもりは自己ないしは魂の内面に向けてのものではない。概念的言語を伴った思考をして言い表わすのは，現象世界を本拠地としている存在者だから，感覚経験の世界と直接事実によって把握できるものがない領域との溝をうめるためには比喩が必要なのである。けれども，我々の魂の経験は身体と非常に深く結びついているので，魂の「内面生活」を語ることは比喩的なやり方によってはできない。それは，内部感覚の場合と同じことであって，このおかげで，内部器官が機能しているのかいないのかについてはっきりとした感覚を持てるのだが，それを比喩としてのべることはできない。精神を持たない存在の場合には人格的同一性の経験をまったく持ち得ないことは明らかである。人格的な同一性というのは，もっぱら内面の生活過程，その気分と感情によって可能になるものだからである。その場合，感情のたえざる変化というのは身体器官のたえざる変化と何ら異なる所がないものである。感情はどれも身体的な経験である。私が悲しいとき心は痛むし，愛や喜びに充たされる稀有の瞬間には，共感で心暖まり，心が開かれる。また，怒り，激高，嫉妬やその他の情動があると，同様な身体的感覚の働きが私を捉える。魂の言語を思考によって変形し転形する前の純粋に自己表出的な段階で見れば，それは比喩的な性格を持ってはいない。それは，感覚から離れることはしないで，身体的な感覚を語るときに類比を使いはしない。メルロ・ポンティは，私の知るかぎり，人間存在の有機的構造を説明しようとした唯一の哲学者だと思うが、彼は同時に全力で「肉体の哲学」を打ちたてようとした。その彼も、「精神の身体というものがあり、身体の精神というのもあるし、両者の交叉物もある」[22]からという理由で、「精神を身体の他の面」だと定義したのだが、それは精神と魂を同一視するという昔からの間違いに引きずられている。まさしくそのような交叉物がないということが、精神現象のもっとも肝心な点であって、メルロ・ポンティ自身も別の文脈では、このことをはっきりと認めているのである。彼は書いている、思考は「何にも制約されていないのだから「根源的な」ものだが、それがあれば依拠すべき根本に達するわけではないという意味では根源的ではない。根源的思考は定義からして底なしの地盤のないものである。それは、そういいたければ、深淵なのである」[23]。

しかしながら、精神について当てはまることが魂には当てはまらないし、その反対も真である。魂というのは精神の意図するよりはずっと暗いものだが、底なしというわけではない。魂は、実際、身体に「溢れ出て流れる」。魂は「身体に侵入し、身体のなかに隠れる。と同時に、身体を必要とし、そこで終わり、その中に停泊している。」[24]

ついでながら、永遠の難問である身心問題にたいするこのような見解は、きわめて古くからのものである。アリストテレスの『霊魂論』は、身体と精神との関係、いいかえれば、むしろ関係がないことと対比的に、心理現象が身体との密接な相互結合をもつことについて、多くの刺激的なヒントを与えてくれている。アリストテレスは、こういう問題をかなり荒っぽくありふれたやり方で論じながら、こういう。「……魂が身体なしで作用したり作用を受けたりということはあり得ないように見える。たとえば、怒りや勇気、食欲や一般に感覚作用というものがそうである。［身体と係わりなく活動的だというのは］むしろ精神［ノエイン］（noein）の性質である。しかしながら、もし精神［ノエイン］も何らかの想像活動［ファンタシア］（phantasia）であり、想像活動なしには不可能だということになれば、精神［ヌース］（nous）も身体なしでは不可能だろう」[25]。ちょっと後では、こう総括している。「精神［ヌース］と観想的能力については何も明らかでない。とはいえ、これは別の種類の魂のように見えるし、これだけは、永遠なものを消滅するものから分離するように，【身体から】分離できる」[26]。また，生物学の一論文で示唆しているところでは，魂の栄養的及び感覚的部分と並んで植物的部分は，「あらかじめ，外に存在しなくても胚のなかに存在するようになった。ところが，ヌースは魂に外側から入ってきたのであり，したがって，身体の活動とは何の関係もない活動ができるようになった」[27]。いいかえれば，精神活動に対応する感覚作用は存在しないのだし，魂（psychē）の感覚作用は，実際には身体器官で感じる感情なのである。

生命体が現象世界に適応していく際に必要な自己表示の衝動に加えて，人間はまた，行いや言葉によって自分を提示するし，そうしてどのように現象したいか，自分の考えではどれが見られるにふさわしくどれがふさわしくないかを示すのである。何は見せ，何は隠すべきかを慎重に選ぶということこそは，とりわけて人間的な次元のものである。ある点までは，どうやって他人に現象するかということを選ぶことができるし，この現象は内面の性向を外に表明したというものでは決してない。もしそうだとすれば，我々はみな同じように行為したり話したりすることになろう。ここでもまた，アリストテレスの重要な区別に依拠しよう。彼は言う。「言い表わされたものは魂の感情的状態の記号である。書き記されたものは，話された言葉の記号である。書くことと同じく，話すことも誰にも同様であるわけではない。ところが，魂の受動状態（pathēmata）の表現が直接的記号なのだが，この状態の方は誰にとっても同じなのである」。このような受動状態は「自然にしたがって」「たとえば動物の出す声のように何かを表すのだが文節化されていない雑音」によって表現されるのである。動詞と名詞を使うという言表行為があるから，人は他人から区別され個性を持つのである。そして，これは魂の「記号」ではなく，精神の記号なのである。「名詞そのものと動詞は……思想（noēmasin）に似ている（eoiken）」（傍線付加）[28]。

個人の現象にかんして心理的に内面の基本をなしているものが必ずしも常に同一ではないとすれば，科学として，魂の「内面は我々みな同一である」[29]ということを前提としている心理学は存在しないことになろう。* 心理学のそのような前提は、生理学や医学が内部器官が同一であることによっているのと同じことである。心理学、深層心理学あるいは精神分析が明るみに出すのは、たえず変転する様相、我々の魂の生活の浮き沈みに他ならないのであり、その結果や発見はそれ自体で特に魅力的でも意味深いわけでもない。他方、「個人心理」というフィクションの、小説や劇の特権をなすものは、科学たりえないものである。それを科学というのは形容矛盾だからである。近代科学が聖書の言う「人間の心の闇」について光をあて始めたとき、——これについてアウグスティヌスは「良き心は隠されており、悪しき心も隠されている、良き心と悪しき心の間には深淵がある」[30](Latet cor bonum, latet cor malum, abyssus est in corde bono et in corde malo)と述べた——デモクリトスがすでに予感していたように、この闇は結果的には「まだら色をした苦痛に満ちた悪の貯蔵庫であり宝庫である」ことが明らかになった[31]。あるいは、もう少し積極的な言い方をすれば、「感情は根底の深みにあるときには輝かしいものであるが、日の当たるところにきて、自ら本質となって支配しようとすると、そうはいかない」[32](Das Gefühl ist herrlich, wenn es im Grunde bleibt; nicht aber wenn es an den Tag tritt, sich zum Wesen machen und herrschen will)。

近代の心理学の発見にきわめて特徴的なのは、単調な画一さをまぬがれず、醜悪さに満ちているという点にあり、それがまた、表にでている人間の行為のきわめて変化に満ちた豊かさと非常にはっきりと対比的なものとなっている。そして、このことが人間の身体の内面と外面とが根本的に異なることを立証している。我々の魂の情念と感情はたんに身体に結びつけられているだけでなくて、内部器官と同じく生命を支え維持する機能を持っており、不調や異常があるときだけが違いが浮きでてくるという事実において両者は共通するところがある。生殖器官から生まれてくる性衝動がなければ、恋愛というのは不可能だろう。しかしながら、性衝動は同一であっても、愛が実際に現れる姿の多様性というのはなんと大きなものだろう。たしかに恋愛をセックスの昇華物だというふうに捉えることもできるが、それは我々が愛なしにはセックスもなにもないことを胸に留めておくかぎりにおいていえることである。また、精神がなんらかの形で係わり込むことなしには，つまり，快と不快について慎重に選択することなくしては，異性の相手の選択さえもできないことも胸に留めておくのも必要である。同様に，恐怖というのは生存のために欠くことのできない感情である。恐怖によって危険が示されるし，そうした警告を与える感覚なしには，どんな生命体も長らえることができないだろう。勇気ある人間というのはこの感情を持たない精神の持ち主だとか，一挙にこの感情を克服できる人間だというのでなく，恐怖の感情を自分で示したくないと決断した人間なのである。そうすると，勇気が第二の本性ないし習慣になるのだが，それは無恐怖も一つの感情になりうるかのように無恐怖が恐怖に取って代わるという意味ではない。そういう選択はさまざまな要因によって決められる。多くの場合は，我々が生まれた文化によって予め決定されており，そうすれば他の人が喜ぶということでなされる。しかし，我々の環境によって引き起こされたのでない選択もある。すなわち，選択をするのは自分が喜ぶからであるか，自分が例を示したい，つまり，他人に自分が喜んでいるものを喜べるようにしてやりたいからである。動機がどうであれ，自己提示しようとして成功するか失敗するかは，その際に世界にたいして示された像がどれほど一貫して持続性のあるものかにかかっている。

現象というのは，やって見せる側からすれば，見せかけ，ふりをし，わざとだますという外見を通じて自分を示すのだから，見る側からすれば，誤解や錯覚が生まれるというのは不可避で当然ありうることだ。自己提示〔self-presentation〕というのは自己表示〔self-display〕とは異なって，示す像を積極的に意識して選ぶのである。自己表示というのは生命が所有している性質はどれでも選択の余地なく示す。自己提示は自分をある程度意識していることがないと成り立たない。精神活動の反省できる性格に固有の能力で，たぶん，我々が高等動物と共有しているたんなる意識状態を超えた能力がそれには必要である。本来，偽善とか虚飾というのは自己提示についてのみ可能なことであり，虚飾やいつわりを現実や心理から区別する唯一の道は本人が偽りきれなくなったときだけである。偽善というのは悪徳が徳にたいして送る賛辞だといわれているが，これはまったくあたっていない。あらゆる徳は私が満足したことを表そうとそれに向けた賛辞とともに始まるのである。賛辞というのは、私が世界、すなわち、私が現象するその相手の人たちに私の喜びに添った形でふるまいますよという約束をすることを含んでいる。偽善者というのはこうやって含まれた約束を破るところに特徴がある。いいかえれば、偽善者というのは悪徳に満足している悪人で自分の満足を周囲に隠さない人についてはいわないのである。偽善者に向けられる基準は古代のソクラテスの「あなたが現象したいような者であれ」ということばがピッタリだろう。これは、たとえ自分が一人になってしまって自分にしか現象することがなくなっても、いつも他人に現象したいように現象しなさいということである。私がそのように決めるとき、どんな性質のものであれ、与えられたものにたんに反応しているのではない。世界が私に提示した様々な行為の可能性のなかから慎重に選択するという行為をしているのである。そういった行為のなかから最後には性格とか人格と呼ぶものが出てくるのである。これは、一群のはっきりと分かる性質をとりまとめて一つの包括的で確実に把握できる全体的なものに合体させた混合物のことである。しかも、我々の魂と身体の構造にはそれぞれにある程度変化しない基盤となる生まれつきの才能なり欠陥なりがあるのだが、こうした性格はそこにいわば刷りこまれていくのである。我々が自分で選択した諸性格は、我々がどのように現象し、世界のなかでの我々がどのように役割を果たすかということに否定し難いほど重要なものである。そのために、ヘーゲル以来の近代哲学は、人間が他のものとは違って自分自身を生み出すのだという奇妙な幻想を持つことになってしまったのである。明らかなことだが、自己提示とものの端的な意味での現存があることとは同じ事ではない。

5　現象と仮象

自己提示の場合の本質的な要因としての選択は現象と係わる事柄である。しかも、現象というのは、なにかの内面を隠すというのと何かの「表面」をあらわにするという二重の機能——たとえば、恐怖を隠して勇気をあらわすこと、つまり、勇気を示すことによって恐怖を秘匿するということだが——を持っているので、現象するものが消え去ることによって最後には単なる仮象にすぎなかったということになる可能性がある。内面と外面との間、現象の根拠と現象との間には隔たりがあるので、（別の言い方をすれば、我々がどれほど違いと個性を出すように現象し、どれほど慎重にこの個性を選択しようとも）、「内部では我々は皆似かよっている」ということはいつも成り立っており、我々の内的な魂および身体の器官の働きそのものを犠牲にするか、逆に、なんかの機能不全を除去しようと介入することを諦めるかした場合でないと、このことは動かしようのないことなのである。したがって、あらゆる現象には仮象となる状況がある。根拠そのものは現象しないのだから。こうだからといって、あらゆる現象はたんなる仮象だということにはならない。仮象が成り立つのは現象がいっぱいあるなかでのことである。仮象は現象をあらかじめ前提としているのであって、誤謬が真理を前提としているのと同じである。誤謬は真理を得るために払わなければならない代償であり、仮象は現象の驚異に払わなければならない代償である。誤謬と仮象とは密接に結びついた事象であり、両者は互いに対応している。

それぞれが知覚能力を備えて刺激に反応しやすい生命体が多数いる世界があって、そこでは二重の仕方で現象するように定められている場合には、そこに仮象が成立してくる。現象するものを、そのすべての様相から知覚できてしまう唯一の眺め手に対しては、現象するものも自分をさらけださない。世界が現象するのは〈私にはこう見える〉という仕方においてのことであり、世界のどこに位置しているか、知覚のどの特定の器官によっているのかといったことに規定されてどう眺めるかということにかかっている。この仕方によってたんに誤謬が産み出されるだけではない。そうした誤謬なら、私が現象しているものにもっと近づいて私のいる場所を変えたり、道具や器具を使って知覚器官を改善したり、さらには、想像力で他の視点を考慮したりして直すことができる。それだけでなくて、本物の仮象も産み出す。すなわち、錯覚現象というのであって、これは私がいつも地上におり、地球の一現象として私自身の存在が拘束されてあることによってひきおこされることであるから誤謬のように直すことができないものである。「仮象」(ドコス dokos, ドケイ・モイ dokei moi に由来する)はクセノファネスの言によれば「あらゆるものに起こること」だから、「神々や私の話すことのすべてについてはっきりと知っている人はいないし、これからもいないだろう。というのは、たとえだれかがたまたま現実の全体として現象していることについて言うことになっても、その人自身はそのことを知りはしないだろうからである[33]」。

ポルトマンの真正な現象と真正でない現象の区別にしたがって、真正な仮象と真正でない仮象といいたくなるかも知れない。後者、たとえば、モルガナのお化け*のような蜃気楼の場合、自然に消えていってしまうか、もっと近づいて眺めれば消え去るものである。ところが、前者の場合、太陽の運動がそうだが、朝上って夕方沈むというような運動は科学的知識がどれほどあっても消えるものではない。なぜなら、それは太陽と地球の現象が、拠点を変えることのできない地球に縛られた生命体にどうしてもそう見えるというありかただからである。カントが理性の超越論的弁証論の序論で言及した我々の感覚装置の「自然の不可避的な錯覚」というのに、ここでぶつかっているわけである。彼が超越論的判断における錯覚を「自然の不可避的な」ものと呼んだのは、それが「人間理性から切り離すことのできないものだからであり、しかも……それが幻影だと分かっても理性をだますことをやめずに、たえず一時的な混乱へと陥し入れてしまい、その都度いつも訂正を必要とさせるのである[34]」。

仮象は自然なもので避けられないものだから我々が抜け出ることのできない現象の世界にはつきものなのだというのは、単純な実証主義にたいしてのもっとも強力なとまでいかずともたしかに明快な反論であろう。この実証主義はあらゆる精神現象を考察の対象から除いて、観察可能な事実、我々の感覚に日常与えられている現実にぴったり付着していさえすれば、しっかりした確実な地盤を発見してしまうと信じているのである。感覚器官を通して現象を受け入れることができ、自分を現象として表示することのできるあらゆる生命体は真正の錯覚を避けられない。その場合、この錯覚は個々の種において同一というわけではけっしてないが、その種の生命過程の形態と様式に結び付いている。動物も仮象を作り出すことができる。きわめて多くが身体現象に偽物さえ作ることができる。そして、人間も動物も欺くために現象を操作できる内的な能力をもっている。環境にあわせて時期によって変わる保護色の背後に「本当の」姿を暴くのは、偽善者の仮面を剝ぐのと似ていないわけではない。しかしながら、そのとき他を欺く表面の下に現象するものは内面の自己ではないし、変化もなければ必ずそこにあるという真正な現象でもない。暴き出せばいつわりの姿は壊せる。しかし、だからといって真正に現象するものを発見するわけではない。「内面の自己」というのがあったとしても、内的な感覚にも外部感覚にも現象することはない。というのは内的な事象のどれも、分かって確定できるもので個々の現象を特徴付けるような安定して比較的恒常的な特質をもっていないからである。「この内的な現象の流れのなかでは、どんな固定した永続的な自己も存在しえない」とカントはくりかえし述べている。[35] 実際、内的「現象」というのを語ることもおかしいのである。我々が知っていることといえば内的感覚の働きなのであって、これが絶えることなく流れていくために、こうした感覚から永続的で同一的な姿を考えることができなくなるのである。(「というのは、内面が見えるということが、どこでいつどのようにしてあったことがあるというのか。……「心の生」というのは自分にも不透明なものだ。[36]」) 感情や「内的感覚」は「世界のものではない」。というのは、それらはこの世界での重要な性質、すなわち、はっきりと知覚され(たんに感覚されるだけでなく)直感され、確認され、それと認められる程度には「じっと静止して持続する」という性質をもってはいないからである。ふたたび、カントによれば、「内官の唯一の形式である時間は持続的なものをもっていない[37]」。いいかえれば、カントが時間を「内的直観の形式」と述べるとき、彼は気づかずにせよ、比喩的に語っているのである。そして、この比喩を外部現象と関係のある空間的経験から引っ張ってくるのである。我々の内部感覚の経験を特徴付けるのは、まさしく、形式の欠如、したがって、直観の可能性がないということである。内的経験においては、現実に少しは類似しているものはずっとくりかえされるということが、たえず、変化していく魂の様相から区別されるためにどうしても固持されなければならないことである。極端な場合には、くりかえしがずっと続いて一つの様相や一つの感覚が途切れることのない持続性を持つこともある。しかし、こうなると必ず魂の深刻な混乱が見られ、狂人の陶酔か、憂鬱症の気の沈みかがある。

6　考える自我と自己＝カント

カントの場合ほど、現象（Erscheinung）の、したがって、仮象（Schein）の概念が決定的で中心的な役割を果たした哲学者の著作というのは他に見当たらない。彼の「物自体」の概念というのは、存在してはいるが現象はしないで、現象を引き起こすものである。この「物自体」は神学的な伝統を基礎に説明されうるし、また、説明されてきた。つまり、神は「なにか」であり、「無ではない」。神を考えることはできるが、現象しないものは我々の経験に与えられることはないのだから、「それ自体のなかに」あり、神は現象しないのだから、我々にとってはない。この解釈には難がある。カントにとっては神は「理性の理想」であり、そういうものとして我々にとってある。カントによれば、人間の思弁の能力たる理性は自分の知性の認識能力を必然的に乗り超えていくものであるかぎり、神について考え、来世について思いをめぐらすのは、人間の思考に固有のものである。現象し、〈私にはこう見える〉という仕方で経験に与えられるものだけが知られうる。しかしながら、思想も「存在し」、またカントが「理念」と呼んでいるある種の思考物、たとえば、神、自由、不死のようなものはけっして経験に与えられないために認識されることのないものだが、我々にとっては存在する。それは、理性がそれらについて考えずにはいられず、人間と精神生活にとって最大の関心事であるという強い意味においていえることである。その点からすると、現象しない「物自体」が、思考する存在や精神生活を無視したうえで、世界を現象の世界としてとらえるなかでどの程度了解されるかを調べてみる価値はある。

最初に――上述の（三〇ページ）カントの結論からというよりは――日常の事実から明らかなのは、どんな生命体もそれが現象するからには「現象ではない根拠」をもっているということである。しかし、この根拠は無理にすれば白日の下にさらすことはできるが、その場合にはポルトマンのいう「真正でない現象」になってしまう。たしかにカントの理解では、自分では自然には現象できないがそれがあることは証示できるもの――内部器官、木や植物の根とかそんなもの――も現象ではある。しかし、現象は「現象ではない根拠を自ら持たねばならない」し、それゆえに、「現象をたんなる表象だと規定する超越論的対象[38]に基礎付けられて[39]」いなければならない、つまり、原理的にいって、存在論的にまったく違った秩序に属するものに基礎付けられていなければならない。このようなカントの結論は明らかにこの世界の現象との類比で引き出されたように見える。この世界には真正な現象と真正でない現象とがあり、そこでは真正でない現象が生命過程の装置そのものを含んでいるかぎりでは、真正の現象を引き起こすように見えるのである。神学的な傾斜（カントの場合、議論を叡知的世界の存在に有利なようにしておきたいという欲求）がここでは「単なる表象」という言葉のなかに入り込んできており、まるで自分の核心をなす命題、「一般に経験が可能となるための条件が経験の対象が可能なための条件に等しいのであり、このために、この条件はアプリオリな総合判断において客観的な妥当性を得るのだと我々はいう[40]」を忘れてしまったかのようである。なにかを現象させるものは現象そのものとは異なった世界に属するものでなければならないというカントの議論がもっともだと思われるのは、これらの生命現象についての我々の経験に基づいている。しかし、「超越論的対象」（物自体）と「単なる表象」の間に序列が付けられるのは経験に基づかないことだし、ポルトマンの主張がひっくり返したのは、この優先順位である。カントによれば、「世界そのものとははっきり区別されていて、世界の秩序の根拠を含んでいるものがうたがいなく存在する」[41]し、それ自体は、したがって、より高い秩序に属するものであるのだが、そのことを、たとえはっきりとした証拠はなくとも、大いにもっともらしいとちょっとでも思わせるような議論はどれでも利用してやろうという強い熱意を持っていた。もし、我々が現象するものと現象しないものに関する我々の経験にだけ信頼を置いてそれと同じ線で思索し始めるなら、我々は次のような結論をたてて、それがずっともっともらしいとするだろう。すなわち、現象する世界の背後にはたしかに根底に横たわる根拠が存在するかも知れないが、この根拠の中核的で唯一ともいえる意味はその効果、つまり、たんに産出することにあるというより現象させうるということにあるというのである。もし、神的なものが現象を引き起こすものであって自分は現象しないものだというなら、人間の内部器官は正真正銘の神性をもつということになってしまう。

いいかえれば、**存在**を**現象**の根拠と捉える普通の哲学的な理解は**生命**の現象については正しいが、**存在**を**現象**に対立させて評価するについては同じわけにはいかない。しかも、これは二世界説の根底にある考えである。例の伝統的な序列は現象世界に係わる日常の経験から生じるのではなく、むしろ、思考する自我のまったく非日常的な経験から生まれる。後に見るように、経験は**現象**を超えるだけでなく、**存在**をも超え出る。カント自身は、「単なる」現象の背後にある「物自体」への彼の信念を実際に基礎付ける現れがあるとははっきり述べている。それは次のような事実であった。「純粋の思考活動において（beim blossen Denken）私自身を意識しているとき、たとえ私自身に関してはそれによって思考になにも与えられるわけではなくとも、私は物それ自体（das Wesen selbst, i.e. das Ding an sich）である」[42]。もし私が思考活動のなかで自分の自分自身への関係を反省してみれば、私の思想はまるで「単なる表象」、つまり、自分自身は永遠に隠されたままでいるような自我の証示のように見えるかもしれない。なぜなら、思想は、もちろん、自己ないし人格について記述されうるようなものではないからである。思考する自我はじつにカントの「物自体」であり、他人にたいして現れることはなく、自己に気づくというときの自己というのと違って自我自身には現れないが、それでいて「無ではない」。

思考する自我はまったくの活動だけのものだから、年も取らなければ、性別もなく、才能もなければ、人生の物語もない。エティエンヌ・ジルソンは自伝を書くようにと言われて、「人間も七五歳になればいろいろ自分の過去について言うべきことも多いはずだ。しかし、……もし哲学者としてのみ生きたという場合なら、自分には過去がないとすぐに悟るだろう(43)」。というのは、思考する自我は自己ではないからだ。* トマス・アクィナスがふと述べた言葉――この発言は我々の問いが大いに負っているところのひとつだが――で「私の魂［トマスの場合、思考のための器官］は私ではない。そして、もし私の魂だけが救済されるというのなら、私もだれも救済されない(44)」というのがあるが、これは思考する自我と自己とのこの区別に気づかなければ、むしろ奇妙に響くものだろう。

カントによれば、我々は内部感覚によって、なんらかの内的直観には思考活動があると捉えるのだが、そこにははっきりとたしかなところがなにもない。なぜなら、思考が明らかになる仕方は、「外部感覚に対して、静止して留まっているものがあって現象」するのとはまったく違っているからだ。その場合、「内的直観の唯一の形式である時間はなんら持続的なものをもってないのである(45)」。だから、「私は自己自身を意識しているが、私が自分自身に現象するような仕方においてでもなければ、私が自分自身の内部においてあるようにでもなく、ただ、私は存在するということを意識するだけである。この表象は思考であって直観ではない」。そしてカントは脚注でこう付け加えている。「「私は考える」ということは私の現存在を規定する働きを表現している。私の現存在はそうしてすでに与えられているが、私がどう存在するかという仕方はそれで与えられるわけではない(46)」。カントは『純粋理性批判』のなかでくりかえし、「私が自分自身を考えるかぎりでは内的直観には」なにも持続的なものは「与えられない(47)」と強調している。しかし、思考する自我の端的な経験についての実際の叙述は、彼の前批判期の著作に目を転じたほうがよい。

『形而上学の夢によって解明された視霊者の夢』(一七六六年)のなかで、カントは現象の世界で生命体を取り囲んでいる生命なき物質が「活動もなく変化もない」のにたいして、〃叡知的世界〃(mundus intelligibilis)が「非物質的であること」を強調している。思考する自我はこの世界のなかで活動しているのである。こうした脈絡から、彼は、「人間の魂が自分を非物質的な直観によって精神(Geist)だと考える観念と、身体器官の感覚に源を持っていて物質との係わりで捉えられる像から自分が人間だと示すものとなる意識」とを区別する。「したがって、目に見える世界と目に見えない世界との両方にメンバーとして属するのは、なるほど同じ主体ではあるが、同じ人格ではない。というのは、……精神としての私が思考するものは人間としての私によっては記憶されていないし、逆に、人間としての私の現実の状態は精神としての私の観念には入ってこないからである」。そして、彼は奇妙な脚注のなかで「この世においてすら魂に属するある種の二重の人格」について論じている。彼は、思考する自我の状態を「外部感覚が完全に休止している」熟睡の状態と比較する。彼は、睡眠中の観念は「覚醒中のもっとも明晰な観念よりも明晰で広範なものでありうるかもしれない」と疑いをなげかけるのだが、それはまさに「人間がその時には自分の身体を意識していない」からだというのである。しかも、これらの観念について、目が覚めるとなにも覚えていない。夢というのはなお少し違うものである。夢は「ここには属さない。というのは、その場合には人間は完全には眠っていないからであり、……精神の働きを外部感覚の印象へ編み合わせるからである」[48]。

カントのこのような考えが夢の理論を作っているのだと捉えたら、明らかに馬鹿げている。しかし、これを精神が現実の世界から退きこもる経験についてあまりうまくはないが説明しようとした試みだと考えれば、興味深い。というのは、他の活動や行為とは違って物質の抵抗にまったく出会わない活動というものに説明を与えなければならないからである。それは、感覚器官によって形成される言葉のなかに言い表されても、妨げられたり遅れさせられたりさえしない。思考が活動するのを経験するのは、おそらくは我々が自分に、その形態がどうであれ、霊魂があるという観念をいだかせる一番元になるものである。心理学的に言えば、思考の際立った性格の一つは比較を絶するほどの迅速さである。「思考のように迅速だ」と、ホメロスは言い、カントは初期の著作でくりかえし「思考の迅速」[49]（Hurtigkeit des Gedankens）について語っている。思考は明らかに迅速である。なぜなら、それは非物質的なものであるからだし、このことが今度は多くの偉大な形而上学者がなぜ自分の身体を嫌悪したかを説明するのに役立つことになる。思考する自我の観点からすると、身体は障害物以外の何物でもない。

この経験から「物自体」があり、それが我々が現象の世界のなかに「存在する」のと同じように、叡知的な領域のなかで、存在するのだと結論付けるのは形而上学的な誤謬ないしはむしろ理性の仮象というべきものである。そもそもこうした理性の仮象が存在することについては、カントが最初に発見し、解明したうえで、排除した。この誤謬は、伝統的に哲学を苦しめてきた多くの他の誤謬と同じく、思考する自我の経験にその源を求めるべきだというのだけが適切のように見える。いずれにせよ、この誤謬はP・F・ストローソンがカントについての論文のなかで述べているもっと単純でありふれた誤謬に明らかに似ているところがある。すなわち、「実際、理性が本質的に時間を外れたものでありながら我々のうちにあると古来信じられている。その根拠は疑いもなく、……我々が［数学的および論理学的］真理を把握しているという事実があるからだ。しかし、……無時間的な真理を把握した［人］自身は無時間的である［必要はない］[50]」。オックスフォード学派に特徴的なのは、こうした誤謬を論理的に〝不当な推理〟（non sequitur）だと捉えて批判することである。まるで哲学者は何世紀にわたって、どうしてそうなるのかは分からないが、いささか愚かすぎて自分たちの議論の一番基本的な欠陥を発見できないでいたかのようであった。ことの真実で言えば、基礎的な論理的誤謬は哲学史のなかできわめて珍しいことであり、論理学で無批判に「無意味だ」と片付けられていた問題にかかずらわない精神からは誤謬と見えるものは、普通は、仮象から引き起こされるものである。これは現象によって現実の存在が規定されている人にとっては避けられないものである。だから、我々の問題の流れからすると、ただ一つの重要な問いは、仮象が真正なものか真正なものでないかということであり、それが独断的な信念や恣意的な過程から引き起こされたもので、もっとよく調べれば消え去ってしまうたんなる妄想なのか、それとも、生命体の逆説にみちた条件に固有なものかということである。生命体は、自身は現象の世界の部分でいながら、考える能力という機能をもっていて、これによって精神は世界を離脱することも超越することもできないのに世界から退きこもることができるのである。

7　現実と思考する自我＝デカルト的懐疑とセンスス・コムニス（sensus communis, 共通感覚）

現象世界の現実の第一の特徴と言えば、主観が客観だと気づいて認めることができるに十分なだけ「じっとして」同一に「留まっている」ことである。フッサールの根本的でもっとも偉大な発見というのは意識のすべての行為の志向性、すなわち、主観の行為は客観なしにはないということを徹底的に詳細にわたって論じていることにある。見た木というのは幻想ということもあろうが、にもかかわらず、見るという行為にとっては、それは客観である。また、夢に見た景色というのは夢を見ている人にだけ見えるものであるが、その人の夢の客観である。客観性というのは志向性によって意識の主観性そのものに形成されるものである。逆に現象の志向性や形成された主観性といっても同じように正しいことになる。すべての客観は現象するからには主観を指示するし、どの主観的行為も志向的対象を持っているのとちょうど同じように、どの現象する客観も志向的主観を持っている。ポルトマンの言葉でいえば、どの現象も「受け取り手のための伝達」（Sendung für Empfangsapparate）なのである。現象するものはどれも受け取り手のためにあつらえてあり、潜在的な主観がどんな客観性のなかにも含まれているのは、潜在的客観がどの志向的行為の主観性のなかにも含まれていることと変わることはない。

現象にはいつも観察者が求められており、少なくとも潜在的には気付かれ認知されることが含意されているということから生じてくる帰結は、我々、現象世界のなかで現れる存在者が、我々自身および世界の現実ということで捉えているものをはるかに超えるものがある。どちらの場合も、メルロ・ポンティが「知覚の信念」[51]と呼んだもの、我々が知覚するものは知覚する行為とは独立な現実存在であるという我々の確信が認められるものであるかどうかは、客観がまた他者に現象してしかじかのものと認知されるかどうかにまったく依存している。このように他者によって暗黙のうちに認知されないと、自分にたいして自分を現象させるやり方にも信頼が置けなくなる。

こういうわけであらゆる独我論的理論は、過激に自己だけが「存在」するといおうと、もっと穏やかに自己と自己意識が検証可能な知識の第一の対象だと考えようと、我々の生活と経験の一番基本的な事実からはずれてしまう。独我論は、あからさまなものであろうとヴェールをかぶったものであろうと、条件付きであろうとなかろうと、哲学上のもっともしつこい、たぶん、もっとも有害な誤謬であり続けた。ましてや、デカルトが理論的にも実際にも首尾一貫しているものとして高い地位を得るようになってからはいうまでもない。哲学者が「人間」のことを語るときには、心に描いているのは種としての存在（馬とかライオンといったような類的存在（Gattungswesen）であって、マルクスによれば、それが人間の基本的存在を構成している）でもなければ、哲学者の見解ではすべての人間たちがそうなろうと努力すべきもののたんなる模範というのでもない。思考する自我の経験について語る哲学者にとっては、人間は当然のことながらたんなる言葉ではない。そうではなくて、思考が肉体を作りあげたのであり、それは思考する能力が受肉するという、いつの時代にも神秘的であり、けっして完全に解明されるものではない事態なのである。そして、この仮構の存在にかかわって生まれてくる困難はというと、それが脳の病による産物でもなければ、「過去の誤謬」

で簡単に消し去ってしまいうるような類のものでもなく、思考活動そのもののまったく真正な仮象だということにある。というのは、一人の人間がどういうわけにせよもっぱら思考に耽っているときには、なんのことについてであれ、当人は完全に単独者として、すなわち、完全な孤独のなかで、まるで具体的な人々ではなくて人間なる抽象体が地上に住んでいるかのように暮らすからである。デカルト自身は近代科学の偉大な諸発見にともなって生まれた確実性を決定的なほど犠牲にして、彼の過激な主観主義を説明し、正当化した。そして、私はデカルトの論理の過程を、他の文脈のところで追ってみたことがある。[52] しかしながら、近代科学の発生以来生まれている懐疑にさいなまれて、彼が、「岩か粘土かを知るために泥土と砂をはらいのける」(**à rejeter la terre mouvante et le sable pour trouver le roc ou l'argile**)ことに決めたとき、きっと彼は「世界のはての荒地にいるように一人で世の中から退いて」(**aussi solitaire et retiré que dans les déserts le plus écartés**)暮らせる場所に退きこもっている方がむしろ親しみやすいということを再発見しただろう。[53]「群れをなしているいやさ」から退きこもって「ほんの少数」[54]だけの付き合いか、**一人**でいるという絶対的な孤独のなかに退きこもるということは、パルメニデスやプラトン以来哲学者の生活のもっとも顕著な特徴であった。パルメニデスやプラトンの発見によれば、「ほんの少数」であるソフォイ(**sophoi**, 知者たち)にとっては喜びとも悲しみとも係わりない「思考の生活」はすべてのもののなかでもっとも神聖なものであり、ヌース、思考そのものは「天と地を支配する王」[55]である。

科学の新しい栄光にたいして哲学者が最初に反抗したものが極端な主観主義であったわけだが、デカルトはこれに忠実だったので、このような生活様式の満足が思考の対象によるものだとはしなかった。すなわち、コスモス(**kosmos**, 宇宙)は永続的であり、現れることも消えることもなく、したがって、生涯をこのコスモスの観察者たろうと決意した少数の人だけには不死の分け前が与えられるのだとはしなかった。人間の認識および知覚の器官が疑わしいとする彼のきわめて近代的な考えによって、レス・コギタンス(**res cogitans**, 思考するもの)の性質には、古代人にはまったく知られておらず今日になってたぶん初めて卓越した重要性を持つと認められたいくつかの特徴があると彼以前の誰よりも明確に定義した。なかでもきわだっているのは自己充足、すなわち、この自我は「場所も必要としないし、なんらかの物体的なものにも依存しない」ということであった。第二に挙げられるのは、世界欠如、すなわち、自己洞察、「私の状態を注意して吟味しながら」(examinant avec attention ce que j'étais)容易に「自分は肉体を持っておらず、自分がいた世界も場所もなかったかのように仮想する[56](feindre que je n'avais aucun corps et qu'il n'y avait aucun monde ni aucun lieu où je fusse)ことができるということであった。

たしかにこういう発見の、いや、再発見のどれもそれ自体はデカルトにとって大きな重要性を持ったものではなかった。彼が主に関心を寄せていたのは、疑いの余地なく、感覚知覚の錯覚を受け付けないような現実性をもったもの――思考する自我、彼の用語でいえば、魂と同じものとされたla chose pensante〔思考するもの〕――を見いだすことであった。それは、全能の〝欺く神〟(Dieu trompeur)の力をもってしても、すべての感覚経験から退きこもってしまった意識の持つ確実性を打ち砕くことはできないものなのである。今あるものはどれも幻想や夢であるかもしれないが、夢を見る人は、夢が現実だというのを求めないというのに同意するだけでも、現実にあるのでなければならない。したがって、「私は考える、だから私は存在する」(Je pense, donc je suis)。一方では思考する活動そのものの経験は大変に強烈なものであるし、他方で、新しい科学が「動く土」(la terre mouvante、我々が立っているその場の流砂)を発見した後にも、確実性とある種の持続する永続性を見いだそうという欲求は激しいものである。だから、デカルトにとっては、〝思考作用〟(cogitatio)や〝私が考えるのを考える〟(cogito me cogitare)、すなわち、活動する自我の意識が、心の向かっている対象について実際にあるかどうかのすべての思い込みを一旦保留したうえでも、自分自身が実際に存在することについて確実だと思うことは、もし実際に砂漠で生まれて身体もなければ「物質」もなく仲間もいなくて、自分が見たものは仲間も見ているとはっきり言ってくれるということがなくても、疑わしくなることはなかった。デカルトのレス・コギタンス〔思考するもの〕というこの仮構物は身体も感覚もなくて孤独なものだが、これでは現実にものがあるということも、現実のものかそうでないか、覚醒した生活の共通な世界なのか夢で私的な世界を欠いたものなのかを知ることさえできないだろう。メルロ・ポンティがデカルトに反論したのはまことに正しい。すなわち、「知覚を知覚行為の思考に還元するのは……懐疑にたいして保険を掛けておいて、保険料が支払われる給付金よりも高額の負担になるようなものである。というのは、それでは……世界が「そこに現にある」ということを回復させてくれることのなさそうな類いの確実性に移っていくことだからである」。(57)

さらにいえば、世界および自分自身が現実に存在していることに疑念を抱くようになるのはまさしく思考の活動――思考する自我の経験――なのである。思考の働きはすべての現実的なこと、すなわち、事件や対象、自分の思想もつかんで捉えておくことができる。思想の実在性は、いまだに頑として手に届かないままになっているただ一つの性質である。〝私は考える、だから私は存在する〟(cogito ergo sum)が間違いであるのは、ニーチェが言ったように、〝私は考える〟(cogito)ということからはただ〝思考作用〟(cogitationes)が実際に存在することが引き出されるだけだという意味だけではない。〝私は考える〟(cogito)ということが、〝私は存在する〟(sum)と同じ疑義にさらされるのである。〈私は存在する〉というのが〈私は考える〉ということに予め想定されている。思考はこの想定を摑むことはできるが、それが本当にそうかを証明することも反証することもできない。(カントのデカルトへの以下の反論もまったく正当なものである。「私が存在しない」という思想は「存在し得ない。というのは、もし私が存在しなかったら、私が存在しないということに気付くことができないということになってしまうからだ」。(58)実在性というのは導出できるものではない。思考や反省によっては、それを受け入れるか拒絶できるかというだけだ。〝欺く神〟〔Dieu trompeur〕の観念から出発しているデカルトの懐疑というのは、洗練されヴェールを被った形態で拒絶を行ったものにすぎない。(59)ヴィトゲンシュタインは「独我論にはどれほどの真理があるか」を探索しにでかけ、その結果、独我論の現代におけるもっとも適切な代表者となった人物であるが、その彼が独我論の全理論の基礎にある実存的な間違いを「死によって世界は変わりはしないが、終わりになる」というふうに定式化するにいたった。「死は人生における出来事ではない。我々は自分の死を生きることはしない[60]」。これがあらゆる独我論的な思考の基本的前提である。現象するものはどれも〈私にはこう見える〉という仕方で知覚されるのだから、誤謬や錯覚の可能性があり、したがって、現象それ自体が実在のものを先に示すものを携えているのである。すべての感覚経験には、通常、実在の感覚が伴っている。普通ははっきりと表されるものではないにしても、この感覚が付随している。しかしながら、これは孤立化された感覚やものの脈絡からはずれた感覚対象によっては生みだされるものでない。（したがって、感覚対象を思考されたものへと変換する技術はなによりもまず感覚対象をものの脈絡から離してばらばらにしてしまうところにあるが、これはその実在性を奪い、新しい別の機能のために役立てようと準備するためである。）

私が知覚するものが実在的であるということは、一方では、私と同じように知覚する他人がいるこの世界と、この知覚されたものがつながっているということによって保証されるのである。もう一方では、私の五官の協働によっても保証される。トマス・アクィナス以来、共通感覚、センスス・コムニス*(sensus communis)と呼んでいるものは、一種の第六官であって五官をとりまとめ、私が見たり、触れたり、味わったり、匂いを嗅ぎ、聞いたりするのが同じ対象にたいしてだということを保証するために必要なのである。それは「五官の対象すべてに拡がっていく一能力である[61]」。同じ感官でありながら、身体器官としては場所を特定できないから神秘的なこの「第六官[62]」が、厳密な意味では私の私的な五官――非常に私的なものなので、その感覚作用の質や程度を他人に伝えることができない――を他人と共有できるような共通世界に合わせていくのである。〈私にはこう見える〉という主観的な性格が矯正されていくのは、現れる仕方が異なっているにしても同じ対象が他人にも現象するという事実があるからである。（人間たちが同じ種族に属するものだと確信するのは、身体的な現象が類似しているからというよりも世界が間主観的であることによる。個々の対象は各個人に異なった様相で現れるが、現れる脈絡は種族すべてに同一である。この意味で、どの動物種も自分固有の世界に生きており、個としての動物は自分の身体的特徴を仲間のと比較しなくても自分が何であるかを分かるのである。）誤謬と仮象に満ちた現象の世界では、たしかに実在であると保証されるのは以下の三重の共通点があるときである。すなわち、相互にまったく異なっている五官が同じ対象を共有していること、同じ種のなかで、どの個物にもそれ固有の意味を指示できるような共通の脈絡があること、そして、感覚を持ったあらゆる存在者が、この対象をまったく異なった視点から見ても、この対象を同じものだと同意すること、である。この三重の共通性から実在の感覚が生じてくる。

我々の五官の各〻には、世界を感覚的に知覚するそれ固有の性質がある。我々の世界が見えるのは視力があるからだし、聴力があるから聞こえるし、触覚や嗅覚、味覚があるから触れることもできるし、精一杯匂いを嗅ぎ、味わうのである。第六官に対応している世界の性質は実在していることであって、この性質の難しさは他の感覚性質のように知覚されるものではないということである。実在しているという感覚は厳密に言えば感覚作用ではない。実在は「たとえそれを知っているということに確信を持てなくてもそこにある」（パース）[63]のだが、それは実在の「感覚」、端的にそこにあるという「感覚」が、個々の対象の現象する脈絡に関係するし、また、我々自身が現象として他の現象する存在物のなかで実際に存在する脈絡にも関係するからである。脈絡がそれ自体としてすべて現れることはない。それはとらえどころのないものであって、世界には存在者や個物の存在が満ちていながら、端的な存在としての存在が現れることがないのと非常によく似ている。しかし、存在というのは、パルメニデス以来西欧哲学の最高の概念であるが、感覚器官によって知覚されることも、感覚作用を引き起こすことも期待できない思考上のものである。ところが、実在していることというのは感覚作用に似ている。現実に実在している（あるいは、実在していない）という感情は、私の感覚器官〔senses〕のあらゆる感覚作用にともなっていて、それがなかったら「意味」〔sense〕あるものとならないであろう。このために、トマス・アクィナスは常識、彼の共通感覚、「センスス・コムニス」を「内官」(Sensus interior)と定義した。そして、これは「外官の共通の根と原則[64]」(Sensus interior non dicitur communis...sicut genus ; sed sicut communis radix et principium exteriorum sensuum)として機能するのである。

この「内官」というのは物体的に場所を特定できないものであり、これを思考の能力と同一のものとしてみたくなる。なぜなら、現象の世界でおき現象する存在者が営むものであるのに、思考はそれ自体は見えないということがその主要な特質だからである。この目に見えないという性質は共通感覚が思考能力と共有しているものだが、パースはこの性質から「実在性は人間の思考と関連をもっている」と結論付けている。その際、彼が見逃している事実は、思考はそれ自体見えないものであるというだけではなくて、見えないもの、感覚にたいして現前しないものと係わり合っているということである。そういう現前しないものというのは、記憶されて貯蔵され後の反省のために準備されている感覚対象かもしれないし、実際、多くはそうなのである。トマス・ランドン・トーソンはパースの示唆を敷衍して、「環境が生物の進化に関係するように、実在性は思考過程に関連を持つ[65]」という結論に達した。

このような発言や示唆の基礎には、思考過程はけっして常識の推論と異なるものではないという暗黙の仮定がある。結果的には現代的な装いをした古来のデカルト的幻想なのである。思考が何を捉え、何をなしとげようとも、永遠に捕まえることができなくて、思考の流れに解消されることのないものは、常識に登場する、端的にそこにあるという仕方での実在性である。これは思考の流れに警告を発する障害物であり、思考の流れは肯定するのも否定するのもそのことにつまずくのである。思考過程は常識とは違って脳のなかで物理的に場所を特定することもできるが、それにもかかわらず、機能的な点でも、ポルトマンのいう意味での形態学的にも、あらゆる生物的事実を超越するのである。逆に、常識や実在的であるという感情は我々の生物的な器官に属するものであり、常識の推論(オクスフォード学派の哲学はこれを思考だと取り違えているのだが)が実在に対して持つ関係は、生物の進化が環境に対して持っているのと同じである。常識の推論については、トーソンが次のように言っているのは正当である。すなわち、「我々は類比以上のことを実際に語っているのかもしれない。我々は同じ過程の二つの様相を記述しているのかもしれない」[66]。もし、言語が感覚に与えられるもののための言葉を十分に持っているというだけでなくて、「正義」とか「真理」、「勇気」、「神性」などといった日常生活にも不可欠な思想的な言葉、学術的な言い方でいえば「概念」も我々に提供するものでなければ、我々はきっと思考活動のためのあらゆる明確な証拠にも欠くことになるだろう。そうなれば、初期ヴィトゲンシュタインの「言語は我々の組織体の一部だ」[67](Die Sprache ist ein Teil unseres Organisumus)という言葉で結論を述べてもいいことになろう。

しかしながら、思考は自分が捉えるすべてのものを疑問に付していくのだから、現実に対してこのような自然的であっさりとした関係にはならないのである。デカルトが特定の科学的発見の意味を反省する際、実在に対する自分の常識的な信頼を破壊したのは思考であった。そして、彼の誤りは、世界からまるごと退きこもって、世俗的な現実をすべて彼の思想から除去し、思考活動そのものに集中すると主張すれば、懐疑を克服できると期待したことであった。("思考の働きを思考している"(Cogito cogitatione)あるいは"私は自分が考えるのを考えている、だから、私は存在する"(cogito me cogitare, ergo sum)というのが、有名な定式の正しい形なのである。)けれども、思考というものは、どうやっても第六官からでてくる実在感覚を証明することも、破壊することもできない。おそらく、それだからこそフランス語で le bon sense「良識」、と呼ぶのであろう。思考が現象の世界から退きこもるときには、感覚器官に与えられるものから退きこもるし、したがってまた、常識から得られる実在感覚からも退きこもるのである。フッサールは、この感覚を停止(epochē)させることが彼の現象学的な学問の方法論的な基礎になると主張した。というのも、思考する自我にとってみれば、この停止は当然のことで、けっして教えられたり学ばれたりするような特別な方法ではないからである。そういうのは放心状態においてはごく当たり前の現象であって、どんな種類の思考にせよ、それにのめりこんだ時には誰にでも見られることなのだ。いいかえれば、常識の喪失は、カントの言う「職業的思想家」の悪弊でも美徳でもない。これは、なにかについて仮にも思いをめぐらすならば誰にでも起こることなのだ。ただ、専門的な思想家には起きる回数がもっと頻繁だというだけのことである。こういう人物を我々は哲学者と呼んでいるのであり、彼らの暮らしぶりはアリストレスが『政治学』(68)で呼んだ言い方を使えば、つねに「異邦人の生活」(bios xenikos)ということになる。そして、この風変わりぶりと放心状態とがさほど危険ではなく、専門家素人を問わず、すべての「思想家」たちが実在感覚を喪失してもいとも容易に生き残るのは、思考する自我が現われるのが一時的でしかないからである。どんなに卓越した思想家でも生き残るためには、「他の人と変わるところのない人間」(プラトン)であり、常識を備えて日常的な考え方に十分熟達した人物として、さまざま現象のなかの一現象にとどまるのである。

8　科学と常識、カントによる知性と理性の区別、真理と意味

一見したところきわめてよく似たことが近代の科学者についてもあてはまるように思われる。近代の科学者は、真正の仮象をたえず破壊するのだけれども、太陽は朝昇って夕方沈むといった自分自身の現実感覚はみんなと同じように破壊しないでおくのである。人間が現象の背後に突き抜けていき、たとえ、真正の仮象であるにしても、それが仮象であることを暴きだすのは思考の働きによってのことであった。常識の推論によっては、けっして我々の感覚器官に自明に見えることをこんなに根本的にあえてひっくりかえそうとはしなかったであろう。有名な「古代・近代論争」が、本来、問題にしたのも、認識の目的はなんであるかをめぐるものである。それは、古代人が考えたように「現象

を救う」ためであるのか、それとも、それらが現象するように隠されていた働きをする器官を発見することが目的なのであろうか。感覚経験が信頼できないのではないかという思考の疑惑、物事は人間の感覚に現象するのとはまったく違ったものであるかもしれないという疑念は、古代において異常なものではけっしてなかった。デモクリトスのアトムは分割不可能だというだけでなくて、不可視なものであり、空虚のなかを動き、無数であり、それがさまざまに集まって結びついて我々の感覚に印象を生み出すものであった。また、アリスタルコスは紀元前三世紀に太陽中心説を唱えた。興味深いのは、こういう大胆な挑戦がどちらかといえば、不愉快な結果を生んだということである。デモクリトスは狂っているのではないかと嫌疑をかけられ、アリスタルコスは神を冒瀆したと告発された。とはいえ、重要な点は、もちろん、これらの仮説を証明しようという試みが生まれなかったことであり、科学がそこから生じなかったということである。

思考がどの科学活動においても非常に大きな役割を演じていることは疑いの余地のないところであるが、それは目的に対する手段の役割としてである。ところで、目的は何が知るに値するかということの決定によって規定されてくるし、これを決定するのは科学ではありえない。さらに、目的は認識あるいは知識であるが、これは一旦得られると、明らかに現象の世界に属するものである。真理として確定されれば、世界の一部となる。認識と知識への欲求が一緒に現象の世界から離れていくことはない。科学者たちが「思考する」ために現象の世界から退きこもるにしても、その世界により良く接近してより実り多いものとする仕方、つまり、方法と呼ばれるものを見いだすためだけにすぎないのである。科学はこの点では常識の推論を大規模に精密化して延長したものにすぎない。科学の場合に誤謬が訂正されるのと同じ仕方で、常識の場合にも錯覚は絶えず追い払われていく。どちらの場合にも基準になるのは事実であるが、これ自体は現象の世界に属するものである。そして、現象というものは、現わしかつ隠れるというところにまさしくその本性があるのだから、訂正し錯覚を免れるというたびごとに、メルロ・ポンティの言葉で言えば、「ほかの明証が得られたというだけでひとつの明証が失われる」[69]のである。科学自体の科学活動についての理解からしても、新しい明証は廃棄された明証に比べて信頼度が高いということを保障するものは何もない。

無限の進歩という観念は近代科学の発生と時を同じくし、今でも主要な役割をはたしている観念だが、この概念自体からして、すべての科学がつねに誤謬や錯覚を訂正していくという常識経験の枠のなかで動いているという事実がもっとも明確に証明されている。科学研究のなかでたえざる修正という経験が一般化されると、あの奇妙な「ますます良く」、「ますます真に」という考えが出てくる。すなわち、善そのものや真理そのものには達することができないということを認めて無限に進歩していくという考えに至るのである。もしこういうものに達すれば、知識への渇望はいやされてしまって、認識を求める行為が終わることになろう。もちろん、こんなことは、未知なものが膨大にあることを考えれば起こりそうにないことであるが、個別科学が人間にとって知り得るものについてのあるはっきりとした限界に達するということは、いかにもありそうなことだ。しかし、肝心なことは、進歩についての近代的な観念がそんな限界を潜在的には否定しているということである。進歩の概念が科学的知識の巨大な進歩、一六、七世紀のなだれのような本物の諸発見の結果として生まれてきたことは、疑問の余地のないところだ。純粋な思考においては、一旦科学となれば、科学者がたえず新しい諸発見を求めて向かい、その発見のどれからも新しい理論が生まれてくるきっかけが生じるので、結果的には、科学者たちが決して止むことのない過程、つまり、進歩の過程があると錯覚してしまう。これは、純粋な思考においてはどうしてもおきてしまうことで、こういう欲求を和らげようとしてもとても無理なように思われる。この点で忘れるべきでないのは、後に、一八世紀の啓蒙思想において大きな役割をはたした、人類が無限に完成されていくことができるという考えが、一六、七世紀のむしろ人間性についての悲観的な評価の中では存在しなかったということだ。

とはいえ、この発展から生まれてきた帰結として、明確でしかも重要な意味のあるものがひとつあると思う。真理の観念そのものは、我々の精神史のなかでなんとか生き残ってきたものだが、この観念そのものが決定的な変化をこうむったのである。つまり、真理の観念が一連の正しさに変形された、あるいは、堕落させられたのである。この場合、個々の正しさはそのときどきには一般的な妥当性を持っているというのだが、研究の継続があること自体、それが一時的な妥当性しか持っていないことを示しているのだ。これは奇妙な事態だ。ここに示唆されているのは、たとえ、ある科学が目的に達したとしても、それでその領域で仕事が終わるということはけっしてなくて、研究者は無限に進歩するという幻想だけにとらわれて従来の目標を通り抜けてしまいかねないということだ。この場合、この無限な進歩というのは自分の活動から生まれてくる一種の仮象にすぎないのだけれども。

真理がたんなる正しさに変容してしまったのは、なによりもまず、科学者たちが常識と結びつけられたままでいるということの結果なのである。しかも、この常識によって我々は現象の世界とうまく折り合っているのである。思考活動は、この世界からも、その事実重視の性格からも、根本的に退きこもるのだが、それは自分自身のためでもある。ところが、科学の方は退きこもる場合にも、特定の結果を得ようとしてなにかを手に入れるのである。いいかえれば、科学者の理論の場合には、あえて純粋な思弁に突き進んでいくのは、結局の所、常識なのである。しかも、ここでいつも重要な弱点になるのは、純粋な思弁には必ず安全装置、つまり、思考の批判能力というものがあるのに、常識にはそれが欠けているという点である。そして、この批判能力というのは、後に見るように、自分で高度に自己破壊的な傾向を含んでいるのである。とはいえ、無限の進歩ということに戻って言えば、これが基本的に間違ったものであることは早々と発見された。進歩それ自体のためではなく、無際限という観念のために、古代人には近代科学が受け入れられないものだということはよく知られている。むしろ知られていないのは、ギリシア人が無限に「偏見」を持っていたのはある理由があってのことだという点である。(プラトンの発見によれば、比較が可能なものは本性上限界がないのであり、無際限というのは、彼のみならずすべてのギリシア人にとって悪の原因なのである。[70] だからこそ、数と測量に対しての彼の信頼があったのだし、それによって、それ自体には[たとえば、快楽]「自分で初め(アルケー、archē)も中間も終止(テロス、telos)も含まないしそこから引き出すこともないしこれからもないであろう」[71]ものに限界を設けられるのである。)

近代科学が目に見えないもののなんらかの表現となるもの——原子や分子、素粒子、細胞、遺伝子——をいつも捉えようとしながら、世界に未曾有の数の新しい知覚物を付け加えてきたというのは、一見パラドックスのように見える。その仮説、その「パラダイム」(トーマス・クーン)を証明するためであれ反証するためであれ、ものの動く仕組みを発見するために、近代科学は自然の活動の過程を模倣しはじめた。そのために近代科学は無数のきわめてこみいった器具を作って現象していないものを現象するように強制したのである(それが実験室における計器の測定にすぎないにしても)。というのは、これだけが科学者にとってはそれが現実であることを納得できる方法だからである。近代技術は実験室で生まれたのだが、これは科学者が器具を作りたかったからでも世界を変革したかったからでもない。科学者の理論はいかに常識の経験や常識の考えからかけ離れたとしても、最後にはなんらかの形の常識に戻ってこざるをえない。さもなければ、研究対象が現実のものであるという意味を失ってしまうにちがいない。しかも、こういう還帰は実験室という人間の作った人工的な世界を通じてのみ可能なのである。実験室では、自然には現象しないものが現象させられ自分を明らかにしていくのである。科学者にとっては実際に応用できるということは自分自身の努力の副産物にすぎないのだから、彼らは技術を「ブリキ職人」の仕事みたいに軽蔑して考えているのである。技術が科学的な成果を生み出して現象の日常世界に導入し、それが常識の経験できるようなものになったとしても、それは「世俗の世界や日常の生活からの要請と……まったく切れたところで」[72]可能になったことなのである。「現実の」世界の視点から見ると、実験室は変化させられた環境の先取りなのである。そして、人間の思考し制作する能力を目的のための手段として使う認識過程こそが、まさに常識の推論のもっとも洗練された様式に他ならない。認識活動は、家を建てることに劣らず、我々の実在感覚にも、また、世界を制作する活動にもかかわっているのである。

しかし、すでに述べたように、カントが認識能力であるVerstand（知性）と区別してVernunft（理性）と名付けた思考の能力はまったく異なった性格を持つものなのである。そのもっとも基本的な次元での両者の区別を、カント自身の使った言葉で述べるならば、「理性概念は概念的に捉える[begreifen]のに役立ち、知性概念は知覚を了解するのに役立つ[73]」（Vernunftbegriffe dienen zum Begreifen, wie Verstandbegriffe zum Verstehen der Wahrnehmungen）ところにある。いいかえれば、知性（Verstand）は感覚に与えられるものを捉えようとするが、理性（Vernunft）の方はその意味を理解しようとするのである。認識の最高の基準となるのは真理であるが、認識はこの基準を現象世界から取ってくるのである。この現象世界のなかでは、我々は感覚知覚を通じて態度の取り方を決めていくのだし、その知覚の正しさは自明さにもとづく。つまり、議論によって動揺したりするものではなくて、ただ、ほかの証拠が現われてきたときにだけ置き換えられるのである。カントがラテン語のperceptioのドイツ語訳にWahrnehmungという言葉を使ったこと（知覚において与えられており真[Wahr]であるべきだということ）に示されるように、真理は感覚の証拠に基づいているのである。しかし、そのことは意味や、それを求める思考の能力にはあてはまらないのである。思考の求めるものは、ものについてそれが何であるかとか、それが存在しているかどうかとか（存在しているのは自明の事とされている）ではなくて、それが存在していることがどういう意味があるのかということなのである。この真理と意味の区別は人の思考の本性を探っていくためにはいつでも決定的であると思われるだけでなく、カントによる理性と知性の重要な区分の必然的な帰結のように私には思われる。もちろん、カント自身は自分の思想の特別な含意を十分に探らなかった。事実、哲学史のなかでは、このまったく違った二つの働きに明白な境界線を引いてはいない。アリストテレスが『命題論』のなかでちょっと触れているのはその例外といえるが、これとて、アリストテレスの後期の哲学のなかで重要な位置を占めないでいるのである。言語に対するその論文のなかで、アリストテレスはこう述べている。どの「ロゴス［文章、文脈のなかでの］も意味のある音声である（phōnē sēmantikē）」。それによって記号が与えられ、何かを指示する。しかし、「すべてのロゴスが現れて言表されているわけではない（apophantikos. 真の発言か偽の発言か（alētheuein または pseudesthai）がはっきりしているものだけが言い表わされる。しかし、これはすべての場合にあてはまるわけではない。たとえば、祈願はロゴス［意味を持っている］であるが、真でも偽でもない[74]」。

我々が知識を渇望することから生まれてくる疑問は、世界についての我々の好奇心から生じてきたものだし、感覚器官に現われたものは何でも探求しようという我々の欲求から生じたものである。アリストテレス『形而上学』冒頭の有名な文章、「すべての人はうまれつき知ることを欲する[75]」（Pantes anthrōpoi tou eidenai oregontai physei）は言葉どおり訳せばこう読める、すなわち、「すべての人は見てしかも見てしまう［すなわち、知る］ことを欲する」と。しかも、アリストテレスはすぐにこう付け加えている、「このことを明らかに示しているのは我々の感覚への愛である。なぜなら、感覚はそれが有効かどうかとはまったく関係なしに、それ自身のために愛されるからである」。知ることへの欲求から生まれてくる疑問は原則としてすべて常識の経験と常識の推論によって解答可能なものである、それらは、感覚知覚や経験と同じように誤謬や錯覚の危険にさらされているが、それは修正可能なものである。近代科学の**進歩**においては、たえず答えを投げ捨て、疑問を再形成していくことによって自分を修正していくものであるが、こうした仮借のなさですら、科学の基本的目標である感覚に与えられるとおりに世界を見、知るということに矛盾しない。そして、その真理の概念は、誤謬や錯覚を追い払ってしまう、反駁の余地のない証拠を持った感覚経験から引き出されるものなのである。ところが、思考によって提起される問題というのは、理性の本性そのものから生まれてこざるをえない意味への問いなのだが、これはすべて常識や科学の精密化によっては答えることのできないものなのである。意味への問いは常識と常識の推論にとっては「意味のないもの」である。なぜなら、現象世界に我々を適応させ、五官によって与えられる世界を自分の地と感じさせるのが、第六官の機能だからである。

科学と認識への探求が追いかけているものは、反駁の余地のない真理、つまり、人間が拒絶できない命題であって、これは強制的なものである。真理には、ライプニッツ以来知られているように、二種類あって、理性の真理と事実の真理がある。この両者の主たる違いは強制力の違いである。「**理性**」の真理は「必然的で、反対が不可能なものだ」が、「**事実**の真理は偶然的であって、反対が可能である」[76]。この区別は、ライプニッツ自身が意図したのとは多分違っているかもしれないが、大変に重要なものである。事実の真理は、その偶然性にもかかわらず、それを自分の目で見ている人にはだれにでも、強い強制力を持っていて、二たす二が四であるという命題がまっとうな精神の持ち主にはだれにも感じられるのと同じほどのものである。肝心な点は、事実や事件の場合、それについて知りたいと思う人があってもすべての人がそれを観察できるわけではないのだが、理性的ないし数学的真理の場合には、同様な知的能力を持った人なら誰にも自明なものとしてすべての人にそれ自身が現われるというだけのことである。その強制力は全面的だが、事実の真理の強制力の方は限定されている。観察しなかった人が信じることができるかどうか分からない他人の証言に頼らなければならないという場合には、その人にはその強制力が及ばない。理性の真理と区別された意味での事実の真理にたいする本当の反対は誤謬や錯覚ではなくて、意図的な嘘なのである。

ライプニッツは事実の真理と理性の真理とを区別したのだが、この理性の真理の場合には最高の形態は数学的推理であり、これはたんに思考物とのみかかわって観察も必要でなければ感覚所与も必要ではない。この区別は、古代の必然性と偶然性の区別に基づいているのである。これによれば、すべて必然的なものでその反対の不可能なものは、存在するがしないこともありうるどんなものよりも存在論的に高い威厳をもつものなのである。数学的真理はあらゆる思想の模範であるべきだという確信は、おそらく、ピタゴラスに遡るほど古いものであろう。どっちにせよ、それはプラトンが数学の訓練を受けていない人物には哲学を拒否したということで分かる。それはまた中世の理性の指令(dictamen rationis)という考えの根底にも見られる。真理は必然性(anagkē)の力で強制してくるが、これは暴力

(**bia**)の力よりもはるかに強力なものであるということは、古代ギリシア哲学において古くから言われているトポス(**topos**)である。これは、**必然**の抗いがたい力で人間に強制することができる(アリストテレスの言葉で言うと[77]、**hyp' autēs alētheias anagkasthentes**)真理をいつも賛美しようとするための言葉である。メルシエ・ドゥ・ラ・リヴィエールがかつて述べたように、「ユークリッドは本物の独裁者である。彼が伝えた真理は実に独裁的な法則である」[78](**Euclide est un véritable despote; et les vérités qu'il nous a transmises, sont des lois véritablement despotiques**)。同じ考えに基づいて、グロティウスは「神といえども二×二が四にならないということを生じさせることはできない」という確信を持ったのである。ただし、この命題は大いに疑問に付すことのできるものである。それでは、神をも必然性の指令に服させることになるだろうというだけではなくて、もし本当だとしても、感覚知覚の証拠についても同じようにあてはまるだろうという点でもそうである。そして、これらの点に基づいて、ドゥンス・スコトゥスはこれに疑問符を付けたのである。

数学的真理の源泉は人間の頭脳である。そして、頭脳の能力は自然的なものであり、現象する世界をつうじて我々を導くようにできているという点では、常識、および、その延長となるもの(カントでは知性と呼ばれる)と結びついている我々の感覚と異なるものではない。ほかではどうしても理解しがたい事実がこのことをもっともよく証明している。つまり、数学的推論は我々の頭脳のもっとも純粋な活動であり、ちょっと見たところ、感覚に与えられるあらゆる性質を捨象してしまうから、たんなる常識の推論からは一番離れているように見える。ところが、その数学的推論が、宇宙の科学研究で大変に大きな解放的役割をはたしてきたのである。知識と認識の器官である知性は、なおこの世界に属するものである。ドゥンス・スコトゥスの言葉でいえば、自然の統治下にあり(**cadit sub natura**)、感覚器官と頭脳の能力をそなえた生命体が従っていかざるをえないすべての必要物を携えている。必然性の反対は偶発や偶然ではなくて自由なのである。人間の目に現象するもの、人間精神に生じるもの、善かれ悪しかれ死すべきものに起きるものは、すべて「偶発的」なものであり、その生存自体だってそうなのである。我々はみんな知っている。

予告もなしに何十年か前に、きみは**自然**の深淵から吐き出されて出てきた

被造物の無限の激しい流れのなかにやってきたのだ。

それを**科学**では、偶然の出来事だというのだ。

だからといって我々がこの詩人と一緒にこう答えるのを妨げるわけではない。

私の存在根拠は偶然なのだ！　まったくの奇跡だといってよい、

なぜって自分がこうある定めにあったと確信を持っていない人がいようか。(79)

しかし、この「こうある定めにある」というのは本当ではない。それはきわめて含蓄の深い命題なのだ。

言い換えれば、真理というのは事実の真理以外にはなく、それ以上の真理はないのである。科学的真理はすべて事実の真理であり、純粋に頭脳の活動だけで生み出されて特別に作られた記号言語によって表現されたものでも同じである。そして、ただ事実の言表だけが科学的に検証できるのである。だから「三角形が笑う」という言表は偽ではないが、意味がないのである。ところが、カンタベリーのアンセルムスにおいて見られるような、神についての昔の存在論的証明は妥当性がないしこの意味では真でないが、きわめて意味深いものである。認識活動はたしかに真理をめざしている、たとえ、この真理が科学においては恒常的な真理ではなくて、認識が進むにつれて、他のもっと精確な正しさに変わっていくと考えるような一時的な正しさにすぎないものでもそうなのである。真理が思考から生まれてくると期待するということは、我々が思考したいという欲求を認識したいという衝動と混同していることを示している。思考活動は認識しようと企てる時には使われることができるし使われなければならないものだが、この機能を果たしているときには、思考活動は思考そのものではないのである。この場合は、まったく異なった行為のために奉仕しているにすぎない。（ヘーゲルは、哲学が近代の発展のなかで中世と同じような地位に置かれることに対して反対

した最初の哲学者だったかもしれない。「当時、哲学は神学の侍女だとされていた、つまり、神学の生み出すものを丁重に受け取っておいて、それを論理的に純化し、明晰で概念的に根拠付けられた連関をつけねばならなかったのである。今日では哲学は他の科学の侍女と考えられている……その課題は科学の方法を根拠付けることだというのである。」――ヘーゲル*はこれを「影の影をとらえる」ようなことだと述べた。(80)）

真理というのは我々の感覚なり頭脳なりの本性から承認せざるをえないものなのである。すべての人が「こうある定めにあった」という命題を立てれば、これを反駁するのは容易なことだ。しかし、「私はこうある定めにあった」という確信に対しては反駁は用をなさない。なぜなら、これは〈私は存在する〉という思考の内省と切り離せないからである。

真理と意味、認識活動と思考活動に線を引いて区別し、その区別の重要さを主張したからといって、私は意味を求める思考の働きと真理を求める認識の働きが結びついていることを否定したいわけではない。意味という答えようのない問いを立てることによって、人間は自分を問い続ける存在としていくのだ。人間は問いを立ててその答えを見つけていくという作業をしているのだが、そのような認識できる問いの背後には、まったく空虚に見え、その意味でいつも非難を浴びせられる、答えようのない問いが潜んでいるのである。もし人間が思考活動という名の意味を求める欲求を失い、答えようのない問いを立てることをやめてしまったら、そういう人間は、我々が芸術作品と呼ぶ思想の産物を生み出す能力を失うだけではなく、回答可能なすべての問いを立てる能力も失っていくということになろう。しかも、すべての文明はそれから作られているのである。その意味で理性は知性と認識のアプリオリな条件なのである。哲学者たちが、科学や日常生活にはあてはまる真理の基準を、自分たちのむしろ非常な法外な事柄にもあてはまりうるとしたがるのも、理性と知性が、その様子といい目的といい、まったく異なっているにもかかわらず、両者がしっかりと結びついているからである。というのも、我々の知ることへの欲求は、それが実践的な困難から生まれたものであろうと純粋に理論的な困難からであるにせよ、先に定めておいた目標に到達したときには、それを満たすことができるからだ。ところが、知識への渇望というものは未知なるものが膨大にあるのだからおそらく満たされるということがないのだけれど、その活動そのものは、知識の宝をどんどん増やして、しかも、それがどの文明においてもその世界の部分となって蓄積保存されていくのである。もしこうした蓄積が行なわれなくなり、これを保存しさらに増大させる技術的専門知識が失われることになれば、それはこの特別な知識の世界が不可避的に終わりになるということを意味する。これにたいして、思考活動ははっきり分かるようなものを何も残さないし、それだから、思考する欲求は「賢者」の洞察があってもそれで充たされるということがない。もし、確かめられるような成果を問題にするとすれば、せいぜい期待できることといえば、カントが自分の目標を追求して最後に達したもの、「消極的にであるが、我々の理性を感覚世界の制限以上に使用すること、すなわち、理性自身が自分で作ってきた障害を除去すること」[81]であろう。

カントは、**Vernunft**〔理性〕と**Verstand**〔知性〕について有名な区別、いいかえれば、思弁的な思考と感覚的経験に由来する知の能力とを区別した。この知性能力の場合、「あらゆる思考は直観に到達するための手段にすぎない」(「認識が対象に対してどのような仕方でいかなる手段によって到達しようとも、認識が対象に直接かかわり、手段としてのすべての思考がめざすものは直観である」[82])のである。そして、この区別はカント自身が捉えた以上に大きな帰結をもたらしたのである。たぶん、それとはまったく別の帰結でさえあった[83]。(カントはプラトンを論じた際にかつてこう述べた、「ある著者が対象について述べた思想を比較してみることによって、著者自身が自分で理解しているより、彼の思想を理解するということになるということは……何ら異常なことではない。著者は自分の概念を十分には規定しておらず、そのためにしばしば自分の意図に反して述べたり、考えたりさえするからである」[84]。このことはもちろん、カント自身の著作についてもあてはまることだ。)カントは、理性が認識に到達し得ないこと、とりわけて、思考の最高の対象である、**神**、**自由**、**不死**についての認識に達し得ないと主張したけれども、知識としての思考の最終目標が真理と認識にあるという確信と手を切ることはできなかった。そんなわけで、カントは、三批判書を通じて、「理性認識」（Vernunfterkenntnis）、「純粋理性から生まれる認識[85]」という用語、自己矛盾せざるをえなかったに違いないような考えを使っているのである。カントは、自分が理性と思考を解放したとか、この能力と活動について、それ自体では「積極的な」成果を求めることができないにしても、これを弁護したのだとはけっして自分で気づくことにはならなかった。すでに見たように、彼は「信仰に余地をあけるために……知識を拒絶する必要があることを発見した[86]」と述べた。しかし、彼が「拒絶した」こととといえば、知りえないことについての認識であったにすぎず、しかも、彼が余地を作ったのは信仰のためではなく思考のためだったのだ。彼は「後世のための遺産」として、将来、「体系的形而上学[87]」を構築するための基礎を打ち建てたと信じていたのである。実際、カントによって思弁的思考が自由にされなかったら、ドイツ観念論の興隆も、その形而上学的体系もほとんど不可能であったろう。しかしながら、フィヒテ、シェリング、ヘーゲルという新たな哲学者の誕生によってカントはほとんど満足しなかったろう。カントによって、学校で教えられる古い独断的な考えとその空虚な哲学の練習といったものから形而上学的体系が解放され、思弁的思考へと熱中するように刺激を与えられたのだが、彼らは、今や、デカルトに手がかりを求め、確実性を求めての狩猟に出かけ、もう一度、思考と認識の境界線を曖昧にし、自分たちの思弁の結果が認識過程の結果と同じだけの有効性をもつのだとまじめに信じたのだった。

思考を一つの目的のための手段として使う知識と、「我々の理性の本性から」生まれ、それ自体のために使われる思考作用そのものとを区別するというのはカントの最大の発見であったが、その価値を損なったのは、彼がいつもその二つを互いに比較していたということである。もし、意味ではなく、真理（カントでは直観）だけが、人間の精神活動の究極の基準だとすれば、この場合においてだけ、一般に幻覚とか錯覚ということについて論じることが意味がある。カントによれば、理性という「思弁のあらゆる権利と要求を裁くものが、それ自体幻覚と欺瞞の源泉であるというのはありえないことだ」[88]。カントは正しいのだが、それは思弁的思考の能力としての理性が現象の世界を動くのではないので、ばかげたこと、無意味なことを生みだすかもしれないが、感覚的知覚と常識の世界のものである幻覚と仮象を生みだしはしないからである。彼自身、純粋理性の概念は「発見的な」概念にすぎないのであって、「明示的な」概念ではない[89]というときには、このことを認めている。それらは仮設的なもので、何も明示するものでないし、何も示しはしない。「それらはそれだけで実在するものと考えられてはならないのであって、たんに図式としてあるものと考えられねばならない……したがって、現実のものの類似物としてだけあるのであって、現実のもの自身として基礎におかれるべきものではない[90]」。いいかえれば、それらは現実に達することもできなければ、それを表現することもできない。それらがけっして達することができないのは、たんに別世界の超越的な物だけではないのである。感覚の共働によって与えられ、共通感覚によって互いに調和させられ、しかも、多くの事実によって確証されている実在が、それらの手に届かないのだ。けれども、カントは事柄のこういう側面については強調しなかった。というのも、こういう考えは「空虚な思考物[91]」(leere Gedankendinge)だということになりかねないと恐れたからである。実際、あけすけにして示せば、すなわち、言語によって変化させたりちょっとごまかしたりすることをしないで、我々の日常の世界と日常のコミュニケーションのところであえてしめせば、いつもあてはまることなのである。

たぶん、彼が、我々がここで意味と名付けているものを、**目的**やさらに**意図**(Zweck と Absicht)とが同じものだとしているのは、このような理由からであろう。「もっぱら理性概念にだけ基づいている最高の形式的統一は、物の合目的的な統一である。理性の思弁的関心からすると、世界のすべての秩序が至上の理性から生じたかのようにみなす必要がある[92]」。いまや、理性は特定の目的を追求し、理念に基づくかぎりは特定の意図を持っているということになる。人間を思考させるものは、人間理性の要求であり、**神**、**自由**、**不死**への理性の関心なのである。とはいいながら、数ページ後ではこう認めている。思考の三つの主たる対象、「意志の自由、霊魂の不死、神の存在」との係わりでは、「理性のもっぱら思弁的関心」は「非常に小さなものである。そして、それだけのために超越論的な探求の労をとったりすることはほとんどなかったろうというのである。そしてこれらのことでどんな発見がなされたにしても、具体的に（in concreto）役に立つ形でそれを利用できるということはあるまい[93]」と。しかしながら、このきわめて偉大な思想家の業績につまらぬ矛盾があると詮索する必要はない。上に引用した箇所の真ん中に一つの命題があって、これほど彼の理性と目的との等置という考えに大きく対立するものはないのである。「純粋理性は実際ただもっぱら自分自身だけにかかわり、それ以外の何の役目もないのだ[94]」というのである。

第Ⅱ章　現象世界の中での精神活動

9　見えないことと退きこもること

思考すること、意志すること、判断することというのは、三つの基本的な精神活動である。それらを互いに他のものから導きだすことはできないし、たとえ共通の特徴がいくつかあったにしても、一つの共通分母に還元することはできない。**我々が思考するのは何によってであるか**という問いに対しては、結局の所、カントが「理性の要求」とよんだもの、つまり、思索のなかで自分自身を現実化しようとする、この能力の内面的な衝動からだという以外に答はない。そして非常によく似たことが、意志についてもあてはまるのであって、理性も欲望も意志を動かすことはできないのである。「**意志**以外の何も意志作用の全体的な原因ではあり得ない」(nihil aliud a voluntate est causa totalis volitionis in voluntate)とドゥンス・スコトゥスは衝撃的な形で定式化した。この能力について考えた思想家の中で、一番自由意志を低く評価していたトマスでさえも「意志自身が意志しようと意志する」(voluntas vult se velle)と認めねばならなかったのである。[1] 最後に、精神のもっとも神秘的な能力である判断力というのは、いつも精神の構成物である普遍的なものと、いつも感覚経験によって与えられる個別的なものの両方を結合するのだけれども、この能力は「特有な能力」であり、けっして知性にあらかじめ含まれているものではないのである。それは、個別的なものを推論の形式で普遍的なものに包摂する能力である「規定的判断力」*の場合でも同じである。なぜなら、どんな規則も規則をどう適用するかに対しては有効ではないからである。普遍的なものを個別的なものにどうやってあてはめるかを知るのは、「自然の天分」として付加されるのであり、カントによれば、それがなければ「ふつうは愚かだといわれるのである。というのもそのような欠陥に対しては、治療のしようがないからである[2]」。判断力が人間の思いどおりにならないという自律的な性格をもっていることは、「反省的判断力」の場合にはさらにはっきりわかる。この反省的判断力は普遍から個別へと降りていくのではなくて、「個別から普遍へと」昇っていくのであり、その際、どれにでも当てはまるような規則のないままに、これは美しいとか、これは醜いとか、これは正しいとか、これはまちがっているとかを決めていくのである。そして、そこでは指導的原理として判断力は「自分から自分に対して法則として原理を与えることができるにすぎない[3]」。

私はこれらの精神的な能力を基本的なものだと呼ぶのだが、それはそれらが自律的なものだからである。これらの能力のどれもその活動そのものに固有な法則にしたがっている。ただし、その場合、これらすべての能力は魂の情念が一定程度平静であること、いいかえればヘーゲルが「端的な思考による認識[4]」の場合に生じるといっている「情念なき平静さ」(leidenschaftslose Stille)というものを必要としている。精神が思考し、意志し、判断する場合、それはいつも同じ人格において行なわれるのだからこそ、これらの活動が自律的であるという性格が非常な困難を生み出してきた。理性は意志を動かすことができないという事実、および、思考は過去のものを取り去ることも「若返らせる」こともできない——「ミネルヴァのふくろうは黄昏が始まる時になってやっと、飛び始める[5]」——のであって、ただ、それを「認識する」だけだという事実から、精神は無力なもので、非合理なものが力を持っているのだというさまざまな教説が引き出されてきた。ヒュームの名高い表現ではこう要約されている、「理性は情念の奴隷であり、また、そうでのみあるべきだ」と。これは、したがって、魂の活動のなかで理性が無条件に支配的であるというプラトンの考えをじつに素朴にひっくりかえしたものだ。こういう理論や教説のすべてのなかできわめて特徴的なのは、我々それが暗黙のうちに一元論を採っているということである。すなわち、世界の現象が明らかに多様であること、我々の脈絡でもっと適切な言い方で言えば、人間の能力が明らかに多様であるのに、一者——古代のヘン・パン（hen pan）、「全即一」——が、唯一なる起源にせよ、唯一なる支配者にせよ、存在するに違いないと要求しているのである。

精神活動が自律しているということには、さらにいえば、その活動が制約されていないということが含まれている。生活ないしは世界の制約のどれ一つとして精神活動に直接対応するものはない。というのも、精神の「情念なき平静さ」というのは、本来の言い方では制約ではないからである。たんなる平静さによっては精神活動、思考への衝動が引き起こされはしないというだけでなく、「理性の要求」はしばしば情熱をしばしば黙らせてしまうのである。なるほど、私の思考や意志、判断の対象、精神の主題となる事柄は、この世界に与えられる、いいかえれば、この世界の私の生活から生まれてくるのだが、活動としての精神の働き自身は、このような対象によって強制されてもいなければ制約されてもいない。人間は実生活ではまるまる制約を受けており、誕生から死にいたるまでの時間枠のなかに制限されて、生きるために労働*〔labor〕に従事し、この世でうまくやっていけるために働こう〔work〕という気になり、自分の仲間の付き合いのなかで自分の位置が見いだせるために〔政治的〕活動（action）へと向かうのである。しかし、それにもかかわらず、精神としてはこのような制約をすべて乗り越えていくことができるのである。とはいっても、これは精神としてというだけでのことであって、けっして、現実にそうだというわけでもなければ、人間が世界の現実や自分自身を探求することが可能になる認識や知識においてのことでもない。人間は、自分がそこに生まれてき、また、そこで制約を受けている現実を肯定的にも否定的にも評価することができる。不可能なこと、たとえば、永遠の生命といったことも意志することができる。そして、知られていないこと、知ることができないものについて考える、すなわち、意味をさぐって思索することができる。こうしたからといって、現実が直接変革されるわけではないが——実際、我々の世界で思考と行為ほどはっきりとした激しい対立はない——、我々が行動する際の原則と我々が自分の生活について判断し行動する際の基準は、究極的には精神の生活によって成り立っているのである。要するに、それらの原則や基準は、このような一見役に立たないように見え、何の結果も生み出さず、「直接には行動への可能性を」(ハイデガー)与えてくれはしない精神の働く営みがあって成り立つのである。思考の欠如というのは、人間の営みのなかで実に強力な要因をなすもので、統計的に言えば、一番強力なものである。それは、大多数の人の行為についてそういえるというのではなくて、すべての人の行為についてあてはまるのである。人間の営みのなかでまさに差し迫っていること、ア・スコリア〔a-scholia、余裕がないこと〕があると、その場しのぎの判断に頼り、習慣と伝統、すなわち、偏見に依拠することになる。現象の世界というのは、我々の感覚だけでなく、我々の精神や常識にも等しく影響を与えるのだが、これについて、ヘラクレイトスは、まだ用語的には確定していない言い方で、こう真実を述べている。「精神はすべてのものから離れている」[6](sophon esti pantōn kechōrismenon)と。このようにまったく分離しているということによって、カントは宇宙の別の隅には他の知的な存在者がいる、すなわち、我々の感覚装置や知力は持っていないが、同じように合理的思考のできる生物がいると固く信じることができたのである。こうした生物の場合、我々のように真偽をはかる基準もなければ、経験や科学的認識のための条件も持っていないわけである。

現象の世界とそれによって制約された活動の観点からすると、精神の活動の主たる特徴は、それが見えないことである。もっと正確に言えば、精神活動は、思考し意志し判断する自我には明らかではあるが、けっして現象しないし、この自我の方は、自分の活動を意識してはいるが、自分が活動しているものであることを現象させようという能力もなければ欲求も持っていないのである。エピクロスの「隠れて生きよ」(lathē biōsas)というのは思慮分別の勧めであったのかもしれないが、それはまた、思考する人間のトポス(topos)、場所を消極的にではあるが、すくなくとも正確に描いたものである。実際、これは、ジョン・アダムズの「我々は行動している状態で見られたい」(spectemur agendo)というのと正反対である。いいかえれば、思考には証示される不可視なものに対応するものとしてある人間能力が存在するが、それは、他の能力のように潜在的でたんなる可能性に留まるあいだ見えないでいるというだけでなく、完全に現実化された状態でも見えないものなのである。もし、現象という観点から人間の活動をすべての段階にわたって考察すれば、現われ方の程度はいろいろだと分かる。労働も生産も活動そのものを示す必要はない。ところが〔政治的〕活動と言論だけは、そもそもそれが現実化されるためには――それを見たり聞いたりする人びとと同様――現象の空間が必要なのである。しかし、これらの活動のどれも見えない。我々がギリシアの言い方にしたがって、最高の意味で活動的人間である「英雄」を、きわだって目立つもの（andres epiphaneis）というとすれば、思考する者は、定義からしても職業からしても、目立たず見えないものといわねばなるまい。(7)

我々の内面の見えない生活を支配するのはどちらかということで、精神は、魂を主たる競合相手としているのだが、他にも違いはあるとはいえ、この点での魂との違いは決定的である。魂からは我々の情念や感情、情緒が生まれてくるのだが、この魂というのは、多かれ少なかれ、混沌とした状態で生じてくるものであって、これらは我々が始めるのではなくて、受動的に作用を受けて（pathein）生まれてくる多少なりとも混沌としたかたまりであって、苦痛や快楽の時にそうであるように、非常に強くなると我々を圧倒してしまうこともあるものなのである。この見えない性格は我々の内臓器官と似ている。内臓が働いているかいないかということについても、我々は意識はしているけれど、それを制御することはできないのである。逆に、精神の生活の方は純粋の活動であり、しかも、この活動は、他の活動と同じように思いのままに始めることも止めることもできる。そのうえ、情念というものの位置は見えないけれど、それにはそれ固有の表現形態がある。我々は恥ずかしかったり困惑すると顔を赤らめる。恐怖や不安で青ざめるし、喜びで輝くこともできるし、打ちのめされたように見えることもある。そして、情念を示さないようにするためには自分自身をコントロールするかなりの訓練が必要である。精神が外に表される唯一の場合はうわの空になっているときである。これは、周囲の世界をまるで無視していながら、自分のなかで実際に起きていることをほのめかしもしないまったく消極的なものなのである。

眼には証示されていなくても存在しうるものがあるという、不可視の事実だけでもいつも衝撃的なものであったに違いない。それがどれほどのものかということは、魂と精神、意識の間にはっきりと線を引いて区別することを伝統的にずっと奇妙にも嫌ってきたということからしても推し測ることができる。これら三つは外官には現象しないという理由だけで内官の対象として同一のものとされたのである。そんなわけで、魂は、可視的世界で不可視なものを認識するために作られたのだから不可視なのだと、プラトンは、結論した。さらに、哲学者のなかできわだって伝統的な形而上学的偏見に対して批判的であったカントでさえも、時折、二種類の対象をあげた。「思考するものとしての「自我」は内官の対象であって「魂」と呼ばれる。外官の対象であるものは「身体」と呼ばれる。[8]」むろん、これは古来の二世界説の変化したものにすぎない。我々の内面は身体が外の空間のなかに含まれているのと同じように内の空間にあるとした上で、感覚経験の外面的性格にも類似したとらえ方がされる。その結果、「内官」、すなわち、内側を見る直観は、外官が外の世界をとらえるように、「内で」起きるすべてを確実にとらえるというわけである。魂についていえば、類比はそんなに間違っているわけではない。感情と情念は我々が生み出すものでなくて外の出来事から生まれた「受動的な情動」であり、魂に働きかけて一定の反応、すなわち、魂のパテーマタ（pathēmata）――受動的状態と情緒――を生み出すのだから、この内面の経験はもっぱら内側を見る内官に可能なのである。というのも、この経験は、カントがかつて述べたように「外的経験を前提にしてのみ可能[9]」だからである。さらに、まさにそのような受動的性格、すなわち、意図的な介入によって変えられないものだという事実のために、それが確固たるものであるように強く感じられるのである。すると、このみせかけが内観についての一定の幻想を生み出し、今度は、それによって、精神は自分自身の活動の支配者であるだけではなくて魂の受動までも支配できるかのような理論にまでいたるのである。まるで、精神が魂の最高の器官にほかならないかのようである。このような理論は大変に古くからあるものだが、その頂点にあるのが快苦に対する精神の支配に関するストア派の見解である。ファラリスの牛のかまど*で焼かれていても幸福に感じることができるという考えの誤りは、帰するところ、魂と精神とを等しいものとしたことによっている。つまり、本質的に受動的性格を持った魂に対して精神の強力な優越さを与えてしまっているのである。

精神の行為はすべて、いや、すくなくとも思考の行為は、与えられたままの対象に満足することはない。精神は何かをたんに与えられて、それで精神の注意を引き起こされたという状態をたえず乗りこえていく。さらに、それを、一三世紀のフランシスコ派で意志にかんする哲学者、ペトルス・ヨハンニス・オリヴィ**(10)が自我の自分自身との実験(experimentum suitatis)と呼んだものへと変形していく。複数であることはこの世における人間生活の基本的実存的条件の一つである——したがって人びとのなかにいる(inter homines esse)というのは、ローマ人にとっては、生きており、世界と自己が現実であることを知っていることの印なのである、人びとのなかにいるのを止める(inter homines esse desinere)というのは死と同義なのである***——のだから、一人だけでいて自分と交流していることは、精神生活の際立った特質である。精神がそれ自体の生活を持っているというのは、精神がこの交流を実現し、そこで、実存的にいえば、複数という性格が二者という性格〔二者性〕へと還元されているときに言いうる。そして、これは事実においても「意識」(syneidenai)という言葉が、自分自身と一緒に知るという言葉であるということにも示されている。私は、自分が自分と係わっているということの実存的状態を「単独」〔solitude〕と呼んで、「孤立」****〔loneliness〕から区別する。「孤立」の方では、私は人間との交際から見捨てられているだけでなく、また、自分との係わりの可能性もなくて孤独なのだ。私が人間との交際を奪われていると感じるのは、孤立においてだけである。人びとが個別者として実際に存在しているのは、そのように剥奪されていることを鋭く意識している時だけである。このような状態の耐えがたく「声も出ないような恐怖(11)」を十分に理解するのは、たぶんただ夢のなかか狂気においてのみのことであろう。あらゆる精神活動それ自身が反省的な性格をもっているということによって、意識自身にそなわっている二元性が証拠づけられている。精神的に働くようになるのは、こっそりにせよ、はっきりとにせよ、自分に振り返って作用することによってのみ可能である。意識――カントの「私は考える」――は、たしかに「他のすべての表象」に伴うだけでなく、私のすべての活動にも伴うのである。しかし、そこでは、それにもかかわらず、私の自我をすっかり忘却してしまうことができるのである。意識そのものは、単独状態(solitude)で実現されるまでは、ただ〈私は存在する〉という同一性――「私が、自分自身を意識しているが、私が自分自身に現象するような仕方においてでもなければ、私が自分自身の内部においてあるようにでもなく、ただ、私は存在するということを意識するだけである」[12]――を気付かせてくれるにすぎない。そして、このことは、自我が生涯のなかでたどるさまざまな表象や経験、記憶を通じて持続して同一だということを保証するものなのである。そのかぎりで、「〈私は考える〉というのは、私の実存を規定する行為を表現している」[13]。精神活動、ならびに、後に見るように、とりわけ、思考作用――私の自身との声を出さないでの対話――は、あらゆる意識にそなわっている私の自分自身との根源的な二元性ないし分割の実現化と理解することができる。けれども、このように純粋に自分に気付いていることについて、自分ではいわば意識せずに意識しているのだけれど、このことは活動ではない。このように他のあらゆる活動に伴うことによって、この意識は、同時に沈黙の〈私は私である〉ということの保証となっている。

私自身が係わっている精神の生活は音は聞こえないものかもしれない。しかしながら、これはけっして沈黙のものではないし、その活動がすべて反省的な性格のものである以上、まったく自分をまるごと忘却してしまうこともあり得ない。どの〝思考〟(cogitare)も、その対象が何であれ、それまた、〝私が思考するのを思考する〟(cogito me cogitare)でもあり、どの意志も〝私が意志するのを意志する〟(volo me velle)のだし、判断力すらも、モンテスキューがかつて述べたように、〝自己自身への秘密の還帰〟(retour secret sur soi-même)によって可能なのである。こうした反省的性格があるために、精神活動のための内面の場所というものが、非精神活動が営まれる外部の場所と同じような原理に基づいてあるのではないかと思わせる。しかしながら、この内面を、魂の受動的な内面性と区別して、活動の場所としてのみ理解するとすれば、それは間違いだろう。この間違いは、歴史的には、キリスト教の初期の時代に、意志と意志する自我の経験を発見したことから始まっている。なぜなら、活動が持続するかぎりでのみ、精神の能力とその反省的性格に気付くことができるからである。それは、まるで私が考え、意志し、判断するときにのみ、思考や意志、判断の器官そのものが存在するようになるかのごとくである。潜在的状態が実現よりも先であると仮定した場合、それらが潜在的である状態のもとでは、それらに内観によって接近できないのである。思考する自我については、思考活動が続くかぎりで完全に意識できるのだが、現実世界が再び登場すると、まるでたんなる蜃気楼のように消え去っていくのである。

精神活動は定義からして現象しないのだけれども、現象の世界と現象に係わる存在者において生じている。この存在者は、他のものに対して現象する能力と要求を持っているとともに、自分の感覚器官があるということによっても、この現象に係わっている。したがって、この活動は現象から意識的に退きこもることによってのみ姿を現わすのである。この退きこもりは世界からの退きこもりというよりは——思考だけが一般化の傾向、すなわち、特殊なものに対立した一般的なものへとりわけ関心を持っているので、総じて世界から退きこもろうという傾向があるが——世界が感覚的に現在しているという状態から退きこもるのである。どのような精神の行為も前提にしていることは、精神は感覚には現前していないものを自分に現前させることができるということである。現にないものを現前させるという再現〔再‐提示 Re-presentation〕の働きは精神の特別の能力であり、我々の精神に係わる用語は総じて視覚経験から取ってきた比喩を基にしているものであるから、この能力は想像力といわれる。これはカントによれば「対象が現前していなくても直観できる能力[14]」と定義される。今ないものを現前させるという精神の能力は、もちろん、現前しない対象物についての精神的な像にけっして限定されはしない。きわめて一般的にいって、記憶は、もはやないものを蓄積し自由に想起できるように保持するのだし、意志は、今はまだないけれども将来起きるだろうことを先取りする。現にないものを現前させることができるという精神の能力があるために我々は「もうない」といって過去と係わることができるし、「まだない」といって未来に備えることができる。しかし、このことが精神に可能になるのは、精神が現在のことや日常生活の差し迫ったことから退きこもってしまった後だけである。そんなわけで、意志するためには、反省することもしようという性格も持つことなく、ただ欲望を持ったものを手にしようというような直接的な欲望から退きこもらなければならない。なぜなら、意志が係わっているのは、対象物ではなく、たとえば、今のところ欲しいと思うかどうか分からないものを将来利用できるようにしておこうという企てなのだからだ。意志によって欲望が意向へと変わっていくのだ。そして、最後に、私がこの世界のなかで占めている位置、および、そこで私が演じている役割から、私は直接にさまざまな利害をもつが、判断の際には、美的判断であれ法律的な判断であれ道徳的な判断であれ、この利害に巻き込まれたりそこに係わったりするのを、断固として「不自然」なまでに自覚的に避けて退きこもることが前提とされるのである。

精神活動に序列をたてようとするのは間違いだろうと思う。しかしながら、どれが優位にたつかということについての順番があることを否定することはこれまた難しいと思う。もし、再現の能力と、感覚知覚の注意をどうやってもすり抜けてしまうものに精神の注意を向けようとする努力が先行しておらず、意志や判断の働きとならんでさらに反省しようという精神の準備ができていなかったなら、我々がどのようにして意志したり判断したりすることができるだろうかというのを考えてみることもできない。すなわち、まだ存在していないものやもう存在していないものを取り扱うことはできない。いいかえれば、我々が一般に「思考」と呼んでいるものは、意志を動かしたり判断に一般的規則を与えたりすることは出来ないけれども、感覚に与えられてくる個々のものについて、精神がそれがないときにも取り扱えるようにと用意をしていなければならない。要するに、個々のものを感覚から引き離さなければならない。

私が知っているものでその準備の過程について一番見事に叙述しているのは、アウグスティヌスである。彼によれば、感覚知覚、「視像、感性的物体によって感覚が形成されたときには外側にあったものだが、その後に続いて、同じく内側の視像」、それを再現する像がおきるのである。[15] ついで、この像は、記憶に保存されて、精神が把捉すると「精神の映像」になる準備ができているのである。「記憶に残っているもの」――かつて実際にあったものの像にすぎない――と「精神の映像」――意識して記憶されたもの――とを区別するのは、決定的なことである。「記憶に残るものと……思い出すときにでてくるものとは……別である」。[16] というのも、「記憶の中に隠され保持されているものと、思い出している人の思想の中でそれから刻印されたものとは別である」[17] からだ。したがって、思考の対象は心像とは異なっており、それは、心像が目に見える感覚対象とは異なっているのと同じである。心像というのは感覚対象をたんに再現したものにすぎない。このように二重に変形が行われるために、「我々の理性が、物体を思い浮かべて視覚がとらえようとしてもできない無限数というものを求め」たり、「どんな小さな物体でも無限に分割できるということを教えてくれたりする時には」、思考がどんな想像の領域をも越えて「実際にさらに向こうに進んで行く」[18] のである。したがって、可視的な対象を不可視の心像に変形して、精神に蓄えられるようにしていく想像力というのは、精神に適切な思考対象が供給されていくための「不可欠な」条件なのである。とはいっても、これらの思想対象が登場するようになるのは、精神が集中するようになるのに必要な関心を引き起こすものなら何でも記憶の貯蔵庫から想いだし、再び集めて選択するという作業を、活動的かつ慎重に行うときにのみのことである。こういう操作の中で精神は現前しないものの扱いを習い、「さらに先に進む」、すなわち、常に現前しないもの、感覚経験に現前することはないので記憶することのできないものの理解へと進んでいくのである。

この最後の階層の思考対象――概念、理念、カテゴリーといったもの――が「専門的」哲学の特有の主題となったけれども、思考にとって栄養として取り入れることのできないようなもの、すなわち、二重の変形を受けて感覚対象から思考の対象になりえないものは、人間の日常生活の中で何もない。哲学ならではの問題として取り上げられてきたすべての形而上学的問題は、日常の常識的経験から生まれてくるのである。人間がこうした問いを立てることになるのは意味への追求をきっかけにしてなのだが、この「理性の要求」というのは、自分たちが見た出来事について話したいという要求、あるいはそれを詩に書きたいという要求となんら異なるところはない。このような反省活動のすべてにおいて、人間たちは現象の世界の外側でうごき、抽象的な語に満ち満ちた言語を使用する。もちろん、この言語は、哲学のなかで特に使われるようになるまでは日常の話で使われていたものであった。技術的にいえば、哲学には必要ないが、思考をするために本質的な前提として、現象の世界から退きこもることだけは、唯一必要なのである。我々からすれば、誰かのことについて考えるためには、その人が我々の前にはいなくなっていなければならない。その人物と一緒にいるかぎりは我々が彼のことや彼について考えるということはできない。回想というのが思考にはいつも含まれている。どんな思考も厳密には、後になってからの思考である。もちろん、まだそこにいる誰かや何かについて考え始めるということは起こりうる。その場合には、我々はこっそりと周囲から抜けでて、まるですでにもういないかのようにふるまっているのである。

こうした見解から、おそらくは意味の追求たる思考が、認識への渇望、さらには、自己目的としての認識とは異なって、非常にしばしば不自然なものとして感じられてきた理由が示されることになるかも知れない。自然は端的にそこにあり、それ自身で存在していることだけからも多様な驚くべきことが生じており、それに対して人間は自然に好奇心を持つようになる。ところが、目的なしの反省が行われると、こうした自然の好奇心を乗り越えていって、人間の条件に反する活動に係わっていくかのようである。思考そのものは、回答不可能な「究極の問い」を立てるという働きにおいてだけでなく、認識に役立つわけでなく実際的な欲求も目的もあるわけではない反省活動という点でも、ハイデガーがかつて述べたように、「尋常でない」[19]（傍線付加）。思考活動があると、どんな行為も、どんな日常の活動も、それがなんであれ、妨げられる。あらゆる思考は〈立ち止まって考えること〉を必要とする。二世界論の誤謬と不条理さがどんなものであったにせよ、それらが生まれてくるのは思考する自我のこのような純粋の経験があるからである。そして、思考を妨げるものがなんであれ、それは、現象の世界に属するものだし、私が仲間と共有している日常的な経験なのであり、それが私自身の存在が実際のものであることを自動的に保証してくれるものなのだから、意識の過剰のために私の身体機能の自動的な働きが麻痺させられるのと同じような仕方で、思考によって実際、私は麻痺させられるかのようである。ヴァレリーの言い方で言えば、「行為は成就されるためには反省される必要があり、さもなければ、存在しえない」（l'accomplissement d'un acte qui doit être réflexe ou ne peut être）。意識の状態を思考の状態と同一視して、彼はこうつけ加えている。「そこから哲学全体としてこういうことができよう、「時に私は思考し、時に私は存在する」と」[20]（on en pourrait tirer toute une philosophie que je résumerais ainsi : Tantôt je pense et tantôt je suis）。この衝撃的な見解は、同じく衝撃的な経験――すなわち、我々の身体器官を単に意識するだけでもその身体器官が本来的に働くのに妨げになるということ――を基礎にして、存在と思考にはプラトンにまでさかのぼりうる対立があることを主張している。すなわち、思考によって、まるで人間たちが生命あるものの世界から離れてしまったかのようでも、哲学者の身体――つまり、哲学者を諸現象の中に現象させるもの――だけは、まだなお人間たちの共同体に住んでいるのである、というのである。

哲学の歴史を通じて、死と哲学が近しいものだという非常に奇妙な考えが生き続けてきた。何世紀にもわたって、哲学は人間にいかに死すべきかを教えるものとされてきた。このような理由で、ローマ人たちは、哲学の学習をただ老人にのみふさわしい仕事だと決めたのだった。ギリシア人の方は、青年たちが学ぶべきものだとしていたのにである。とはいっても、プラトンが最初に、哲学者は、哲学しない人からすれば死を追い求めているかように見えると述[21]

べたのだし、同じ世紀、ストア派の創設者、ゼノンは、最善の生に達するには何をなすべきかを問うた時に、デルポイの占いから「死者の色を身につけよ」[22]と答えられたと報じている。近代になると、ショーペンハウアーと一緒に、我々の可死的であることが哲学の永遠の源泉であるとか、「死は、実に哲学を鼓舞する天才であり、……死なしには哲学することもほとんどないだろう」[23]と考える人を見つけるのは珍しいことではない。『存在と時間』における若きハイデガーでさえも、死を予感していることが、人間が本来の自己に達し、世人〔das Man〕という非本来性から解放される決定的な経験だとしていたのである。ただし、彼は、プラトンが指摘したように、この理論がどれほど世の多数の人々の普通の見解から実際には浮かびでてきたのかということをまったく見のがしている。

10　思考と常識との内輪争い

「死人の色を考えてみよ」——実際、哲学者が思いに沈んで放心した状態と、思考に全生涯を捧げ、その結果、たくさんある人間の能力のなかでの一つにすぎないものにひたすらかかわってそれを絶対化する専門家の暮しぶりというのは、普通の人間たちの常識からするとそう見えるに違いない。というのも、我々が通常住んでいる世界の場合には、消失の一番激しい経験というのは死であり、現象からの退きこもりというのは死ぬことだからである。少なくとも、パルメニデス以来、自殺しようというのではなくて慎重に選んだうえでこうした暮らし方を選んだ人間がいるという事実からも分かるのは、このような死との親近性の感覚は思考の活動から生まれてくるものでもないし、思考する自我の経験からでもないということである。むしろ、哲学者の常識〔共通感覚〕そのもの——自分が「そこらへんの普通の人間」だという事実——によって、思考しているときの自分が「尋常ならぬ」のだということを意識させられるのである。哲学者とて、結局は人間全体の「共通－性」〔common-ness〕を共にしているし、自分のする思考活動に疑いの気持ちを起こすのも自分の現実感覚によってなのである。それに、思考それ自体は常識の議論に対しては無力だし、意味を求めていくことなど「無意味」だと常識が主張すれば、それに対しては手も足も出ないので、哲学者はつい常識の用語で答えようとするが、これは目的からすればまったく転倒したことになる。もし、常識と通念からして「死は最悪のものだ」と主張すれば、（死というのは魂が身体から分離することだと考えていたプラトンの時代の）哲学者はこう言おうとするだろう。すなわち、「死は神的なものであり、魂と身体の結合を解消するのだから、哲学者にとってはありがたいもの」(24)であり、また、そうして精神を身体の苦と快から解き放ってくれるようにみえる。快も苦も二つとも精神の器官が活動するのを邪魔するのだけれども、これは意識が身体器官の適正な働きをするのを妨げるのとちょうど同じである。(25)哲学史全体を見ても思考の対象については多くのことが分かるが、思考の過程や思考する自我の経験についてはほとんど分からないのだけれど、この歴史を貫いて人間の常識と人間の思考の能力、理性の要求との間に内輪争いが行なわれているのである。常識とは我々の五官を常識的共通世界に適合させる第六官だし、理性とは人間をその常識から長い時間退くように決めようとさせるものである。

哲学者たちはこのような内輪争いを、多数者が、自分たちの俗見によって、少数者に反対して、その真理へ当然の敵意をもったのだと解釈した。しかし、この解釈を支持する歴史的事実はむしろ乏しい。たしかに、ソクラテス裁判はあったし、それによっておそらく、プラトンは洞穴の比喩の最後に（哲学者がイデアの天空へ一人で飛翔したのちに、洞穴の闇と仲間との付き合いに戻るとき）、多数者はできるなら少数者に暴力を加えて殺すだろうと言ったのだろう。ソクラテス裁判についてのこの解釈は、哲学史を貫いてヘーゲルまでも含んだ影響を持っている。しかしながら、事件にたいするプラトンの説に対してきちんとした根拠のある疑問がいくつかたてられているということは脇においておくにしても、(26)事実としていえるのは、多数者が哲学者に対して自分の側からはっきりと戦争を仕掛けたという証拠はほとんどないということである。多数者と少数者との関連で言えば、事態はむしろ逆であった。哲学者の方が自分から人びとの住む**都市国家**を捨て去って、自分の背後に置いてきた人びとに向って次のように述べたのである。せいぜいの所、きみたちは自分が信じた感覚によってだまされており、詩人をすすんで信じ、自分の精神を使うべきだったときに大衆に従うことによってだまされているのだと。さらに、もっとも悪い場合には、きみたちは感覚的快楽だけに生きることに満足し、牛のようにがつがつ食って満足しているのだといったのである。[27] むしろ明らかなのは、大衆が哲学者の真似などできないということであるが、だからといって、プラトンの述べたように、哲学をするものは「野獣の中にさまよいこんだ人間」のように多数者から「必然的に非難され」迫害されるというわけではないのである。[28]

哲学者の暮らしぶりは孤独なものであるが、この孤独は自由に選んだものであり、プラトン自身、哲学的才能の「もっとも高貴な本性」を発展させるにふさわしい自然的条件を数え上げたときに、多数者の敵意については論じていないのである。むしろ彼が語るのは、国外追放者についてであり、「取るに足らぬ小さな国で、その国の重大事といっても論ずるに……値しないような国に生まれた偉大な精神の持ち主」についてであり、そのような本性を多数者の公の関心事から引き離してしまうような、たとえば不健康のようなその他の状況についてなのである。[29] しかし、このように方向を転倒して、思想と常識との戦いを変えて少数者が多数者に反抗するという形にしたほうが、これまでの迫害という狂気より多少はもっともらしくて記録としてもましだ——すなわち、哲学者の支配の要求という意味で——としても、それで真実により近づくというわけではない。常識と「専門的」思考との戦いについてのもっとも納得できる説明というのは、結局は上に述べたような視点なのである（すなわち、内輪争いが問題なのだという）、なぜなら、常識が哲学に反対してたてる反論に気づいたのは、まず第一に哲学者自身であったに違いないからである。そして、プラトンは「哲学の本性にふさわしい」政体についてのことを扱っているのではない別の文脈のところで、神

事にかかわる者が人事についてもすぐれているかという問いを笑うべきものとして片付けている。(30)

哲学者の熱中ぶりとその関心の対象が何の役にも立たないように見えることにたいして多数の人びとが自然と向ける反応は、敵意というよりは笑いである。この笑いは害のないもので、真剣な討論で相手にたいしてしばしば向けられるあざけりとはまったく異なるものである。このあざけりの場合には、実際、おそるべき武器にもなり得るのである。プラトンは『法律』のなかで市民にたいしてあざけるようなことを書くのは強く禁止すべきだと主張したのだが、(31)この彼は、あらゆる笑いにあざけりがあるのではと恐れた。ここで決定的なのは『法律』や『国家』のなかで、詩文芸、とりわけて、喜劇(俳優)を非難している政治的な対話における箇所ではなく、トラキアの農民の娘の話を真面目に語っているところなのである。ターレスが天空の物体の動きを見ていて自分自身が井戸の中に落ちたのを見て、この娘は、突然、笑いだし、「あの人は空中のものを知ろうと必死だったけれど、ちょうど足元に……あるものを見逃してしまうのねといった」。プラトンはこれに付け加えて、「哲学に身を捧げるものはこういうあざわらいを受ける可能性がある。……烏合の衆はみな農民の娘と一緒になって哲学者を笑うのだ。……[というのも]、助けもなくて途方にくれているときに、哲学者は馬鹿のように見えるからだ」。(32)奇妙なことだが、長い哲学の歴史全体のなかで、ただカントだけが――カントは哲学に固有の欠陥からは際立って自由な存在だった――、次のように考えたのである。すなわち、「ユーノーはティレシアスを尊敬していたので、彼も予言ができるようにと彼を盲目にしてしまうという贈り物をしたのだが、思弁的思考の能力はその贈り物に比することができるものなのである。もう一つの世界をよく知るためには、「現存の世界のために必要な思慮のいくらかを失うことによってのみ」可能になると、彼は思った。いずれにせよ、カントは自分が世間の人と同じ笑いに同調するほど崇高であったという点で、哲学者のなかで際立っていたように見える。たぶん、プラトンのトラキアの娘の話についてはまったく意識していないで、カントはまったくの上機嫌で、ティコ・ブラーエと彼の御者について、事実上、同じ話をしている。この天文学者は、夜の旅に一番の近道をするために星を見て位置を確かめようと提案した。それにたいして御者は答えた、「ご主人さま、あなたさまは天空のものについてはよくご存じでしょうが、この地上のことについては馬鹿でございます」と。[33]

哲学者は、自分の「愚かさ」を思い知るためには「烏合の衆」を必要としない――人間すべてに共有されている常識によって彼らの笑いを予知できるくらいの鋭敏さを持っているに違いない――としておこう。つまり、哲学者自身の精神のなかでの常識の推論と思弁的思考の間の内輪争いに係わっているのだということにしよう。その上で、死と哲学とが類似しているということをもっと詳しく調べてみたい。もし、我々が現象の世界、生まれるとそこに現われ、死ねばそこから消えていく共通の世界から、ものを見ていくと、我々の共通の住みかを知りたいと願い、それについてのあらゆる知識を蓄積したいという思うのは自然なことである。しかし、思考はそれを超え出たいという要求を持っているので、その世界に目をそらしたのである。比喩的な言い方をすれば、我々はこの世界の現象から消え去ったのであるが、このことが理解できるのは――自然的ないしは我々の常識の推理からすれば――我々の究極の離脱、すなわち、死を予測することによってのことである。

プラトンの『パイドン』にはこんなふうに書かれている。世間の多数者の目から見れば、哲学者は死を追求することとしかやっていないと見える。そこから、多数の人は、まあ哲学者のことを気に留めてみるときには、哲学者は死んだほうがましなのだという結論を出す。[34] そして、プラトンは、世の多数者が正しくはないと確信しているわけではない。もちろん、多数者が本来どうとらえるべきかを知っていないということは確信していたけれども。「真の哲学者」、全生涯を思考に費やす人間は二つの願いを持っている。第一に、あらゆる種類の用事や気遣いから解放され、とりわけ、身体から解放されたいという願いである。身体というのは、いつも気にかけることが必要なもので、「どこにも付きまとって……混乱、困難、不安を引き起こすものなのである」[35] からだ。そして、第二には、今、身体の感覚器官で知覚できるのと同じように、思考のかかわる真理とか正義、美といったものが接近できる実在的な彼岸の世界に一度住んでみたいという願いである。[36] アリストテレスでさえも、名高い著作の一つで読者に「祝福された者たちの島」のことを想起させている。そこが祝福を受けているのは、そこでは「人びとに何も必要ではなく、他の何も役に立たないから、ただ思考と観想（theōrein）しか残っていない、したがって、いまでもなお自由な生活と呼んでいるものだけなのである」。[37] つまり、思考による方向転換はけっして差し障りのない無害な営みとは言えないのである。『パイドン』においては、すべての関係が転倒されるのである。人間は、自然に死を最大の悪として避けるが、今や、死を最高の善としてそれに向っていくのである。

このことはもちろん、口でいうことと腹の思いとが違うので言葉どおりにとってはならない、もっとアカデミックな表現で言うなら、これは比喩的な表現なのである。哲学者は自殺によって名高いわけではない。たとえ、彼らが、アリストテレスと一緒に（彼の『プロトレプティコス』における驚くべきほど個人的な発言で）、[38] 愉快に過ごしたい人は哲学をするか生活を離れるべきで、他のことはすべてばかげた話で意味のないことだと考えているにしてもである。そうではなくて、死の比喩、あるいは、むしろ生と死の比喩的な転倒――普通、生と呼ぶものは死であり、普通、死と呼ぶものは生である――というほうがよいかもしれないが、それにあまり劇的な色彩を与える必要はないけれども、その比喩はいい加減で気まぐれなものではないのである。もし、思考がそれ自身の条件をととのえ、手近にあるすべてのものを遠ざけて感覚的な所与を断ち切ってしまうとすれば、それは遠くのものがはっきり見えるような場を作ろうとするためである。きわめて単純な言い方をすれば、有名な哲学者の放心状態においては、現実に不在のものが精神に現前している以上は、現前しているあらゆるものは、不在なのである。そのような不在のものの中には哲学者自身の身体がある。哲学者が政治に対して「人間の些末事」[39] といって敵意を持つのも、身体に対して敵意を持つのも、個人的な確信や信念とはあまり関係ないのである。それは経験そのものにあるものなのだ。あなたが考えているとき、あなたは自分の肉体のことを意識していない――この経験があるからこそ、プラトンは魂が一旦身体から抜け出ると、魂は不死なのだといったし、デカルトは「魂は身体なしでも思考することができるが、魂が身体についているかぎりは、身体器官の状態が悪いと働きが妨げられてしまう」[40]というふうに結論づけた。

ムネモシュネー(Mnemosyne)、**記憶**はミューズの母であり、想起というのは、もっともよく起こり、したがって、また基本的な思考経験だが、この経験は現前しないもの、感覚から消えてしまったものに係わる。しかしながら、その不在なものが呼び出され精神に現前しても――それが人間であろうと、事件であろうと、記念物であろうと――感覚に現われるような仕方で現象することはできない。まるで、想起というのは一種の魔力のようである。私の精神に現象するためだけにも、まず、感覚的ではなくなっていることが必要である。そして、感覚物を心像に移す能力が「想像力」と呼ばれている。この能力によって、いま不在なものを感覚的ではない形で現前させることができるのだが、これがなければどんな思考の過程も思考のつながりもまったく不可能であろう。したがって、思考は「尋常ならぬ」狂ったものなのだが、それはたんに生きるため、生きつづけるために必要な他の活動をみな止めてしまうからというだけではなく、通常のあらゆる関係を転倒してしまうからでもある。すなわち、身近で、我々の感覚に直接に現象するものが今や遠くの彼方に行き、遠くにあるものが現前にあることになる。思考しているときには私は自分が実際に居るところにいない。その場合、私は感覚物に囲まれているのではなくて、他の人には見えない心像によって取り囲まれている。まるで私はどこか遠い遠い国、見えない国に退きこもったようである。しかもこの国については私が想起し想像するというこの能力を持っていなければ、何も知らないものだろう。思考は時間の隔たりも空間の隔たりも消し去ってしまうのである。私は未来について予期できるし、まるでそれが現在であるかのように考えることもできるし、過去のことをまだ消え去っていないことのように思い出すこともできるのだ。

日常経験の中での時間と空間を考える際に絶対必要なことは、近いものから遠くへ、今から過去や未来へ、ここから羅針盤のどこにでも、左と右でも、前と後でも、上と下でも広がっていく連続体がなければならないということである。それゆえ、思考過程のなかではたんに距離だけでなく、時間と空間自身ですら消し去られているといってもいくぶんかは正当だろう。空間にかんして言えば、この経験に係わっているといえるような哲学的ないし形而上学的概念については何も知らない。むしろ、私が確かだと思っているのは、「静止する今」(nunc stans)というのが中世哲学では永遠性のシンボル——「永遠の今」(nunc aeternitatis)(ドゥンス・スコトゥス)——となったのは、キリスト教で知られていた二つの思考様式であった瞑想と観想の際に起きている経験を叙述するのに適切なものだったからだということだ。

ついちょうど、私は非感覚化された感覚対象について語った。すなわち、現象の世界に属しているのだが一時的に消え去ってしまって我々の知覚に及ぶところになっておらず、記憶したり予期したりによって我々に現前するようになるような不可視なものについて語った。こういう場合に何が起きているかは、オルフェウスとエウリュディケーの話のなかで常に語られている。オルフェウスは死んだ妻を取り返しに冥界のハーデースに下っていったが、妻を取り返すことができるのはついてくる彼女を振り返って見ないという条件を守ったときのみだといわれる。しかし、二人がこの世に近づいたとき、オルフェウスは振り返って見たのでエウリュディケーはただちに消えてしまった。どんな学術的な言葉を重ねるよりも見事に正確に、この古代の神話は、日常の生活の世界で思考の過程が終わった瞬間に何が起きるのかを物語っている。不可視なものは皆ふたたび消えるのである。この神話が回想と関係しているのであって予期とは関係がないというのも確かだ。思考のなかで未来を予期する能力というのは過去を想起する能力から由来しているのだし、また、この過去の想起の能力の方はといえば、今度は、非感覚的となり、物質としてはないものを、精神の前に(たんに中にというのではなく)示すというもっと基本的といえる能力に由来しているのである。一角獣かケンタウルス、あるいは、お話の中の虚構の人物のような虚構の存在物を魂の中に作り出すという能力は、ふつう、生産的構想力と呼ばれるが、これは実際にはいわゆる再生的構想力なるものにまったく依存しているのである。「生産的」構想力においては、視覚世界からのさまざまな要素は並びかえられるのだが、これは、今では自由に扱われている要素が、すでに思考による非感覚化の過程を経てきていることから可能になるのである。

我々が直接に手元で経験している感覚知覚ではなく、その後にくる想像力が我々の思考の対象を準備する。我々が幸福とは何か、正義とは何か、知識とは何か、などの質問を立てる前に、我々は幸福な人と不幸な人を見、正しい行いと不正な行いを目にし、知りたいという欲求を持ち、それが充足されたりされなかったりということを経験していなければならない。さらにいえば、我々は経験が行なわれた直接の場面から離れたのちに、それを我々の精神のなかで反復しなければならない。くりかえせば、思考はどれも後になってからの思考なのである。想像力のなかで反復することによって、我々の感覚に与えられたものがすべて非感覚化される。そして、このように非物質的な形態になって、我々の思考能力はやっとこの思考の材料に集中できはじめるようになる。こういう操作はあらゆる思考過程に、ものを認識する思考にも、意味をめぐる思考にも、先行する。また、ただ純粋の論理的推論においては、精神は自分の規則を厳密に遵守して一貫して所与の前提から演繹的連鎖を形成するのだから、この操作だけが生きた経験へのあらゆるつながりの糸を断固として断ち切ってしまう。そして、こういうことができるのは、前提が事実にしろ仮説にしろ、自明のものと考えられているので思考による吟味を受けないからである。生じたことをたんに物語るだけでも、話が事実のままに行なわれようと、行われなかろうと、非感覚化する操作がそれに先立つのである。ギリシア語ではこの時制の関係が語彙そのもののなかに現われている。「知ること」という言葉は、以前に指摘したように、「見ること」という言葉の派生態である。見ることというのは、イデイン(idein)であり、知ることというのはエイデネアイ(eidenai)、すなわち、見てしまったである。最初にあなたは見て、それから知るのである。

これを我々の目的にそくして変えてみよう。あらゆる思考は経験から生ずるが、どんな経験でも想像したり思考したりという行程を経ないと、何の意味も生まれてこないし、まとまりすらもたない。思考という面から見ると、たんにそこにあるというだけの生活は意味のないものである。また、生活と感覚世界の直接性という面からすれば、プラトンが述べたように、思考とは生ける死なのである。「思考の地」[41]（カント）に住む哲学者は、当然のことながら、これらのものを思考する自我の立場から見ようとしたがる。そして思考する自我にとっては、意味を欠いた生活というのは一種の生ける死なのである。思考する自我というのは実在の自己とは同一のものではないから、自分が現象の常識的世界から退きこもっていることに気がつかないのである。そこからすると、むしろ、まるで不可視なものの方が前面に現れ出てきたみたいである。そして現象世界の無数の存在物が現前するようになったために、精神が拡散させられ、精神の活動を妨げられるので、精神にのみ自分を現わす常に不可視の**存在**を積極的に隠してしまっていたかのようである。いいかえれば、常識にとっては、明らかに精神が世界から退きこもるように見えるものが、精神自身の方からすると「**存在**の退きこもり」（Seinsentzug）あるいは「**存在**の忘却」（Seinsvergessenheit）（ハイデガー）と見えるのである。たしかに、日常生活、「世人」の生活が営まれる世界というのは、精神には「見える」ものすべてがまったく不在の世界なのである。

しかも意味を求めるというのは、人間の日常の営みの流れのなかでは行なわれていないし、何の役に立つことでもないし、また、同時にその結果は不確かなもので確かめようのないものなのである。それだけではなく、思考活動は、また、いささか自己破壊的である。カントは、遺稿として出版された草稿で、ひそかにこう言っている、「もし、純粋理性を使用してあらかじめ何かが証明されてしまい、それで、その結果については、今後、まるで確固たる原則のように疑問をはさむ余地がないものとされてしまうような場合には、そのような規則を私は承認しない」と。また、「一旦何かに確信を持ってそれ以降は疑ってはならない……といった見解に組しない。純粋哲学にあっては、これは不可能なことなのだ。すでに精神自身がそれには自然に反発する」[42]（傍線付加）。そこから帰結することは、思考の営みは、毎朝、前夜に終えた手仕事の結果をまたほどいていたペネローペの織布に似ている。[43] 思考への衝動は、いわゆる「賢者」の究極的洞察によって鎮められるものではない。それは、思考によってのみ充足されうるものだし、昨日、私がした思考が、今日、その衝動を癒すことのできるのは、ただそのことを新たに考えたいし、また考えることができるというかぎりでのことにすぎない。

我々は、思考活動の際立った性格を見てきた。すなわち、現象の常識的世界からの退きこもり、結果をいつも自分で破壊していこうという傾向、反省的性格、それに伴っている純粋活動ということへの意識、その上、私が精神の活動について知っているのはその活動が続いている間だけだという不思議な事実である。そしてまた、それが意味しているのは、思考そのものが人類の性質しかも最高の性質であると確言するわけにはいかないということである。まあ、アリストテレスの意味で言語を持っている(logon echōn)「話す動物」だというふうに定義することは可能かもしれないが、思考する動物(animal rationale)とは定義できないのである。哲学者はこれらの特徴のどれにも注目してきた。しかしながら、奇妙なのは、思想家が「専門的」であればあるほど、哲学の歴史のなかで彼らが偉大であるように見えればみえるほど、こういう人は、このようなもともとの特質を解釈しなおそうとさまざまな方策を練ろうとする傾向があるということである。それというのも、常識的判断がこういう営み全体を役に立たないし非現実的だといって反論してくることにたいして武装しようという目的があるからである。哲学者たちがこのように再解釈しようと払った労苦や彼らの論議の性質については、まずは自分自身の常識が問い、ついで、それを超えて自己懐疑にいたるから生じたのだというのではなくて、それが名高い多数者――彼らはそのことについては考えてみたこともないし、哲学的議論に疎いことを喜んでいる――に向けて行なわれたのだということになれば、説明がつかないものになるだろう。カントは本当の思考経験については自分のノートのなかで私的にひそかに打ち明けているのだが、この同じカントが公的には、自分があらゆる将来の形而上学体系の基礎を築いたといったのである。また、体系家たちのなかで最後にしてもっとも優れた人物であったヘーゲルは、思考が自分の結果を取り消していくという性格を否定的なものの強力な力へと作り変えたのである。そして、この否定的なものの力がなければどんな運動も発展も生じはしないだろうというのである。ヘーゲルによれば、有機的自然をその芽から果実に至るまで支配している発展段階の確たる連鎖のなかでは、ある状態はそれ以前の状態を常に「否定」し止揚するのだが、この同じ連鎖が精神の思考過程の展開においても支配しているのである。ただし、思考過程は「意識と意志」、したがって、精神活動「によって媒介されている」から、「自己完結的である」と考えられる。「精神は自己を形成するだけであり、精神とは（可能態において）自分であるものへと自己を現実化するものである」。ついでながら、その場合、精神が可能態においてあるものをだれが最初に創造したかという問いは答えられないで放置しておかれている。

私がヘーゲルについて述べたのは、彼の仕事の大きな部分を常識に対する絶えざる挑戦として読むことができるからである。とりわけ、『精神現象学』の序言はそうである。最初期の頃（一八〇一年）、ヘーゲルは明らかになおプラトンのトラキアの娘とその無垢な笑いに悩まされつつ、激しい調子で、事実、「哲学の世界は［常識にとってみれば］転倒した世界」であると主張した。[44] ちょうど、カントが「**理性**の躓き」、すなわち、理性は認識を試みると、自分自身、二律背反におちいってしまうということを解決しようとしたことから出発したように、ヘーゲルは、カント的な理性の無力さ、すなわち、「それではせいぜい**理想**や**当為**に達するだけのことだ」という事態を克服しようとし、反対に、**理念**によって理性は「端的に強力なもの」（das schlechthin Mächtige）なのだと主張したのである。[45]

ヘーゲルが我々の脈絡で重要なのは、彼が、たぶん、他のどの哲学者よりも哲学と常識の間の内輪争いのことを公言したという事実のためだからであるが、これは彼が、天性、歴史家でありかつ哲学者の才を等しく与えられていたということによるのである。彼は、思考する自我の経験が強力なのはそれが純粋の活動だからであるということを認識していた。「精神は本質的に活動である。精神は自分が即自的にあるものを自ら行為へともたらして、自分の成果とする」。彼は精神が自分にはねかえってくるという反省的性格をもっていることを知っている。「精神はこの活動の快楽においてはただ自分とのみ係わるのである」[46]。彼は、彼流のやり方ではあるが、精神が自分の成果を破壊する傾向があることも認めている。「こうして精神は自分自身と対立する。精神は自分自身をその目的に邪魔する恐るべき敵として克服しなければならない」[47]。見かけからすると何もしていないようでありながら、実は行為していることを思弁的理性は見通している。ところが、それをヘーゲルは独断的知識の断片へと変えてしまった。独断的知識にあっては認識の結果として固定されたものが重要なのである。ヘーゲルがそうしたのは、これらの洞察を、他の諸科学の結果――この方を、ヘーゲルは、本質的に常識推理の無意味な産物にすぎず、「欠陥ある知識」だと批判した――と同じ実在性のあるものとして、なんでも組み入れる体系に組み込んでしまおうとしたからである。実際、厳密な建築学的な構築を持った体系があると、思弁的理性の確たるところを欠いた洞察でも現実ではないかと思わせてしまうところがある。もし真理が思考の最高の対象だと考えられるとすれば、「真なるものはただ体系としてのみ現実的である」ということが帰結するだろう。そのような精神の人工物としてのみ思考は現象し、実在するものには最低限求められる持続性が得られるのである。これがたんなる言明に留まるだけなら、論争したらほとんど勝ち目はないだろう。そこでヘーゲルは、思考が扱うのは抽象的でどうでもよいことだという常識の主張（これは事実そうではない）の打破を確かなものとするために、常に論争的態度でこう主張した。「**存在**は**思考**であり」(dass das Sein Denken ist)、「精神だけが現実的であり」、思考において取り組んでいる普遍的な事柄だけが現実に存在すると[48]。

思考にとっての躓きの石となる特殊というもの、どんな思想をもってしても達することも説明することもできないが議論の余地なく明らかな対象の現存在、このことにヘーゲルほど断固として戦った人はいなかった。ヘーゲルによれば、哲学の最高の機能とは偶然的なものを除去することにあるが、あらゆる特殊なもの、現存するすべてのものは、定義上、偶然的なものである。哲学は全体の部分としての特殊に係わるが、全体は体系であり、思弁的思考の産物である。この全体というのは、科学的に言えば、せいぜいもっともらしい仮説にすぎないものである。この体系というのは、特殊なものすべてを万物を包括する思想の中に組み入れて、それらすべてを〈思想上のもの〉へと変えてしまって、偶然性を伴った現存在というもっとも憤慨にたえない性格を取り去るのである。「哲学が学へと高まるときが来た」と宣言し、哲-学、智への端的な愛〔philo-sophy〕を智〔sophia〕へと変えようと願ったのは、ヘーゲルなのである。このようにして、彼は自分自身に「思考することは活動なのだ」と説得することに成功したのである。しかし、〔政治的〕活動こそ、この孤独な営みがけっしてなしえないものなのである。なぜなら、我々が〔政治的に〕活動できるのはただ「一緒になって」、すなわち、仲間と一緒に彼らと合意しあってのみ可能なのである。思考が実際できなくなる現実的な状況のなかで〔政治的に〕活動するのである。

しかし、思弁的思考への一種の弁護論になってしまうこの種のすべての理論とはきわめて対照的に、『現象学』の同じ序言のなかで述べられている有名な、奇妙にも孤立していていつも間違って翻訳される発言には、思弁的思考におけるヘーゲルの根源的な経験が直截に非体系的に表現されている。「真なるものはこうしてバッカス的な酩酊状態なのである。そこでは、どの人も〝すなわち、どの個々の思想も〟酔っ払っているわけではないが、誰もが〝どの思想も〟ただちに相互に溶解すると共に〝もともとその部分であった思想の連鎖から〟また互いにばらばらになるといった具合なので、酩酊状態は透き通った、途切れのない状態である」。ヘーゲルにとっては、「真理の生」そのもの——思考過程のなかで生きたものとなった真理——は、このようにして思考する自我にあらわになってくるのである。この自我は、ことによれば、人間や世界が実在的なのか、たんなる幻影なのかは知らないかもしれないけれど、——とりわけ、インド哲学を見よ——ニーチェがかつて述べた言い方で言えば「病的爽快」という常にある種の「陶酔」に似かよった状況のなかで「生きて」いることだけは知っているのである。この感情がいかに全「体系」の基本にあるかは、『現象学』の終わりの部分でその感情に再び出会うということからも測ることができる。そこでは「生なきもの」——力点はいつも生の所にある——と対比して、シラーの詩句が誤ってではあるが引用されて表現されている。

「この精神の王国の聖杯から／精神の無限性が泡立ってくる」(Aus dem Kelche dieses Geisterreiches/schäumt ihm seine Unendlichkeit)。

11　思考と行為＝観察者

世界から退きこもるという過激な性格があるためだとされるような思考の特殊な困難について私は論じてきた。これと対照的に、意志も判断も、思考が対象に対して先に反省したものに依存しているのに、このような反省作用に巻き込まれることはない。それらの対象となるのは現象世界でしっかりとした場を持っている個別的なものであって、意志でも判断でも精神は一時的に場を移すだけで後になったら戻ってこようと思っているのである。このことはとりわけて意志の場合にあてはまるのであり、これが退きこもる状況というのは、反省のもっとも強い状態、自分へ立ちもどっての反省という性格を持つのである。意志の〝私が意志するのを意志する〟というのは、思考の〝私が思考するのを思考する〟というのよりもっとずっとその性格を示している。しかしながら、これらのすべての活動に共通しているのは、固有の静寂さ、動きや妨げがなく、私をなんらかの仕方で現実世界の一部としてしまう直接的利害に巻き込まれたり参加したりすることから退きこもるということ、以前に(八九ページで)あらゆる判断の前提条件として述べた退きこもりなのである。

歴史的には、行為からのこの種の退きこもりは精神生活のためにはもっとも古くから必要な条件とされてきた。初期の元々の形態においては、行為者〔俳優〕ではなく、ただ観察者〔観客〕だけが見せ物として示されるものを知ることができるし理解することができるのだという発見に由来していた。この発見によってギリシアの哲学者たちは観想的でただ観察するだけの生活ぶりの方が優れているという確信を強く持つに至った。その際、もっとも重要な条件は――それを最初に考えたアリストテレスによれば[49]――スコレー〔余暇〕であった。スコレーは、「生活の必要を充たすために使われる[50]」昼間の仕事の後に残った何もしないでいる余った時間という我々が理解するような暇な時間というのではない。* そうではなくて、我々の日常の必要のために使われる日々の活動（hē tōn anagkaiōn scholē）から自分を注意深く差し控え遠ざけておいて（schein）、自由な時間を実現しよう（scholēn agein）というのである。こうして今度は、ちょうどアリストテレスにとって平和が戦争の本当の目的であるように、余暇こそがあらゆる他の活動の本当の目的となったのである。我々の理解ではレジャーの当然の活動であるレクリエーションと遊びは、反対に、まだア・スコリア、自由時間のない状態だとされる。というのも、遊びとレクリエーションは、生活の必要を配慮するために使われる人間の労働力を回復するために必要なものにすぎないからである。

このように慎重に検討した上で生活上の事柄へ積極的に関与しないでいるということの、おそらくはもっとも早くて、たしかにもっとも単純な形態を、我々はディオゲネス・ラエルティウスによってピタゴラスのものだとされた格言の中に見いだすことができる。

人生は……祭りのようだ。ある人は祭りで競技をしにくるし、また、商売をやろうとしてくる人もいる。しかし、最良の人びとは観客[theatai]として来る。それとちょうど同じように、人生においても、奴隷のような人間たちは名声[doxa]や利益を求めていくが、哲学者は真理を求める[51]。

ここで名声や利益を求めて争うことよりも高貴なこととして強調されているのは、普通の人間には不可視の接近できない真理というものでは決してない。また、観察者が退きこもる場所というのがパルメニデスやプラトンが後に描いたようなにかより「高い」領域にあるというのでもない。その場所は世界の中にあるし、その「高貴さ」は、ただ今進行していることに関与しないでそれをただ見せ物として眺めるということにある。観客のギリシア語 theatai から後の哲学用語の「理論」〔theory〕が生まれてきているし、「理論的」〔theoretical〕という言葉は数百年前までは「観想的」という意味だったのである。すなわち、ものを外側から、見せ物に参加して演じている人には隠された視点から眺めるという意味なのである。このように昔から行為と理解とを区別することから生まれる帰結は明らかである。すなわち、観客としては見せ物で問題になっていることの「真理」を理解することができるかもしれない。しかし、その代償にそれに関与できなくて退きこもるのである。

　こうした評価の基礎にある最初の事実は、ただ観察者だけが全体の営み〔劇〕を見ることのできる位置を占めるということである。ちょうど、哲学者がコスモスを調和のある秩序だった全体として見ることができるようなものである。全体の部分である行為者〔俳優〕は自分の役割〔部分〕を演じ〔行為化し〕なければならない。行為者〔俳優〕は定義からして「部分」〔役〕であるだけでなく、また、特殊個別なものに結びついており、たんに全体の構成部分なのだということに自分の存在の究極の意味と正当性を見いだしている。したがって、劇〔人生の祝典〕の外側に立って直接巻き込まれないで退きこもっているということは、判断し、進行している争いの究極の判定者であるための条件であるだけでなく、上演〔活動〕の意味を理解するための条件でもある。第二に、俳優〔行為者〕にとって重要なのは、ドクサ〔doxa〕である。ここで、ドクサという言葉は名声と世間の考えという二つの意味を持っている。というのも、名声が得られるのは、観客の意見と判断によってのことだからである。自分が他の人にどう見えるかということは俳優にとっては決定的だが、観客にとってはそうではない。俳優は、観客の〈私にはこう見える〉〔dokei moi、これによって俳優は自分の doxa を得る〕ということに依存している。俳優は、自分の思いのままに自由であり得るのではなく、後にカントなら自律的と呼んだようなものになってはいない。俳優は、観客の期待に添うようにふるまわねばならない。失敗か成功かの最後の判断は観客の側にある。

判断の退きこもりは明らかに哲学者の退きこもりとは非常に異なっている。そのことによって、現象の世界を離れるのではなくて、全体を観想するために直接的な関与から離れて特権的な位置に立とうというのである。さらに、たぶんもっと重要なことは、ピタゴラスの観客は観客の一員であるから、哲学者とはまったく違っている。哲学者の場合には、自分の仲間との付き合いをやめ、自分たちの不確かな意見、せいぜい、〈私にはこう見える〉というのを表現することができるにすぎないドクサイ(doxai)を捨てて〝観想的生活〟〔bios theōrētikos〕を始めるのである。したがって、観客の判定というのは、公正で利益や名声からは離れているけれど、他人の見解から自由だというわけではない、――反対に、カントによれば、「より包括的な考え方」は他人の見解を考慮に入れなければならないのである。観客〔観察者〕は俳優〔行為者〕の個別性からは免れているが一人で孤立しているわけではない。観客は「最高の神」のように自己充足的ではない。哲学者はこの「最高の神」に思考の上ではなろうと努めるが、この神の場合はプラトンによれば「その卓越性の故に永遠に――孤立しており、神は自分自身とのみ一緒にいて他の誰も必要でなく、知り合いも友人もなくて自分だけで充足している」。(52)

思考と判断とのこのような区別はカントの政治哲学においてのみ現われているがこれは驚くべきことではない。というのも、カントは判断というものを基本的な精神活動の一つとみなして取り組んだ最初にして今だに最後の人物だからである。肝心なことは、すべてカントの晩年に書かれたさまざまな論文やエッセイのなかで、観察者の視点は実践理性の定言命法によっては決められていない、すなわち、私は何をなすべきかという問いにたいして理性の出す答えによっては決められていないということである。そのような答えは道徳的なものであって、理性が完全に自立した状態においての個人としての個人に係わるものである。そういう点で、個人は道徳・実践が問題になるところでは、それに異議を唱える権利は持ち得ない。けれども、その同じ個人が、たまたま行為しないでたんなる観察者であるときには、フランス革命について「ほとんど熱狂といってよいほど参加を希望し」て、「まきこまれていない公衆の興奮」に加わり、いいかえれば、事件には「少しも一緒に関与しようというつもりも」ないままに観察者の判断に立とうというだけの理由で、それについて判断をし最終的な判定をする権利を持つのである。カントがフランス革命を「人類史的事件」と名付けて「忘れ去られてはならぬ」(53)と呼ぶようになったのは、結局の所、観察者の判定によるのであって参加者の行為によってではない。このような共同の参加行為がなければ、結局、判定されるべき事件が起きなかったことになるのだけれど、このような行為と反省活動、観察しての判断ということの間にある分裂のなかで、カントにとってはどっちが基準になるべきかについては疑問の余地がない。歴史というものが人類の興隆と没落の永遠のくりかえしというみじめな記録だとすれば、ものものしい騒ぎの見せ物も「ことによれば、しばらくは感動的かもしれない。けれども、最後には幕は下りなければならない。なぜなら、最後には結局、茶番になるからだ。たとえ俳優たちがそれに飽きないとしても――というのも、彼らは馬鹿だから――、観客の方が飽きる。どうしてかというと、終わることのない劇というのは永遠に同じものだと正当に結論することができれば、観客にとっては一幕だけでも十分だから(54)だ」(傍線付加)。

これは実に印象的な箇所だ。カントの確信によれば、人間界の業というのは、ちょうどヘーゲルの「理性の巧智」によって人類が**絶対精神**に導かれるように、行為する人間の背後にあって人類を永遠の進歩へと導く「自然の巧智」によって指導されているという。もしこのことを付け加えると、当然、我々はこう尋ねる権利があることになろう。俳優の全員が馬鹿だというわけではないのではないか、あるいは、観客だけに見せられる見せ物〔劇〕が馬鹿者たちの行為〔演技〕でもまた十分ではないとしたらどうかと。このことは、多少洗練化して手加減を加えたうえで、歴史哲学者、すなわち、人間の所業の領域――プラトンのいう **ta tōn anthrōpōn pragmata**――を十分反省するに値するものと考えることにした近代の思想家たちの暗黙の前提であった。そして彼らは正しいのだろうか。「人間が意図して行ならのとは異なる何か、彼らが知ったり欲したりするのとは異なる何かが人間の行為からは生まれてくる」というのは、本当ではないのか。「類例を挙げていうなら、たとえば、ある人が復讐心から別の人の家に火をつけるとする。……直接にやったのは梁のほんの小さな部分に小さな炎をかざしておくことなのだが……【結果的には】大火事なのである。……この結果は当初の行動の部分でもなければ、それをやった人の意向でもなかったのである。……この例が端的に示しているのは、直接の行為のなかには行為者が意識して意志したこと以上の何か他のことが含まれているかもしれないということだ[55]」。（以上はヘーゲルの文だが、カントでもこう書いただろう）。どちらの場合にも、「何か他のこと」、すなわち、全体の意味が明らかになるのは、行為を通じてではなくて観想によるのである。* 行為者ではなくて観察者が人間の所業の意味の鍵を担っているのである。ただし、この点は決定的なことだが、カントの観察者は複数者なのであって、この故に彼は政治哲学に達したのである。ヘーゲルの観察者は厳密には個人なのである。哲学者は**絶対精神**の器官となり、しかも哲学者はヘーゲルその人なのである。人間が複数あるのだということに他のどの哲学者よりも気づいていたカントでさえも、見られるものがいつも同じでそのために退屈だとしても、観衆の方はつぎつぎと世代が変っていくということを都合よく忘れている。また、新しい観衆は、変化のない作品の内容について伝統的に受け継がれてきたのと同じような結論に達するとは考えられそうもないのである。

精神が退きこもることはあらゆる精神活動の必要条件だという場合、自分を不在としていく運動がどの場所なり領域へ向かっていくのかという疑問が生まれてくるのは当然のことであろう。私は、判断は観客の立場へと退きこもるのだと、周到とまではいかないがかなり詳細に論じた。これは私が、判断能力が反省的な性格を持っているのにもかかわらず、退きこもる領域が日常生活のどこに位置しているのかがはっきり分かるような場合を指摘して、まず問題を一番単純で明確な形式で提起したかったからである。そこではオリンピアの劇場やスタジアムのあがり段になった観客席のところで、劇や競技の進行からは注意深く引き離された位置にある。そうして、パリで進行した事件にカント流に「利害関心を離れて楽しみ」ながら「ほとんど熱狂と紙一重にまで」の共感の感情を持つのは、一七九〇年代初頭のヨーロッパにおける知識人サークルのどこでも見られたことであった。カント自身はといえば、おそらくは、パリの路上の民衆に思いを馳せていたのだろうけれど。

しかし、問題なのは、考えたり意志する時に我々はどこにいるかについて問うとき、疑問の余地なくはっきりした場所というものが見つからないということである。その際に、いわば、もう過去のものになってしまったものやまだこれからのもの、さらには、正義とか、自由、勇気といった感覚経験のまったく外側にある、日常の観念構築物にまで取りかこまれてはいることはたしかだが、それでも分からないのである。なるほど意志する自我は早くから自分の地、自分自身の領域というのを見いだし、この能力がキリスト教の初期の時代に発見されるやいなや、我々の内部に場を持つことになったのである。だから、もし誰かが内面生活という意味での内面性の歴史を書くということになれば、この歴史が**意志**の歴史と一致するということに気が付くだろう。とはいえ、すでに示したように、魂と精神は同じものではないと認めるとすれば、内面性にはそれ固有の問題がある。さらに、意志というのが固有に反省的な性格を持っており、ときおり、心と同一視され、ほとんどいつも我々のもっとも内面的な自己と見なされているために、この領域を分離するのは余計難しい。思考活動に関して言えば、思考しているときに我々はどこに居るかという問題は『ソピステス〔ソフィスト〕』[56]においてプラトンだけが提起した。そこでは、ソフィストの場を規定した後、彼は——後の対話編ではトポス・ノエートス（topos noētos）といっている[57]——哲学者の場所も規定しようと約束するのだが、プラトンはこの約束を守っていない。これは、たんに彼が**ソフィスト**〔『ソピステス』〕、**政治家**〔『ポリティコス』〕—**哲学者**という三部の論述を完成しなかったというだけのことかもしれないし、あるいは、その答えは『ソピステス〔ソフィスト〕』のなかに潜在的に与えられていると思うに至ったからかもしれない。『ソピステス〔ソフィスト〕』によれば、ソフィストというのは「非存在の暗闇になじんでいて」「ものを見ることがとても難しいのだが」、「哲学者の方は、……その持ち場があまりに明るくて見るのが難しいのである。多くの人は神的なものをじっと眺め続けることに耐えられないからである」(58)。答えは、『国家』や洞窟の比喩の著者からなら得られるものと思われる。

12 言語と比喩

精神活動はそれ自体では見えないものだし、また見えないものに係わるものなのだが、これがあらわになるのは言語を通してのみのことである。現象世界のなかで現象するものが自分を示したいという衝動を持つように、思考するものも、現象の世界から精神としては退きこもった後にもなお現象世界に属しているのだから、そのままでは現象世界の部分とならないであろうようなものを言い表わして示そうという衝動を持っている。とはいっても、現象そのものの場合には観察者が必要だし、それを前提としているのだが、思考を言い表わそうという欲求があるからといって、それを聞いてくれる人を要求しはしないし、必ずしもそれを前提としていない。仲間とコミュニケーションするためには入り組んだ文法と構文を持った人間の言語がどうしても必要というわけではない。音と信号と身ぶりによる動物の言語があれば、すべての直接の欲求のために十分役に立つ。それは、自分と種の保存のためというだけでなく、魂の気分や情緒を示すためにでも言えることである。

言表を必要としているのは我々の魂ではなく精神である。私は精神と魂、我々の理性の思想と我々の感情装置である情念とを区別したときにアリストテレスに言及した。そして、『霊魂論』でなされた重要な区別が、彼の言語に関する短い論文である『命題論』(59)の序文で一層はっきりとなされていることまで述べた。この同じ論文にまた立ちかえるであろうが、そのもっとも興味深い点は、ロゴスの基準である言表の首尾一貫性というのは真偽に関してのことではなくて意味に係わることなのだということである。たとえば、「ケンタウルス」（アリストテレスは「山羊・鹿」という半分山羊・半分鹿の動物を例にとっている）というのは「真でも偽でもないけれど、なにかを意味している。それを「存在していない」か「存在している」ということを付け加えて言うのでなければのことだが」。ロゴスというのは言葉をとり集めて総合（synthēkē）することによって全体として意味を持つようになる話のことである。それ自体で意味のある言葉と、思想（noēmata）というのは相互に似通っている（eoiken）。だから、話というのは、いつでも「意味のある音」（phōnē semantikē）ではあるが、それがかならずしもアポファンティコス（apophantikos）、すなわち、真か偽か（alēthein と pseudesthai）、存在するかどうかが問題ではない言明あるいは命題なのである。これがいつもあてはまるというわけではない。たとえば、すでに見たように祈りというのはロゴスではあるが、真でも偽でもない[60]。こういうわけだから、話そうという衝動は意味を求めてはいるけれど、必ずしも真理を求めているわけではない。だから、アリストテレスが言語と思想との関係を議論しているところで、どこでもどちらが優位を占めるかという議論をしていないことは注意に値する。彼は、思考が話の起源であって、話はまるで我々の思想を伝えるための手段にすぎないものなのか、それとも、思想というのは、人間が話をする動物であるという事実の帰結なのかを決定してはいない。いずれにせよ、思想と意味の担い手である言葉とは相互に似ており、思考する存在者は話そうという衝動を持ち、話す存在者は考えようという衝動を持つ。

あらゆる人間の欲求のなかで「理性の欲求」だけは推論的な思考がないと十分に充たされない。そして、精神がいわば言葉を通り抜けて旅行する（poreuestai dia logōn）（プラトン）前に、推論的思考というのは、あらかじめ意味を持った言葉がないと考えられない。言語もまた人間の間でのコミュニケーションに役立つものであることは疑いないが、それが必要とされているのは、人間が思考する存在であり自分の思想を伝達する必要があるからにすぎない。思想が生まれるために伝達されることが必要というわけではないが、語られることがかならず必要だ。それが、音を出さずか、対話のなかで声が出されるか、状況によって異なりはするが。ヘーゲルが、ほとんどの哲学者と同じく、「哲学とは孤独な一人でのものだ」といったのも、思考はいつも言葉のなかで営まれはするが、聞いてくれる人が必要だというわけではないからである。また、人間が思考する存在だからこそ、人間の理性もコミュニケーションを欲してお り、それが奪われれば迷ってしまいかねないのであって、人間が複数の人びとのなかでのみ存在するからコミュニケーションを欲するというのではない。というのも、カントが気づいたように、理性というのは、実は、「一人で孤独化するのではなく、コミュニケーションするに適している」[61]からである。このような声のない話の機能は、――カンタベリーのアンセルムスの表現で言えば、「自分と黙って議論する」[62](tacite secum rationare)――日常の現象のなかで感覚に与えられるどんな物とも折り合っていくことなのである。理性が必要なのは、現在か過去かに起きるどんなことにも説明を与える、ギリシア語が正確に表現しているように、ロゴン・ディドナイ(logon didonai)ことなのである。これが求められるのは、知識への渇望――その必要性は、既知のまったくなじみの現象との関わりで生じるかもしれない――があるからではなく、意味を探すからである。物に名前を付け、言葉を創造するという単純なことが世界を領有する人間的なやり方であり、誰もが結局は、新入り、異邦人として生まれてくる世界のよそよそしさを克服していく人間的なやり方なのである。

このように言語と思想とが相互につながりあっているという見解を出せば、話として表明できないような思想というのは存在しえないのではという思いを抱かせるが、これは表記記号が話し言葉よりも決定的で、そのため、思考そのものが無音の語らいではなくて、精神が像と係わる営みであるような文明に対しては、明らかにあてはまらない。このことはとりわけ中国について言えることで、中国哲学は優に西洋哲学に匹敵する。その場合、「言葉の力は、表意文字、像の力に支えられており」、表音記号の場合にそうであるような逆の関係ではない。アルファベットによる言語の場合には、文字は副次的と考えられ、取り決めにもとづく記号体系があるにすぎない。[63] 中国人にとっては記号はどれも概念あるいは本質と呼ばれるものが視覚化されており、孔子の言とされているところによれば、漢字による「犬」というのはそれだけで完全に犬そのものの像なのである。ところが、我々の理解にしたがえば、「どんな像といえども」、犬一般の「概念にとって十全ではありえない[64]」。カントは『純粋理性批判』の図式論の章で、西欧的な思考の基本的前提を明確化しているのだが、彼によれば、「「犬」という概念は私の構想力によって四つ足の動物の形を一般的に描く際に依拠する規則のことであるが、その際、経験から得られる何かある特定の一つの形態や私が具体的に描くことのできるなんらかのイメージに限定されることはない。我々の知性のこのような図式は、……人間の魂の奥底に潜む隠れた技巧であって、その活動がどのようであるかをつかもうとしても、自然は我々に発見させてくれそうもなくのぞかせもしてくれそうにないのである[65]」。

我々の連関でこの箇所の重要なところは、我々の精神の不可視なものを扱う能力が日常の感覚経験にとってさえも必要とされているということであり、四つ足の動物がどんな形に見えるにせよ、我々が犬を犬として捉えるにはそれが必要なのである。したがって、我々の感覚にはけっして現われることのない対象の一般的性格を、カント的意味で「直観」することができなければならない。まったくの抽象であるこのような図式に対して、カントは「組み合わせ文字」という言葉を使った。そして、漢字は、多分、組み合わせ文字的だといえば、一番分かりやすいだろう。いいかえれば、我々にとって「抽象的」で不可視なものも、中国人からすれば、ちょうど、二つの手が握りあっている図があれば友情という観念が示されるように、文字によって表象として具体的で可視的になっていることになる。中国人は図で考えるのであって語で考えるのではない。そして、このような図における思考というのは、いつでも「具体的」に留まって、思考の秩序だった連鎖をたどって論証的であることはできないし、自分自身について言葉で説明していく(logon didonai)ことができない。ソクラテスらしい「友情とは何か」という問いに対しての答えは、二つの手の握りあった象徴によって視覚にはっきりと示される。そして、「象徴が図的な表現の流れを全体として自由にする」のだが、それは適当に連想によって像が結び付けられることによってなのである。このことが一番良く認識できるのは、非常に色々と組み合わさった記号の場合であって、たとえば、「寒い」という記号に対しては「寒い天気について考えること」および、寒さから身を守るのに役立つ行動と「連合しているすべての観念」が結びつくのである。だから、詩は、たとえ声を出して詠んだとしても、聞く人には視覚的な影響を与える。聞き手は言葉に執着せず、記憶にある記号と、記号がはっきりと示す光景に向かうのである。

像での具体的な思考と言語概念の抽象的な扱いとの違いは魅力的で心ときめかす問題だが、私はそれを十分に扱う能力がない。精神活動にとって視覚が疑問の余地なく重要だという仮説を、我々が中国人と共有して、この点は我々にはっきり捉えることができることなので、我々はますます不安になるのである。後で短く考察するように、こうした重要性は、西欧の形而上学の歴史およびそこでの真理の概念に係わって無条件に決定的なものであり続ける。中国人と我々で違っているのはヌースではなくてロゴスなのである。すなわち、言葉で説明をあたえ正当化する必要があるということなのだ。すべての厳密に論理的な過程というものは、普遍から個別へと演繹的に推論していくときや個別から何かの普遍的規則へと帰納的な推論をするときのように、このような正当化を行なっており、これはただ言葉においてのみ行なわれうるのである。私の知るかぎりでは、ただヴィトゲンシュタインだけが、象形文字文は視覚の比喩において表される真理の概念に照応していることに気づいていた。彼はこう書いている。「命題の本質を理解するためには、象形文字を考えてみるべきである。象形文字は、それが叙述している事実を描写しているのだから。そして、アルファベット文字はこの象形文字から発展してきたのだが、この描写にとって本質的なところを失ったわけではない(66)」。この最後の見解は、もちろん大いに疑わしい。それより疑問が少ないのは、周知のように、哲学の成立ということが、ギリシア人がフェニキアに起源を持つアルファベットを早くから受け入れ適応させたということがなければなかったろうということだ。

言語という媒体によってのみ精神活動は外の世界に表現されるだけでなく、精神的な自我にも表されるのだが、それでも、言語が思考活動に十分適したものになっているかといえば、視覚が見る働きのためにあるほどにはけっしてない。どんな言語でも精神活動の要求にふさわしく出来上がった語彙を持ってはいない。必要な場合には、どれも感覚経験や日常生活の他の経験にもともとは照応している単語を借りてきてその語彙にするのである。しかしながらこのような借用は断じてでたらめに行なわれるのでなく、(数学記号のように)恣意的な記号や象徴ではない。すべての哲学の言語や大部分の詩の言語は比喩的であるが、それはオックスフォード英語辞典に定義されている「比喩」の意味、すなわち、「ある名前ないしは記述が、本来充てられるものと類似はしているが別のものに向けられる言語形態」という意味でではない。たとえば、日没と老齢との間には何の類似性もないが、詩人が老齢のことを陳腐な比喩を使って「人生の日没」というとすれば、日が沈むことがそれに先立つ昼間の時間に対して持つ関係が老齢の人生に対する関係と同じようであると彼は心に描いているのである。だから、シェリーの言うように、詩人の言語は「本質的に比喩的だ」とすれば、そう言えるのは、「それが以前には捉えられていなかった物事の関係を描きだし、ものの把握を永続化する」かぎりにおいてのことである[67](傍線付加)。どの比喩も「類似していないものの中に直観的に類似性を知覚する」という発見を行ない、それ故に、アリストテレスによれば、比喩は「天賦の才のしるし」であり、「格段に偉大なものである」[68]。しかし、アリストテレスにとってみれば、このような類似性も他の点で類似していない対象に現存する類似性というのではなく、いつでも四つの項があってそれがB：A＝D：Cと示すことができるような類比で表されるような関係の類似性なのである。「こういうわけで、盃のディオニュソスに対する関係は、盾のアレスに対する関係なのである。となると、盃は「ディオニュソスの盾」というふうに比喩で言われることになろう」[69]。このような類比、比喩的な言語による語り方が、カントによれば、ここでは思考と呼んでいる思弁的理性が表されるたった一つの方法なのだという。比喩は「抽象的で」イメージを欠いた思想に対して、現象の世界から取ってきた直観を提供する。それによって「我々の概念の実在性を証示し」[70]、そうして精神活動の前提条件である現象世界からの退きこもった状態からいわば元に戻ることになる。我々の思考が現象世界にあるものについて認識して理解したいという欲求に単に対応するだけ、いいかえれば、我々が常識の推論の枠内にいるかぎり、こうしたことは比較的容易である。常識的な思考において求められるのは概念を図示するための例であり、こうした例は概念が現象から引き出されるかぎりでは十分なものである。これらの例は単なる抽象にすぎないのだ。ところが、もし、理性の要求によって所与の世界を超越し、「どんな直観といえども【理性概念に】対応するものとしては与えられない」[71]ような思弁の不確かな大海に至ってしまう場合には、まったく別である。この点において比喩が入りこんでくる。比喩は、一見不可能のように見える純粋の他の類への移行(**metabasis eis allo genos**)、すなわち、思考という生活状態から諸現象の中の一現象にすぎないという別の生活状態へと「移す」(**metapherein**)作業を成し遂げる。しかも、これは類比によってのみ可能なのである。(カントは、うまくできた比喩の例として、独裁国家を(挽き臼のような)「単なる機械」とするのを挙げている。というのも、そうした国家は「個人の絶対的意志によって統治されているからである。……なぜなら、たしかに、独裁国家と挽き臼の間には何の類似性もないが、我々がこれら二つのものを省察してその原因を考えるときの規則には類似性があるからである」。さらに彼は付け加える。「我々の言語にはこのような間接的な表現がいっぱいあり」、それは「これまで十分に分析されてこなかったが、より一層分析するに値するものだからである」[72]。)形而上学の洞察は「類比によって得られるが、それは二つのものが不完全にではあるが似ているという通常の意味ではなく、まったく類似性のないものの二つの関係が完全に似ているという意味でなのである」[73]。カントも『判断力批判』のし

ばしば厳密さを欠いた言語のなかで「たんなる類比に基づく表象」を「象徴的」と呼んでいる。(74)

哲学用語というのはすべて比喩であり、いわば冷凍化した類比であって、その本当の意味が明らかになるのは、もともとの文脈にその言葉を溶かしこんだときであり、それは当初それを使った哲学者の精神のなかでは生き生きとしたものであったに違いなかったろう。プラトンが日常用語である「魂」や「観念」を哲学用語へと導入した時――その際、人間の不可視の器官である魂を不可視なものの世界にある不可視なものたる観念に結びつけたのだが――、プラトンは日常の前哲学的言語のなかで使われていたそれらの言葉を聞いていたに違いない。プシュケ（Psyche）は、「生命の息」であって、死んでいく者が吐き出すものであり、エイドス（eidos）は職人が仕事をはじめる前に精神が頭に描く形ないしは青写真なのである。そして、この図は製作過程においてもまた製作物にも残って、くりかえし原型として使われ、イデアの天空で永遠にふさわしいような永続性を得るのである。プラトンの魂についての見解の基礎をなしている類比とは次のようなものである。生命の息が、自分が離れていく身体、すなわち死体に対してもつような関係を、今後の魂は生命ある身体に対してもつと考えられる。彼のイデア論の基礎をなしている類比も同様な仕方で再構成されうる。すなわち、職人の精神のイメージが製作の過程で彼の手を監督し、物がうまくできたかどうかの尺度なのである。したがって、現象世界のなかでのあらゆる物質的・感覚的所与が不可視な型に関係付けられ、また、それに応じて評価され、イデアの天空で場所が得られるのである。

ノエオマイ（noeomai）というのも最初は目で知覚するという意味で使われていたが、それから「了解」という意味での精神の知覚へと移されていった。そして、最後には、思考の最高形態のための言葉となったということは知られている。思うに、誰も、視覚の器官である目と、思考の器官であるヌースが同じだとは考えなかったろう。ところが、言葉そのものからして、目と見られたものとの関係が精神と思考対象との関係に似ているのだということが示されており、同じ種類の明証性を生み出しているのである。プラトン以前の誰も職人の型や青写真用の言葉を哲学言語のなかで使いはしなかったことは知られている。それとちょうど同じように、アリストテレスが初めて、活動的で働いており多忙なものを示すエネルゴス（energos）という言葉をエネルゲイア（energeia）という用語を考案するために使用したのである。現実態をあらわすこのエネルゲイアというのはたんなる可能態にすぎないデュナミス（dynamis）と対立している。同じことが「実体」と「偶有性」といった典型的な表現についても当てはまるのであって、両者は **hypokeimenon** と **kata symbebēkos** に対するラテン語に由来しているが、基底をなすものと偶然的で付加的にすぎないものとの区別なのである。アリストテレス以外の誰もカテーゴリア（katēgoria、範疇）という言葉に告発という以外の言葉を使いはしなかった。これは裁判の過程で被告を糾弾して述べられることを意味していたからである。[75] アリストテレスの用法では、この言葉は「述語」というような意味になっているが、それは次のような類比に基づいている。起訴状（**katagoreuein ti tinos**）が起訴された被告に向けて（**kata**）何か言い渡すように、述語も主語に対して適切な性質を言い渡すのである。こういう例はよくあってもっと挙げることができる。私はもう一つ例を付け加えたいのだが、これは哲学用語という点からすると非常に重要なので意味するところが多いと思われるからである。ギリシア語でヌースというのは英語では **mind**〔精神〕――これはラテン語の **mens** から由来しており、ドイツ語で言えば、**Gemüt** のような意味がある――であるか、**reason**〔理性〕である。ここでは後者にだけ係わる。**Reason** というのはラテン語の **ratio** に由来するが、これは **reor, ratus sum** から派生してきたのであり、計算する、推論するという意味である。ラテン語の訳はまったく別の比喩を持った内容になっており、ヌースよりはロゴスというギリシア語にずっと近い。こういう語源についての議論に偏見を持つのも理解はできるが、そういう人はキケロのよく使うラチオ・エト・オラチオ（**ratio et oratio**）という言葉を想起していただきたい。これはギリシア語では無意味なのである。

　内面の不可視の精神活動と現象の世界との深淵に橋をかける働きをする比喩は、たしかに、言語によって思考に、したがってまた哲学に与えられた最高の贈り物であるが、比喩というのはもともとは哲学的というよりは詩的なものである。だから、詩人や、哲学よりは詩に向いてきた作家たちの方が比喩の本質的な機能について注意を向けてきたのはほとんど驚くに値しない。そんなわけで、エズラ・パウンドが出版したアーネスト・フェノロサのほとんど知られていないエッセーに次のようなものがあるが、これは私の知るかぎりでは文学のなかで比喩について論じる際に取り上げられることのなかったものである。「比喩は……詩のまさしく実体をなすものである」。それがなければ、「すでに見たものの小さな真理から、見られていないもののより大きな真理へとつながっていくための橋渡しになるものがないということになったろう[76]」。

このような元来詩的な道具の発見者はホメロスであって、彼の二つの詩は比喩的な表現に満ちている。選んだのは、『イリアス』のなかの箇所で、〝富の当惑〟(embarras de richesses)というので、ここで、詩人は、人間の魂に恐れや悲しみが引き裂くように激しく襲ってくることを、海上でいくつかの方向から風が一緒になって急襲するのになぞらえている[77]。よく知っているこのような嵐のことを考えてみよ、そうすれば悲しみと恐れについて分かるようになるだろうと詩人は言っているように見える。この反対は成り立たないというのが意味深い。いかに悲しみや恐れについて思いをめぐらせようとも、海や風について何も発見することはない。たとえによって意図しているのは、悲しみや恐れが人間の心にどれほどの作用を及ぼすかを知らせる、すなわち、現象しない経験について光をあてることであるのは明らかだ。類比が逆転しては成り立たないというのは、アリストテレスが比喩の機構について描こうとしている際に使った数学記号の場合とははっきり異なっている。というのも、比喩によって、二つの「まったく似ていないもの」の間に「完全な類似」がいかに見事に示されようとも、Aは明らかにCでなく、BはDと同一ではないのだから、B：A＝D：Cという式でいかに完全にこの類似が表現されるとしても、アリストテレスの等式は逆のこと、もしB：A＝D：CならC：D＝A：Bということになるというのを含意している。数学の計算によっては比喩の実際の機能が失われてしまうし、また、言語表現がありえない非感覚的経験に光をあてるために精神を感覚的な世界に立ち戻らせるということができなくなってしまう。（アリストテレスの定式が有効だったのは可視的なもののみを扱って、実際には比喩に当てはめたり、それが一つの領域から別の領域へと移ったりすることにではなく、象徴に当てはめることによってなのである。そして、象徴というのが、それ自体、何か見えないものの目に見える形での例示なのである。たとえば、ディオニュソスの盃は酒を連想させる祝祭的な気分の象徴であるし、アレスの盾というのは戦争の強烈さの象徴である。盲目の女神が手に持つ正義の秤は正義の象徴であって、これは行なった人物については考慮しないで行いを測るのである。同じことは、あまりに言い古されて慣用句にまでなってしまった類比についても当てはまることで、たとえばアリストテレスの第二の例では「老齢（D）の人生（C）に対する関係は夕方（B）の一日（A）に対する関係と同じである」）。

日常的な表現の中には、もちろん、比喩と類似した多くの象徴的な表現があるが、それらは比喩の本当の機能を果たしているわけではない。[78] それは詩人によって使われたとしても——ホメロスのを使えば「象牙のように白い」という風に——単なる象徴にすぎないし、対象の一つの階層に属する何かの用語が別の階層に使われたとしても転用だと特徴付けられるにすぎない。こんなわけだから、テーブルについても人間や動物についているかのように「足」というのである。ここでは転用というのが同じ領域の内部、目に見えるものの「ゲヌス〔genus 類〕」の中にあり、この場合は、逆転して使うことが可能である。けれども、見えないものについて直接に指示しているわけではない比喩についていつも当てはまるわけではない。ホメロスには別のもっと複雑な種類の拡張された比喩ないし直喩があって、それは見えるものの中でのことではあるが隠された話を指示しているのである。たとえば、オデュッセウスとペネローペとが長々と対話した際、ちょっと前まで、オデュッセウスは乞食に変装していて、「多くの間違ったこと」を言っていたので彼だと分からなかったのだが、その時、ペネローペにクレタで彼女の夫をもてなしたのだと伝えると、それを聞いて「彼女の涙が流れ落ち」、「そして、**西風**〔ゼフュロス〕によって山の高所に降りつもっていた雪が**南風**〔エウロス」によって解け、その雪解けで川があふれ流れていくかのように、彼女のからだはうちとけてきた。ペネローペは夫のために泣き、彼女の美しい頬は涙が流れのように落ちたのだが、その時、夫は彼女の側に座っていたのである」[79]。この箇所では、比喩は目に見えるものだけと結びつけているように見える。頬の涙は解けていく雪と同じくらい視覚的である。比喩によって見えるようになった不可視なものというのはオデュッセウスの不在という長い冬であり、命あるもののない極寒と不毛不作の年月であったが、これが今や生命の再生の希望を目にして、解け去り始める。涙自身は悲しみだけを表現した。その意味——それらを引き起こした思想——が明らかになったのは、春の前に雪が解け地面が柔らかくなっていくという比喩の中でのことである。

クルト・リーツラーは「ホメロスの直喩と哲学の始まり」には関連があると最初に述べた人物だが、彼はどんな比較にも必要なものとして〝比較の第三項〟(tertium comparationis)をと主張した。これによって「詩人は世界を魂のように、魂を世界のように捉えて知ること」[80]ができるようになるというのである。世界と魂という対立の背後には、対応が可能になる統一があるに違いない。リーツラーは、ゲーテを引用してそれを感覚の世界と魂の領域に等しく存在する「知られざる法則」だと呼んでいる。この同一の統一が、昼と夜、光と闇、冷と暖といった、そのどれもがばらばらでは考えることができず、反対のものと不思議にも関連づけられないと考えられないものであるようなあらゆる対立を結びつけるのである。リーツラーによれば、この時、この隠れた統一が哲学者の話題となり、ヘラクレイトスのコイノス・ロゴス(koinos logos)やパルメニデスのヘン・パン(hen pan)というようになる。この統一を捉えていることが哲学者の真理を世俗人の臆見と区別するものである。彼は自分の考えを論拠付けるためにヘラクレイトスを引用する。「神は、昼–夜、冬–夏、戦争–平和、満腹–空腹である［すべての対立であり、神はヌースなのである］。神は、火が香料と混ぜられてその混ぜられた匂いに応じて名前が付けられるように変化するのである」[81]。

哲学はホメロスの学校に行って彼の例を真似るべきだという意見に同意したくなる。こうしたい気持ちは、最古のよく知られた影響力ある二つのたとえ話によって一段と強く思うだろう。すなわち、パルメニデスの昼と夜の門への旅とプラトンの**洞窟**の譬えであり、前者は詩、後者は本質からすれば詩的なものだが、ずっとホメロス的な言語を使っている。このことから示唆されるのは、ハイデガーが、詩と思考とは近い隣人だといったのがいかに適切かということだ。(82)

さて、言語が不可視の領域と現象の世界の間の深淵を橋渡ししていったさまざまな方法についてもう一歩突っ込んで吟味しようとするなら、仮に次のような概略を提示しても良いのではないかと思う。アリストテレスが、言語とは思想に「似て」いてそれ自体ですでに「意味ある音」である単語を「意味あるように発音する」ことだと示唆的に定義したことからすれば、思考とは話の中に含まれている精神の産物を現実のものとする精神活動であるということになろう。しかし、この産物のために言語はすでにどんな特別な努力よりも先に聴覚の世界に暫定的ではあるけれど適切な本拠地を見いだしてしまっているのである。もし話すことと考えることとが同じ起源からのものだとすれば、言語の才そのものが、まさに不可視なものを「現象」へと移すことのできる道具が人間には自然に与えられているということの一種の証明、ないしはむしろ、しるしだと考えることができよう。カントのいう「思考の地」(**Land des Denkens**)は、我々の身体としての目には現象することはないし明示されることもない。それは、いかに歪みがあるにせよ、我々の精神に明らかになるのではなくて、身体としての耳になのである。そして、このような脈絡において、精神の言語は比喩を使って、見ることはできないが言うことはできるものを明確化していくために、可視的なものの世界に戻っていくのである。

類比や比喩、象徴というのは、精神が忘我状態になって世界との直接の接触を失った場合にも世界と結びついているための糸となるものであり、それがあるから人間の経験の統一性が保証されるのである。さらに思考過程そのものにおいて、それらはモデルとして我々に方向を指し示してくれて、身体感官による相対的な確実さしかない知識では我々を十分に導いてくれないような経験のなかで盲目になってさまようことのないようにしてくれるのである。精神がそのような類比を見つけだすことができ、現象の世界のおかげで現象しないものについて我々が想起できるという単純な事実が、精神と身体、思考と感覚経験、見えないものと見えるものが一緒のものに属していて、いわば、互いのために「作られている」ことの一種の「証拠」だと見ることができるかもしれない。言いかえるなら、もし海の中の岩が「びゅーびゅー鳴る風と大波が押し寄せて素早く突進してくるのにも耐える」というのが戦いにおける忍耐の比喩となることができるとすれば、「岩を擬人化して見ているというのは正しいとはいえ……ないだろう。ただし、我々が自分を擬岩化して見ていると言うのと同じように、我々が岩を擬人化して見ているのだというのなら別だが(83)」。最後に、比喩で表現される関係が逆転できないという事実がある。そのことはそれなりに現象の世界が絶対的に優位に立っているということを示しているし、したがって思考というものがただならぬ性格のもの、いつでも秩序を外れたものだということの傍証となっている。

最後の点はとりわけ重要である。もし思考の言語が本質的に比喩的だとすれば、現象の世界は身体の欲求や仲間(彼らは我々を現象世界にいつでも引き戻してくれる)の要求というのをまったく別にしても思考に入りこんでくるのである。我々が思考している間、離れたものにいかほど近づき、手もとにあるものからいかに縁がないとしても、思考する自我はけっしてまるごと現象世界から離れてしまいはしない。私が述べたように、二世界論というのはけっして恣意的なできあいのものではないが、形而上学的な妄想なのである。それは思考経験が悩ませられるもののなかでは一番許せる妄想である。言語は、比喩に委ねることによって思考することができるようになる、すなわち、非‐感覚的なものごとに連絡がつくようになるのである。というのも、それによって感覚経験が転移(metapherein)できるからである。比喩があってそれを結びつけるのだから二世界があるのではないのである。

13　比喩と言い表わしえないもの

精神の諸活動は言語だけを媒体にして表現されるのだが、それぞれの活動は、比喩を使う際に別の身体の感覚器官から持ってくるのであり、それがうまくいくかどうかは当該の精神での所与と感覚の所与とが内的に親近性を持っているかどうかにかかっている。だから、哲学が形をととのえて始まって以来、思考は見ることとの係わりで考えられてきたし、思考というのは精神活動のなかでもっとも基本的で根本的なものであるのだから、視覚が「知覚一般のモデルであろうとし、それ故に、他の感覚の尺度とみなされることになってきた[84]」というのはまったくその通りである。視覚の優位というのはギリシアの言語でも我々の概念的な言語でも深く根付いていることなので、それについてほとんど考察することなく、あまりに自明なのでそれに注意を向ける必要もないかのようである。ヘラクレイトスは「目は耳よりも正確な証人だ[85]」とちょっと述べているが、これは例外で、特に役に立つ発言ではない。反対に、他の感覚とは違って視覚にとっては外界の世界を遮断することが非常に簡単だということを考慮し、盲目の詩人の話に聞き入るという昔からのイメージを吟味してみるなら、どうして聴覚の方が思考のための比喩として主導的な役割をはたすように発展してこなかったのかと問うてみたく思うのも当然だろう[86]。それでもなお、ハンス・ヨナスのように「精神は視覚が指示したところに行ってしまった[87]」というのは、まるまる正しいというわけではない。**意志**についての理論家たちが使っている比喩には視覚の領域からとってきたものはほとんどない。モデルになるのはすべての感覚の肝心かなめの本質的な性質としての欲望であるか――それらの感覚は欲求し欲望する存在が一般的に持つ欲求的性格に奉仕するのだから――、それとも、聴覚の領域からとってくるのであって、これは聞かれはするが見られはしないというユダヤの神の伝統と一致するものである。（聞くことから採ってこられた比喩というのは哲学史のなかではきわめて稀であり、現代でもっとも有名な例外はハイデガー晩年の著作であって、そこでは思考する自我は存在の呼びかけを「聞く」のである。中世には聖書の教説とギリシア哲学とを仲裁しようと努力されたが、その結果、直観ないしは観想が聴取のどのような形態にも完全に勝利することになった。しかし、この勝利は、昔、アレクサンドリアのピロン*が自分のユダヤ的な信条をプラトン化しつつあった哲学と調和させようとした試みによって、いわばすでに前兆として現われていたのである。彼は、なお、ヘブライ人の真理が聞かれることとギリシア人の真理を見ることとの区別には気づいており、前者を後者のための単なる準備として作り変えるのだが、これは人間の知がより完全になれるように神が介入して人間の耳を目にすることによってできるというのである(88)）。

最後に、判断力というのは、精神能力の発見という点では後からのものだが、カントがよく知っているように、比喩の言語を味覚という好みの感覚から採ってきている（『判断力批判』というのはもともとは『味覚という好み（趣味）の批判』として構想された）が、この味覚という好みは、感覚のなかで一番身近で私的で独自のもので、「高貴な」隔たりをとる視覚とはちょっと反対のものである。したがって、『判断力批判』の中心問題は、判断の命題が実際よくあるように一般的な同意を得るのはいかにしてかという問いとなったのである。

ヨナスは思考する精神を示すにふさわしい比喩やモデルには視覚が優れていることをことごとく数え挙げていく。何よりもまず、他のどの感覚も主観と客観の間にこのような安全な距離をおくものはないという議論の余地のない事実がある。距離というのは、視覚が機能するための一番基本的な条件である。「成果として得られるのは客観性の概念である。すなわち、ものが私に作用した姿としてではなく、それ自体であるものの概念である。そして、このような区別からテオーリア（theōria）と理論的真理についての全観念が生まれてくる」。さらに、視覚によって我々に「同時的な多様」が与えられるが、他のすべての感覚、とりわけて聴覚は「感覚作用の時間的な連続的進行」から知覚として「多様を統一する」。視覚が与えるのは「選択の自由だが、……それは私が見ているときには見られている対象にまだ加わっていないということによっている。……［見られた対象は］私を自由にしておくし、私は対象を自由にしておく」。ところが、他の感覚の場合には私に直接に影響を及ぼしてくるのである。このことはとりわけ聴覚については重要である。この聴覚は視覚と優劣を争うことのできる唯一の競争相手だが、結局は失格してしまうのは「受動的な主体に押し入ってくる」からである。聞いているときには、聞き手はなにかの物ないしは人の思いのままになっている。（ちなみに、この理由の故にドイツ語で聞く（hören）という語から、服従する、捕われている、属している、gehorchen, hörig, gehören という自由でない状態を示す一群の語が生まれたのであろう）。我々の関連できわめて重要なのは、ヨナスが指摘している事実、すなわち、見ることは必然的に「観察者をつれ込む」ということであり、聞き手とは異なって観察者にとっては「現在は通過していく今を点として経験すること［ではなく］」、「ものが……同じものの持続として観察される次元」へと変形されるのである。「したがって視覚だけが、けっして変化することなく常に現在する永遠の観念を精神が捉えることのできる感覚の基盤なのである[89]」。

以前述べたように、不可視なものが現象世界に現われる唯一の媒体である言語は、感覚が知覚世界に対して仕事をこなしていくほどには、そのような機能のためにけっして十分であるわけではない。と同時に、比喩というのはそれなりの仕方でその欠陥を治すことができると示唆した。治すというのには危険もはらまれていて、それもまったく十分だということにはならない。危険がどこにあるかというと、比喩が感覚経験の疑問の余地のない証拠に訴えることによって不可抗的な証拠となることにある。したがって、比喩は思弁的理性によって使われるし、実際、比喩を使わないではすませないものだが、それが科学的推論に入りこむと（そうなりがちなのだが）、実際には単なる仮説にすぎないので、事実によって検証されるなり反証されるなりする必要がある理論にもっともらしい証拠を作り出してしまうように使われて悪用されるのである。ハンス・ブルーメンバーグは『比喩学の範例』という著作で何世紀にもわたるヨーロッパ思想を通じて、氷山の比喩とかさまざまな海の比喩のように、会話のなかで非常によく使われる譬えについて調べているが、そこで、ほとんど偶然から、典型的といえる現代の似非科学が、事実の資料を欠いているのでその代わりに、どれほど比喩によるもっともらしそうな証拠を持ってきて信憑性を得ているかを発見している。彼が最初に挙げている例は、精神分析学の意識に関する理論で、そこでは意識は氷山の頂点とみなされ、その下には無意識の固まりが漂流していることを示しているにすぎないのである。[90] その理論は証明されていないばかりか、そもそも証明できないものなのである。無意識の断片は氷山の頂点に達するや否や、それが意識されて、言うところの出発点の性質がすべて失われてしまう。それでも、氷山の比喩はきわめて説得的なので、その理論には論拠も証明も入らない。未知のことについての思弁を行なっているのだといわれれば、比喩を使うことに反論の余地はないことになってしまうだろう。以前何世紀にもわたって神について思弁するにさいして類比を用いたのと同じやり方である。ただ一つの困難は、このような思弁においてはどんな思弁でも頭の上ででっち上げて、その体系的な構成のなかではいかなるデータでも、解釈して適切な位置付けをすることができるということである。それは、どんなに科学理論によってうまく説明する場合よりももっと厳密な首尾一貫性をもって行なわれる。どうしてかというと、それがまったくの頭の上での構築物で、現実の経験をすこしも必要としていないのだから、規則に合わない例外を扱う必要がないからである。

比喩を使う思考が危険なのは似非科学に使われたときだけのことで、哲学的思考は証明できるような真理を要求するわけではないのだから適切な比喩を使っても大丈夫だと思いたくなる。過去の偉大な哲学者や形而上学者の思想体系は似非科学の頭の上だけの構築物と不愉快なまでに似ている。ただし、偉大な哲学者たちは、もっと小者たちの独断的自惚れとは違って、文章に書かれたものの背後には「言い表わしえない」ものがあるとほとんど異口同音に主張していた。彼らがそれについて考えてはいても書きはしなかった場合、そのことにきわめて明確に気づいていても、他人に明確な定義を与えて伝えていくことはできないのである。要するに、彼らの主張によれば、変形されることによって、現象したり、世界のさまざまな現象のなかで場所を占めるようになることを拒絶するようなものが存在すると主張したのである。振り返ってみると、このような発言がくりかえし行なわれてきたのは、読者がいつでも誤解して理解するという危険が運命的にあるのだということを警告しようとする試みではないかと思いたくなる。すなわち、読者に提供されたのは思想であって認識ではない。認識という確固たる知識の集まりなら一旦得られれば無知を吹き飛ばしてしまうが、それではない。哲学者がまず第一に関心を持つのは人間の知識をすり抜けてしまうようなものだという。しかし、それらは、人間の理性からはすり抜け去ってしまったのではなく、それに付きまとってさえいたのだが。そして、このような問いを追求する中で、不可避的に哲学者たちは多くの実際に認識可能なものごと、すなわち、正しい思考の法則や公理のすべてとさまざまな認識理論を発見したので、非常に早い時期に哲学者自身が思考と認識の区別を曖昧にしたのである。

プラトンの方は、まだ、哲学の端緒と原理（archē）は驚嘆にあると考えていたが[91]、アリストテレスの方は『形而上学[92]』の冒頭の部分で、同じ驚嘆を単なる驚きないしは困惑（aporein）だと解釈したのである。驚くことによって（知られることになるかもしれない）物事についての無知に気が付き、まずは「手もとにあるもの」から始まり「そこから太陽や月、星、万物の発生に至るまでの大きなこと」にまで進んでいく。人間は「無知を逃れようと哲学した」と、アリストテレスは述べ、プラトンの驚嘆は原理として理解することなく、ただ端緒としてのみ理解したのである。「人はすべて驚嘆することから始まる……が、学ぶときにそうであるように（驚嘆とは）反対のこと、もっと良いことで終わらなければならないのである[93]」。こういうわけだから、アリストテレスも別の話では、言説のなかでは表現されえない（aneu logou）真理[94]について語ってはいても、プラトンと一致して次のようには言わなかったろう。すなわち、私に係わるものについては何も知られていない。というのも、それについて書かれたものには何も存在しないし、将来何もないだろうからだ、と。そのようなことについて書く人びとは何も知らないのだし、彼らは自分についてさえも知らないのだ。というのも、学ぶことのできる他のものと違って、これらを言葉で表す方法がないからだ。だから、思考の真の能力(ヌース)を所有しており、それ故、言葉の弱点を知っている人は、言説のなかで思想を枠づけようなどという危険は侵さないし、ましてや、文字のような硬直した形式に固定しようなどとはしない(95)。

この議論の展開全体のほとんど最後のところで、同じことをほとんど一字一句同じ形の言葉を我々は聞く。ニーチェは確かにプラトン主義者ではなかったが、友人オヴァーベックにこう書いているのである。「私の哲学は……少なくとも印刷されたものでは伝達できない(96)」と。また、『善悪の彼岸』では「人は自分の認識を伝えるときにはその認識をもはやあまり愛してはいない(97)」と言っている。また、ハイデガーはニーチェについてではなく自分について書いてこう言っている。「すべての思考の内的な限界は……思考する人が自分の自己については言いえないということにある。……というのは、言われる言葉というのは言われえないものから規定されているからである(98)」。さらに、ヴィトゲンシュタインからも若干の見解を付け加えてもよかろう。彼の『哲学探究』は「可能である場合には」言いえないものを言おうという仮借ない努力が中心をなしている。「哲学の結果は、知性が言語の限界に突っ込んでいってできたこぶを……見つけるという作業である」。このこぶは、ここでは「形而上学的な誤謬」と呼んできたものである。それによって「発見の価値が分かるようになる」のである。あるいは、「哲学的な問題は言語が働かないで祝祭を開いているときに生まれてくる」(wenn die Sprache feiert)。ドイツ語はあいまいである。というのも、それは「休みをとる」、すなわち、言語が働くのをやめるという意味になり得るが、「祝う」という意味にもなってそれではほとんど反対の意味になるからである。またあるいは、「哲学とは、我々の知性が言語に魅入られてしまうことへの戦いである」。もちろん、問題は、この戦いが再び言語によってのみ行なわれ得るということである(99)。

プラトンに戻ろう。というのは、私の知るかぎりでは、この問題について瑣末に走らない議論を残した哲学者は彼だけだといいうるからである。『第七書簡』における議論の主たる矛先は、話すことに対してではなく、書くことに対して向けられているのである。これは、もっと簡略化した形で、『パイドロス』のなかで、書くことに反対してすでに行なわれた議論のくりかえしである。まず、書いていると「忘れっぽくなる」という事実がある。書き言葉に頼っていると、「記憶を働かせなくなる」。第二に、書き言葉の持つ「荘重な沈黙」というのがある。それは自分について説明も加えず、問いも立てない。第三に、宛先を選ぶことができず、間違った相手にわたり、「あちこちを漂ってしまう」。だから、間違って扱われたり乱用されても弁明できない。書き言葉を一番うまく言い表わせば、それは「【忘れっぽい年齢がやってくること】へ対抗しての……旺盛に気力回復」しようとする無害な「暇つぶし」だというか、あるいは、「他の人たちが酒盛りやそれに類したことで楽しんでいる時に【ふける】道楽」[100]である。しかし、『第七書簡』ではプラトンはさらに進む。彼は、アリストテレスが伝えた[101]ことによって我々に知られている「不文の教説」(**agrapha dogmata**、書かれなかった教説)について述べているのではなかった。そうではなく、「こういうことは我々が学んでいる他のことのように言葉に置くことはできない」とはっきり述べている時には、それを間接的には否定しさえしているのである。

たしかにこれはプラトンが対話篇で言っているのとはおおいに異なっている(だからといって『第七書簡』が偽作だということにはならない)。だから、『政治家』篇では見えるものと見えないものの間の「類似性」についてこうある。

「現実に存在するものには、感覚で捉えることのできる類似性が本来そなわっている。……したがって誰かからこれらの存在するものについて説明を求められても少しの困難もない。ただ感覚として類似したものを示せばよく、言葉での説明なしですますことができるのである。これに対して、もっとも高貴でもっとも重要な存在者については視覚的に類似したものでそれに対応するものはない。……これらについてはどんな視覚的なものでも探求心にもえた人の魂を満足させるということはない。……だから我々は存在するどんなものにも言葉での説明を……与える訓練をしなければならない。物体の形態をもたないもの、最高の価値があって最も重要な存在者というのは、ただ言語〔論理〕によってのみ(logos)明確化されるのであって他のどんな手段によっても理解されない[102]」。

『パイドロス』のなかで[103]、プラトンは文章語を「会話遂行技術」(technē dialektikē)として使われる話し言葉と対比させており、話し言葉は「生きた言語であり、元々のものであって、文章化されたものはそれをある種の仕方で模倣したものだといってもよかろう」。生きた語りの技術というのは聞き手を選ぶことができるということのために称揚される。それは何も生まない(akarpoi)ものではなく、精子を含んでいてそこからさまざまなロゴス、語や議論がさまざまな聞き手に育ってきて、その結果、種は不滅のもののように見える。しかし、思考においてこの対話を自分自身と行なうとすると、まるで我々は「心のなかで言葉を書いている」かのようである。その場合、「心は一冊の本のようなものである」が、ただし言葉が入っていない本なのである[104]。思考しているとき、書き手に従いつつも第二の職人が介入してくる。彼は「絵かき」であって、文章化された言葉に対応する像を魂に描くのである。「こうしたことが起きるのは、視覚や他の知覚からこうした見解や言表されたものをひっぱってきて、その結果、最初に考え言い表わしたことの像をなんらかの意味で見るときである[105]」。

プラトンは『第七書簡』でこの二重の変形が生じてくる過程を手短に述べ、まず感覚経験が言い表わされ、ついで、この言表が(dialegesthai)魂にのみ見える像として変形されていく過程を伝えている。我々には見ているものについて名前があり、たとえば丸いものについて「円」という名前を持っている。この名前は言語(logos)としては「名詞と動詞からなる」文章で説明され、円とは「中心の周囲との距離がどこでも等距離のもの」という。このような文章によって円や像(eidōlon)を「描いたり消したり、作ってみたり壊したり」することができるようになるが、この過程はもちろん円なるものそれ自体(これは個々の円とはどれとも異なったものである)とは関係ないことである。認識と精神(nous)は本質としての円、すなわち、すべての円が共有しており、「[語りの]声にも物体の形においても存在しないでただ魂の中にある」ものを捉えているのである。そして、この円は明らかに身体である目によって知覚されている「実際の円とは違っており」、また、言葉による説明に基づいて描かれた円とも異なっている。魂の中のこの円は精神(nous)によって知覚されるのであり、精神が「この円に一番類縁性があり、一番類似している」のである。しかも、この内的な直観のみが真理といわれる。(106)

身体としての視覚が知覚したものを原則としている明証的なものの真理については、言葉に誘導(diagōgē)されながら、思考の流れ(dialegesthai)を論証的にたどることによって到達できる。この場合、この過程は先生と生徒の間で黙ったままの場合もあれば話して行なわれることもあり、行ったり来たりしながらも「真偽」を求めていくのである。しかし結果は直観だと考えられていて順を追っての結論ではないのだから、長々と質疑応答をくりかえした後で「万事について突然の電光のような洞察(phronēsis)が閃いてきて、精神が……光の洪水になった時に(107)」突然出てくる。この真理自体は言葉の及ばないものである。思考過程が始まる出発点になる名前は当てにならないものであり、「どんなものでも今円いと呼ばれているものを直線だとか、直線を円いだとか呼ぶのをやめさせることはできない(108)」し、説明しようとして考え抜かれた話しとしての言葉は「弱い」ものである。それらにできることといえば、せいぜい、「飛んできた火の粉からのように魂に光をともし、一旦できればそのまま自分で光り続けることができるようになる」ように、「ちょっとした誘導」をすることでしかない。(109)

私が『第七書簡』から数ページにわたってやや詳細に引用したのは、哲学的真理へと誘導する比喩となる直観と、思考が明確に示される媒体である言語とは両立できないかもしれないということが、そこで他に類例のないような仕方で提示されているからなのである。直観の場合には多様なものを同時的に示すし、言語の場合は必然的に一連の言葉と文章において展開される。だから、カントは「すべての思考は直観に達するための手段である」(worauf alles Denken als Mittel abzweckt, [ist] die Anschauung)と述べている。また、ハイデガーによれば、「ディアレゲスタイ(dialegesthai)はそれ自体でノエイン(noein)、見ることへの傾向を持っている。……それにはテオーレイン(theōrein)そのものへの適切な手段を欠いている。……プラトンの弁証法が基本的に目指しているものは、見ること、覆いを取ることを目指し、言説を通して根源的な直観の準備をすることなのである。……ロゴスは見ることに結びついたままである。もし言語が直観に与えられる明証から切り離されてしまったら、見ることを妨げる怠惰な戯言に堕する。レゲイン(legein)というのは見ること、ホラン(horan)に根拠がある」[111]。

ハイデガーの解釈をささえているのはプラトンの『ピレボス』のなかの一節[112]で、そこでは私の私との内なる対話が再度論じられているが、今度は、一番原初的な水準で論じられている。誰かが遠くにものを見ているが、たまたま一人だったので、自分にこう問う、あそこに出てきたのは何だろう？　と。彼は自分の問いに答える、あれは人間だ、と。もし「彼が誰かと一緒にいたら、自分に言ったことを実際に口にして、相手に向けて、同じことを耳で聞き取れるように言うだろう。……ところが、一人なら同じことを一人だけで考え続ける」。ここで真理となるのは見たという証拠であり、話は思考と同じく、見た証拠に従い、それを言葉に翻訳してつかむかぎりにおいて正しいことになる。この話しも見た証拠から離れてしまうと、たとえば、他の人の意見や思想をくりかえした場合には、プラトンにとって原型と比較すると像の方が本物といえないのと同じ意味で、本物とは言えなくなってしまう。

我々の感覚の際立った特質の中には、それらが共通感覚によって結ばれてはいるが、相互には翻訳できない——音を見ることはできないし、図を聞くことはできない等々——という事実がある。そして、この理由のために共通感覚はそれらすべてのなかで一番重要である。このテーマについて「五官の対象すべてに広がる一つの能力だ」[113]というアクィナスの見解を引用したことがある。言語は共通感覚に対応し、それに従って、対象に共通の名前を付ける。この共通性は主体相互のコミュニケーションにとって決定的な要因——同じ対象が別の人に見られながらも共通である——であるだけでなく、五官の各々にまったく別に現われる事象を確定するにも役立つ。たとえば、触れば固いか柔らかいであり、味わえば甘いか辛くあり、見れば明るいか暗く、聞いたら別な音に聞こえるという具合である。認識の感覚である視覚と聴覚であっても、もっと低級な感覚である嗅覚、味覚、触覚と比べて、言葉との親近性という点ではほとんど変わらない。何かがバラのように匂うし、豆のスープのような味がするし、ビロードのようなはだざわりがする。これがせいぜいのところである。「バラはバラであり、バラである」。

もちろん、これはすべて、形而上学の伝統のなかで視覚の比喩の意味で言われてきた真理というのが定義上言い表わしえないということを別の仕方で言ったにすぎない。もしガイドとなる比喩が視覚ではなくて聴覚（これは連続的進行に応じていく能力があるので多くの点で視覚よりは思考に近い）によるものだとすれば真理がどうなるかについては、ユダヤの伝承から知っている。ユダヤの神は聞こえても見ることはできず、したがって、真理は不可視なものとなる。「汝は天上にせよ地上にせよ、あるものの像にせよ比喩にせよそういうものを作ってはならぬ」。ユダヤ教において真理が不可視であるのは、ギリシア哲学において真理が言い表わしえないものであるのと同じく、原理的に自明なことである。そしてギリシア哲学から後のすべての哲学はそのことを自明の原則的前提としてきている。真理を聴覚の意味で理解すると従順さが求められるのに対し、視覚にかかわって捉えられると、真理は強力な自明さに頼ることになる。この自明さというのは、対象が眼前にある場合、ただちにその自明さが逆らいがたいほどの力を持っているために、それがそうだと認めずにはいられなくなるのである。形而上学というのは「存在するものを存在するかぎりで考察する」という「畏怖すべき学問」（**epistēmē hē theōrei to on hē on**）[114]だが、これが「必然の力によって人間に強制[115]」（**hyp' autēs tēs alētheias anagkazomenoi**）してくる真理を捉えることができたのは、視覚経験ではよく知っている矛盾を何とも思わぬ精神によっているからである。なぜなら、言説というのは、ソクラテス・プラトン風の対話的なものであろうと、承認済の前提から確定された規則を使って結論を引き出すような論理的なものであろうと、弁論的・説得的なものであろうと、目で見た証拠の端的な疑問の余地のない確実さには比肩しようがないからである。「あそこに出てきたのは何だろう？　あれは人間だ」。これは完全な「認識の対象との一致」(adequatio rei et intellectus)[116]である。これは、カントにおいてもまだなお真理の決定的な定義であった。しかしながら、カントは、この真理にとっては「どんな一般的基準も求められない。[そんなものがあるとすれば]、……まったくの自己矛盾になるだろうからだ」ということを気づいていた[117]。自明なものとしての真理は基準を必要としない。それが、自余のすべてのことに基準であり、究極の審判者なのである。だから、ハイデガーは『存在と時間』のなかで伝統的な真理概念を論じながら次のように図式化した。「背を壁に向けた人が「壁に絵が傾いてかかっている」と本当のことを言ったとしよう。この発言が確証されるのは、その人が壁に向いて絵が傾いてかかっているのを見たときなのである」[118]。

形而上学という「畏怖すべき学問」が始まって以来ぶつかっている困難は、たぶん、テオーリアとロゴスとの間、見ることと言葉を使っての推論との間にある本性的な緊張関係にすべて集約できるだろう。それが、「対話」(dialegesthai)の形であろうと、反対に「三段論法」(syl-logisthai)であろうとそういえるのである。つまり、ものごと、とりわけて意見を言葉によってバラバラに切り離そうと、それらを言説のなかで取りまとめる場合であれ、そうなのである。この言説の場合には、真理の内包は直観、言葉に従って(meta logou)[119]いるのではないから、誤りのないヌースによって知覚されたものを前提として、それに依存しているのである。もし哲学が諸科学のなかで生みの母だとすれば、哲学自体が、科学の始元と原理(archai)についての学である。アリストテレスの形而上学のなかで取り扱われることになるこのアルケーは、導出されるものではありえない。精神に対して自明な直観で与えられるものである。

哲学のなかで視覚が比喩として主導的となるようにすすめられる——また、視覚と一緒に真理の理想としての直観もである――理由は、このもっとも認識に適した感覚が「高貴」だからではなく、きわめて昔、哲学者の意味を求める活動が科学者の知識を求める活動と同じだと思われていたからである。この点では、『形而上学』の第一巻で、プラトンが驚嘆(thamauzein)が哲学の始まりだと述べたことを奇妙に変えていったことを思い出す価値がある。ただし、もちろん、真理を意味と同一視するのはもっと前からのことである。なぜなら、認識というのは我々が真理と呼び慣れているものを探し求める中で生まれてくるのだし、認識による真理の最高かつ究極の形態はじつに直観だからである。すべて認識は感覚に与えられる現象を探求することから始まり、もし科学者が目に見える結果の原因をさらに探したいと続けるなら、究極の目的は単なる表面の背後に隠れているかもしれないものを現象させることになる。これは裸眼では隠れているものを捉える目的でつくられたきわめて複雑な機構の道具の場合にも同じく当てはまるのである。究極的には、科学者の理論は感覚的証拠によって確証される。――ちょうど、ハイデガーから取った単純化したモデルの場合のように。ここでは視覚と言語の間にあるとして私が暗示した緊張は入りこんでこない。このレヴェルでは、引用した例の場合のように、言語は見たものを十分みごとに翻訳する(壁にかかる絵の位置ではなくて、絵の内容が言葉で表されなければならないというのならことは別だろうが)。数学の記号は実際の言葉で置き換え可能であり、器具によっていわば自分の意に反して現象することを余儀なくさせられた基礎にある事象をよりうまく表現しさえすることができるという事実は、表現手段として言語を必要としないものを描くのに、視覚の比喩が優れた効果を発揮するものであることを証明している。

しかしながら、認識活動は思考を自分の道具の一つとして利用するかもしれないのに対し、思考が言語を必要とするのは音に出して現われるためにだけである。必要なのは自分が現実化するときだけなのである。そして、言語は文を並べることで可能になるのだから、思考の終わり、直観であることはありえない。また、話をしないで観想する際に得られるようなたぐいの自明さによって確証されもしない。思考が、古代の視覚の比喩に頼り、自分と自分の機能を誤解することによって「真理」を思考活動から期待するとすれば、この真理は定義からして言い表わせないだけでない。「手を閉じて煙を捕まえようとする子どものように、哲学者は、きわめてしばしば、自分のとらえたいと思う対象が眼前を飛びぬけていくのを見る」――「直観」を固く信じていた最後の哲学者であるベルクソンは、かの学派の思想家たちに実際に起きていることをきわめて適切にこう描いたのである。[120] そして「失敗」の理由は、たんに、言葉で表現されたものはけっして純粋の観想の対象のように確固不動のものにはならないということにすぎない。観想の対象に比較すれば、言い表すことのできる意味というのは、すっとすり抜けてしまうものである。哲学者がそれを見たりつかんだりしようとすれば、「すり抜け去る」のである。[121]

　ベルクソン以来、視覚の比喩の使用は、だんだん減少し続けていったが、関心の中心が観想から言語へ、ヌースからロゴスへと全体として移ってしまったのだから、それは驚くべきことでもない。この移行に伴って真理の基準が〝認識の対象との合致〟――見た対象と見ることとの合致ということとの類比した意味で――ということから思考の単なる形式へと移行していったのである。この移行した基準の場合、基本原則は矛盾律であり、カントがなお「すべての真理の消極的な条件」だと考えていた自分で首尾一貫しているという基準である。「分析的認識の領域の彼方においては、そのことは、真理の十分な基準としてはそれを適用する権威も領域もない」。[122] ハイデガーとヴァルター・ベンヤミンのように、たとえ形而上学の伝統的な前提に、大いに疑問をもっていてほんの少しでしかないにしても、なおそれに執着している少数の現代の哲学者の場合には、古代の視覚の比喩はまるごと消えたのではなく、いわば縮小したのである。ベンヤミンの場合、真理は「かすめ過ぎていく」(huscht vorüber)。ハイデガーでは啓示の瞬間は「閃光」(Blitz)と捉えられており、最後には、まったく別の比喩、「静寂の鐘の音」(das Geläut der Stille)というのに置き換えられる。伝統的にみれば、後の比喩は言葉のない観想におきる啓示にもっとも近いものである。というのは、思考過程の終局の頂点のための比喩は、聴覚から引っ張ってきているけれども、音楽を聞くときのように一連の音をつなげて聞き入るといったことには少しも対応していないのであって、動くことない純粋の受容的な精神状態に対応している。そして、自己自身との沈黙の対話としての思考は身体が完全に動かないでいる状態と結びついた純粋の精神活動である――「私が何もしないときほど活動的なときはない」(カトー)――のだから、聴覚から引っ張ってきた比喩によって生まれる困難は、視覚の比喩によって生まれる困難と同じく大きい。(ベルクソンは真理の理想としては直観の比喩になお強く執着していたが、「形而上学的な直観がほとんど暴力的といってよいほどの本質的に活動的な性格」を持っていることを述べている。ただし、観想の静けさと活動との間の矛盾については気が付いていない。ましてや暴力的な活動についてはなおさらである。[123])また、アリストテレスは「哲学的なエネルゲイア、活動」のことを「完全で何にも妨げられることのない[まさにその理由で]もっとも素晴らしい喜びを自分に潜ませている活動」(Alla mēn hē ge teleia energeia kai akōlytos en heautē echei to chairein, hōste an eiē he theōrētikē energeia pasōn hedistē)と言っている。[124]

言いかえれば、ここでの主要な困難は、思考自体――思考の言語は完全に比喩的で、概念の枠組みは比喩が与えるものにまったく依存している。この比喩が見えるものと見えないもの、現象の世界と思考する自我との間の深淵に橋をかけるのである――には、精神のなかでは我々の内の不可視なものが世界の不可視なものに係わるという、精神の特殊な活動にそれなりに光を当ててくれるような比喩がないということのように見える。感覚から引き出される比喩はすべて困難に陥るのだが、それは、感覚がすべて本質的には認識に係わっており、したがって、活動として考えれば、比喩は自分以外に目的があるという単純な理由によるのである。比喩は、エネルゲイア、目的それ自体ではないが、世界を認識しそれにかかわることを可能にしてくれる道具なのである。

思考は尋常なものではない。なぜなら、意味を探求しても活動の後に生き残るような成果は何も最後に生み出さないし、活動が終わった後、何か意味があるような結果を生み出すわけでもないからである。言いかえれば、アリストテレスが論じている喜びは、思考する自我にとっては自明なものでも、定義からして言い表わせないものなのである。精神の生活のために考え得る唯一の比喩は生きているという感覚である。生命の息吹なしには人間の身体は屍にすぎないし、思考がなければ人間の精神は死んでいる。じつは、これがアリストテレスが有名な『形而上学』のラムダ巻の七章で試みた比喩なのであり、「思考の活動【自己目的であるエネルゲイア】が生命である[125]」というのである。理性の内的な法則には神のみが耐えることができ、人間は神のようでいられるのは時々でしかないのだが、この法則は「円環をなす運動のように終わりなき運動である[126]」、つまり、終わりに達することなく成果を最後に生み出すことのないただ一つの運動である。真正の思考過程、すなわち、「思考の思考」(noēsis noēseōs)が円環的に動くという非常に奇妙な考え――哲学のなかで循環論法についてのもっとも輝かしい正当化――は、不思議なことに、哲学者たちもアリストテレスの解釈者をもあまり頭を悩ましはしなかったのであるが、これはたぶん一部にはヌースとテオーリアがしばしば「認識」と誤訳されてきたからであろう。認識ならばいつでも終わりに達して成果を最後に生み出すからだ[127]。もし思考が認識の営みだとすれば、対象に疑問をぶつけることから始まり、それを認識することに終わる直線的な運動に従わねばならないだろう。アリストテレスの円環運動は、生命の比喩と一緒に考えれば、思考する存在としての人間に生涯ついてまわって死によってのみ終わることになる意味への問いのことを示唆している。円環運動は、人生の経過から取ってきた比喩である。人生というのは誕生から死へと進むが、また生きているかぎりは円環にもなるのである。思考する自我のこの単純な経験によっても円環運動の観念が他の思想家によってもくりかえし取り上げられることの十分明確な証拠になっている。その際、真理は思考の結果であり、ヘーゲルの「思弁的認識[128]」のようなものがあるのだという伝統的な考えとはきわめて鋭く対立してもそうなのである。ヘーゲルはアリストテレスについては何も言及しないでこう言っている、「哲学は円環をなす。……それは空中に浮かんでいるのではない順序ある連続的進行であり、無から始まるといったものではおよそなく、反対に、自分に立ち帰っていく円運動なのである[129]（傍線付加)」。同じ観念はハイデガーの『形而上学とは何か』の最後にもあり、そこでは「形而上学の基本となる問い」は「どうして何かがあって、むしろ無ではないのか」だと定義している。[130] この問いは思考の最初の問いであるが、同時に「そこにいつも立ち戻らねばならない」思考なのである。

とはいえ、これらの比喩は、思考の思弁的、非認識的なやり方に対応し、思考する自我の基本的な経験に忠実にとどまってはいるが、認識能力には係わらないので、奇妙に空虚なままである。そして、アリストテレス自身、たった一ヵ所、生きているというのはエネルゲイン(energein)、すなわち、自己目的として生きていることだと主張した一ヵ所を除いて、それらを使ってはいないのである。[131] その上、明らかに、比喩は「なぜ我々は考えるのか」という問いに答えることを拒絶するのである。なぜなら、「どうして我々は生きるのか」という不可避の問いに答えはあり得ないからである。

ヴィトゲンシュタインの『哲学探究』(この本は初期の『論考』で言語と思考を「現実の写像」と捉えて「命題は現実の写像である。命題とは現実を捉える時の現実のモデルである」[132]と考えようとした試みが成り立たないと確信した後のものである)には、この困難を分かりやすくするのに助けとなりそうな興味深い思考実験がある。彼は問う。「何のために思考するのだろうか。……思考が役に立つことを知ったから考えるのだろうか。考えるのが得だと考えたからだろうか」。それでは「役に立つということが分かったので子どもを育てるのだろうか」と問うようなものであろう。それにしても「我々は時に思考が役に立っているのを見つけたから考える」というのは、これが「時に」だけ当てはまるということを傍線で強調したことを含めれば認められなければなるまい。それだから、「なぜ人は考えるのかというのをどうやって見つけることができるか」ということについては、答えは、「もし我々が「なぜ」と問うことを押さえつければ重要な事実だけに注意が向くということにしばしばなる。その場合、探求していくと、このような事実が答えを導いていくことになる」。[133] そして、なぜ我々は考えるのかという問いを慎重に押さえようとしたうえで、「我々が思考するのは何によってか」という問いを扱うことにしたい。

第Ⅲ章　我々が思考するのは何によってであるか

14　ギリシア哲学が哲学の前に前提としたこと

「我々が思考するのは何によってであるか？」という我々の問いは、原因あるいは目的を問うているのではない。人間の考える欲求を当然の前提とした上で、思考するという活動は、笛を吹くときと同じように、それ自体を目的としたエネルゲイアであって、我々の生きる世界に形ある産物をもたらさないものの一つであるという前提から出発するのである。こういう欲求が感じられ始めた瞬間がいつのことだったのか特定することはできない。とはいえ言語というものを考えるだけでも、さらに有史以前の作者不詳の神話について我々が知りうるかぎりのことからしても、その欲求が人類発生以来であると前提してもかまわないだろう。しかしながら、哲学と形而上学の始まったときについては年代の特定ができ、歴史上のさまざまな時代に我々の問いに対して与えられた答えについては名前がわかる。ギリシアが与えた答えの一部は、ギリシアの思想家の全員がつぎのように確信していたことに窺える。その確信とは、生命に限りのある人間が不死の世界と隣合わせて住めるのは哲学のおかげであり、その結果、「人間の分際に許される限りの、最大限の不死性」[1]を自らに獲得してはぐくむことができるというものである。それに係わっているかぎりの短い時間の間、哲学することによって生命に限りのあるものは神のごとき生命体へ、キケロのいう「生命に限りのある神々」へと変わる。（まさしくこの脈絡においてこそ、古代の語源学では「theōrein〔観想する〕」という語や、さらには「theatron〔劇場〕」という語までも、「theos〔神〕」という語が語源なのだとくりかえし述べられていたのである。[2]）ギリシア人の答の難点は、それが「哲学」という語そのものと結びつかないということであり、「哲学」という語の語源は、知の愛、あるいは、知への欲求であって、これは神々の属性とは言えない。プラトンも言うように「神々にあっては、知を愛することはなく、知者になろうと熱望することもない。なぜなら、現に知者であるから。[3]」

アタナティゼイン（athanatizein）――不死になる――という奇妙な観念からまず考えてみよう。伝統的形而上学の正統的な主題にこの観念が与えている影響は甚大であって、過大評価をまず許さないほどだからである。前章で私はピタゴラス派の寓話を判断という視点から解釈したが*、判断が独立した能力として見いだされたのは、後に近代になってからのことであり、趣味〔好み〕という現象、およびそれが（社会的コミュニケーションに際してと）美学のなかで果たす役割について一八世紀的関心に沿う形で、カントが『判断力批判』の中で著述したときなのである。歴史的に言うと、このような解釈だけではまったく不十分である。ピタゴラス派の観想という観念はこれにとどまらず、もっと広い射程で、西洋における哲学の勃興に対して意義を持っている。観想〔theōrein〕の行為に対する優位という寓話の主要なポイントと密接に関連しているのは、神的なるものについてのギリシア的観念である。ホメロス的宗教によれば、神々は超越的ではなく、神々の住まいは無限の彼方でなく「真鍮のような空であり……彼らの確固たる永遠の住処[4]」なのである。人間と神々は互いに類似し、同種同根であって（hen andrōn, hen theōn genos）、一つの母から生まれでている。ヘロドトスの言うように[5]、ギリシアの神々は人間と同じピュシス〔physis，本性〕を持っていた。しかし、アンドローポピュシスに〔andrōpophysis，人間と本性的に〕同種であるとはいえ、やはり神々にはある特権的な特性があったのはもちろんである。神々は人間と違って不死であり、「安逸な生」を享受した。生命に限りのあるものどもの持つ必然性から解き放たれて、観想をむさぼり、人間界の営みをオリンポスから見おろしていたが、それは神々にとって娯楽のための見物でしかなかった。オリンポスの神々が世界を劇場の見せ物のようにとらえがちになるというのは――創造とか立法とか共同体社会の設立と支配のような神の仕事に対して他民族がもつ観念とは大いに違っていて――、地上の、人間という自分たちより不幸な同胞と共有して持っている傾向だった。

「見ることへの情熱」の方が（既述のように）ギリシア語の語法からしても「知への渇望」よりも先行しており、ギリシア人の世界に対する基本的な態度だったということはあまりにも明白であって、文献的証拠を要しないと私には思われる。現象したものは、まずもって見られ賞賛されるためにあった。ここで現象したものと言っているのは、人間の卓越性（aretē）のゆえに人間界へともたらされたすべてのものを含むだけでなく、自然界も、それ自身の調和に基づいて存在するに至ったり人間が存在するように作るもの（「存在するように作る」（agein eis tēn ousian）[6]とは、プラトンによる制作すること（poiein）の定義である）の総体としてのコスモスの調和でもある。人間を観想の世界へと誘っているのは、カロン（kalon）、現象の美そのものであり、その結果、「至高なる善のイデア」は最高度に光り輝くもの（tou ontos phanotaton）[7]に内在し、人間の徳（kalon k' agathon）の評価の基準は、行為者の天賦の才や意図でなく、行為の帰結でもなく、行為そのものが行為中にどう現象したかということにある。徳とは、我々ならさしずめ見事さと呼ぶものである。芸術の場合と同様に、人間の行為はマキアベリの表現を使えば、「本質的長所によって輝」かねばならない[8]。存在するものは、すべて、まず神々が見るのにふさわしい見せ物と考えられていたし、オリンポスの神々の哀れな親族たる人間も当然のことながら、その分け前に与かることを願っていた。

かくして、アリストテレスはロゴス、理性的言説の能力を異邦人とは区別してギリシア人にのみ備わったものとしたが、見ることへの欲求はすべての人間に備わったものだとした。それゆえ、プラトンの洞窟の住人は、互いに目をあわせてコミュニケーションできず、足と首とを座っている場所に鎖で繋がれながら、眼前の幕に映るエイドーラ〔eidōla、映像〕を無言のうちに見ることで満足していた。多数者たる大衆は見ることへの神的情熱の分け前に与っている。ピタゴラス派の、人間界のすべての営みの外側にたって観想するということには、当然、神的なものが伴う。人間が身体的なことの面倒をみるのに要する時間が減れば減るほど、そして神的な仕事に費やす時間が増えれば増えるほど、人は神の生きざまに近づいたのである。それだけでなく、人間と神々は同種なのだから、神的な不死ですら、まったく人間の手の届かない所にあるわけでないように思われた。偉大なる名声——「偉大なる行いと偉大なる言葉」(ホメロス)に対する高貴な報償——というものは、羨望のたえざる源泉であるどころか、潜在的な不死を与えてくれるのである。たしかに哀れな代用品ではあったが。そしてまた、この報償は観察者が行為者に与えるものであった。というのは、永遠に不可視のもの、不死であるばかりか(不死であるだけなら終わりがないだけで始まりはあるということになるのだが、この場合には終わりもなく始まりもなく、つまりは非生成的で)真に永続的なもの、アゲネートン(agenēton)を哲学者が扱うようになる以前には——ギリシアの神々は、ヘシオドスの『神統記』からもわかるように、不死ではあったが、生まれるものである——、詩人たちや歴史家たちは、現象するもの、そして時の流れの中で可視界から消え去るものをあつかっていたのだった。それゆえ、哲学の勃興に先立って、人間界の領域の外側にある位置という観念に込められていたことを明確にするには、詩の機能と吟遊詩人の立場についてのギリシア人の観念をちょっとでも吟味するのが一番よかろう。

　ピンダロスのある散逸した詩を引用したものが残っている。それはゼウスの婚姻の儀式についてのもので、ゼウスは集まった神々に対して神々の至福なる生活にまだ何か欠けているものがあるかどうかと問うている。そこで神々は「言葉と音楽」でゼウスの偉大な業を賛美する術を心得ている何か新たな神的な存在を作りたまうようにと請うた。新たな神的な存在ということでピンダロスが考えていたのは、人間を永遠の生命へと近づける詩人[9]や吟遊詩人のことだった。というのは、「行なわれたことの物語は行為そのものよりも長い生命を持ち」、「語られたことは見事に語られていれば永遠の生命を持って一人歩きをする」[10]からである。吟遊詩人もまた、ホメロスのように、「後の世のすべての人を魅惑する言葉……で物語を正しきものにする」[11]。たんに述べ伝えるのではなく、正しきもの(orthōsas)にするのであって、アイアスは恥辱を理由に自らの生命を絶ったが、ホメロスは分別よろしく「アイアスを比類なく賞賛したのである」。行為による産物と思考による産物とは区別され、思考によって生まれたものに近づきうるのは非行為者たる「観想する者〔観察者〕」だけである。

吟遊詩人という概念はまさしくホメロスに由来する。肝心の詩文が登場する場面で、オデュッセウスはパイアークス人の宮廷にやってくる。オデュッセウスを王の命令によってその吟遊詩人が慰めるが、吟遊詩人はオデュッセウス自身の生きざまについて、アキレウスとの諍いについて、歌ったのである。これを聞いたオデュッセウスは顔をおおって泣く。しかしそれまでに彼が泣いたことは一度もなく、自分が耳にしていることが実際に生じていた時点でも泣いてはいなかったはずである。語られたことを耳にして初めて、事の意味がはっきりとわかったのである。ホメロス自身が言っている、「吟遊詩人は、**記憶**を統べる**詩神**ムネモシュネーが詩人の魂に湧きおこすことを人と神とに語るのである。**詩神**はホメロスに良いものと悪いものとを与えた。視力を奪い、甘美な歌を与えたのである」。

ゼウスについての散逸した詩においてピンダロスは、このような初期のころの思考経験の客観的側面だけでなく主観的側面をも明示したのに違いない。世界や人間は賞賛されることが必要であって、さもないと、その見事さが気づかれないままになってしまう。人間は現象界にいるのだから、観客を必要とする。そして生あるものの祝祭に観客としてやってきた人々を、その際に言葉で語られる見事な思想によって充実させるのである。観客がいなければ世界は不完全になってしまう。世界へ関与している者は、個々の物事に熱中し、差し迫った仕事に忙殺されているので、世の中での個々の物事の総体と人事の領域でのあらゆる個別の行為とがどのように嚙み合って調和を生み出しているのかを見てとることができない。調和そのものは感覚的知覚に与えられるものではないからである。可視的世界における この不可視なものは、それを見物し、賞賛し、物語へと整理して言語化する観客〔観察者〕がいなければ、永遠に未知のままで終わってしまうであろう。

以上のことを概念的な言葉で表現すれば次のようになる。現実に起こり、起こっている間に現象していることの意味は、消えて見えなくなったときに顕現するのである。記憶は、現実にはもう存在せず過去になってしまったことを精神に生じさせる手段であり、物語の形で意味を顕現させるのである。顕現させる人は現象に巻き込まれていない。不可視のものを「見える」ようにするため盲目なのであり、可視的世界に触れないようにされている。そして、盲目の目で見てとり言語化したものは物語〔歴史〕なのであって、行為者の名誉が天の高みに届くとはいえ、言語化されたものは行為でも行為者でもない。だからこそ、ギリシアに典型的な問いが生ずるのである。「誰が不死になるのか？　それとも、記憶に値する行為をまずなしとげてくれる行為者に詩人が依存しているのか？」ツキディデスの中にあるペリクレスの葬送演説を読むだけでよい。そうすれば、この問いの決着が依然としてついていなかったこと、答えは誰が答えるのか――行為する人が答えるのか、見る人が答えるのか――によって決まるということがわかるだろう。ともかく、政治家であり哲学者たちの友であったペリクレスの考えによると、（ホメロスが全ギリシアの教師であったように）「ヘラスの学校」となった都市アテネは、その偉大さのゆえには、不滅の存在となるために少しも「ホメロスのような者や……その類の者を必要としない」のである。アテナイの人々は、まさにその勇敢さによって、あまねく世界に「不滅の記念碑」を残したのである。(12)

ギリシア哲学の際だった特徴は、生命に限りのある存在にとってもっとも高度であり神的である生のあり方を価値あるものとするペリクレスのこのような評価とまったく手を切ったことにある。ペリクレスの同時代人の一人であり、彼の友人でもあったアナクサゴラスを引用するにとどめるが、人は生まれないでいるよりは生まれる方を選ぶべきなのはなぜかを問われたときに、彼は次のように答えた。（ちなみに、この問いは哲学者や詩人に限らず、すべてのギリシア人の心を占めていた問いのようである。）「他のものには何の価値もないかのごとく「天上の世界と、そこにあるもの、星辰・月・太陽を見るためである」と。アリストテレスも賛成して次のように語っている。「人は哲学をするか、さもなければ生きるのをやめてこの世から立ち去るべきである」[13]。

ペリクレスとこれらの哲学者たちが共有していたのは、生命に限りのあるものはすべて不死をめざすべきだという、ギリシア人に一般的な態度であった。そしてこれは神と人間の類縁性ゆえに可能だった。他の生物と比較すれば人間は一種の「生命に限りのある神々」なのである[14](**quasi mortalem deum**、キケロを再引用[15])。それゆえ人間の主要な課題は、その可死性を治療し、それによって自らにもっとも近い縁者たる神々に似るようにするということにある。そうでなければ動物のレベルにまで堕ちることになる。「すべてになりかわって一つ選ぶのにもっともよいこと――それは生命に限りのあるものどもの中での永遠の名声である。しかし、大衆は牛のように食いあさっている[16]」。ここで肝心なのは、人間に人間らしさを駆り立てる唯一の刺激は不死性の追求だということが、哲学が成立する以前のギリシアにおける自明の確信だったということである。偉大な行為が美しく賞賛に値するということの理由は、それが国家や民族に貢献するということではなくて、「不滅の名声を永遠にうちたてる[17]」ことなのである。ディオティマがソクラテスに指摘するように「もし徳[**aretē**]に関する不滅の思い出がわがものになるだろうと思わなかったら、アルケスティスがアドメトスのために死んだり、アキレウスがパトロクロスのあとを追って死んだりするだろうか[18]」。そして、あらゆる種類の愛は、プラトンの『饗宴』によると、究極的には、生命に限りのあるものが不死性を求めることに結びついているのである。

賞賛され羨まれた神々の不死性の決定的な欠点に気づいたギリシア人が本当は誰だったのか、私にはわからない。神々は不死だったが(**a-thanatoi**, 永遠にあった **aien eontes** 人である)、永遠ではなかった。「『神統記』がやや詳しく教えてくれているように、神々は皆、生まれたのである。神々の生命には始まりがあった。哲学者たちは、絶対的なアルケー、すなわち**始まり**を導入したが、それ自体は始まりがないのであり、生成の源だが永遠であって生成のないものである。こういう考えの端緒を開いたのはアナクシマンドロスであろうが[19]、その行き着く先がパルメニデスの詩の中にもっとはっきりと見てとれる[20]。彼の言う存在は強い意味で永遠にある。不滅(anōlethron)であるとともに生成もない(agenēton)のである。誕生にも死にも制限されずに**存在**するものは、オリンポスの神々を特徴づけていた終わりなき生存にとってかわり、それを超越した。言いかえれば、哲学者にとっては、死なないだけでなく生まれることもない**存在**がオリンポスの神々の単なる不死性にとってかわったのである」[21]。**存在**が哲学における真の神性となったのは、ヘラクレイトスの有名な言葉にあるように、それが「神や人間によって作られたものでなく、昔も今もこれからもつねにあり、一定の尺度で点火され、また一定で消えていく永遠に生きている火である」[22]からである。神々の不死性はあてにならない。生じたものは、またなくなることもありうるのである——オリンポス以前の神々は死んで姿を消したのではなかったか——プラトンの猛烈な攻撃にさらされたのは、(私の考えでは、神々の度重なる不道徳な行為ではなくて)神々の永続的存在についての以上のような欠点であった。ホメロス的な宗教は何か他の信条にとってかわられることのありえない信条だった。「オリンポスの神々は哲学によって打ち倒された[23]」。新たな永続的神性について、上に引用した断片の中では未だヘラクレイトスはコスモスと呼んでいるが(ただし、世界とか宇宙とかいう意味ではなく、それらの秩序、調和のことである)、ついには、パルメニデスを皮切りに「**存在**」という名前を与えられた。このことは、チャールズ・カーンが示唆するように、この言葉が元々持っていた持続的意味あいによるものだと思われる。「この語の持続的側面は、その語根からも分かち難く、すべての哲学的使用も含めて、あらゆる場面でのこの動詞の使用を彩っている[24]。」

存在がオリンポスの神々にとってかわったときに、哲学は宗教にとってかわった。哲学することは神を敬うのに可能な唯一の「方法」となり、この新しい神の最新の性質は**一者**であるということだった。この**一者**が本当に神であり、それゆえ「存在」という言葉で通常考えられるものと決定的に違うのだということは、アリストテレスが自らの「**第一哲学**」を「**神学**」と呼んだことを考えあわせれば明瞭である。アリストテレスが込めた意味は神々についての理論ではなく、はるか後世に――十八世紀に――オントロギア(**ontologia**)すなわち「**存在論**」と呼ばれたものだった。

新しい教義の大きな利点は、人間が不死の分け前にあずかろうとするにあたって、あやふやな死後の名声をあてにする必要がなくなったということである。生きている内に実現することもできるのであり、仲間からも詩人からも助けてもらわなくてよいのである。以前なら詩人に名声を与えることでその名を永久のものとすることができたのだが、新しい不死性に至る方法は永遠である事物に対するありようを定めることであり、これを可能にする新たな能力はヌース(**nous**)すなわち精神と呼ばれた。この語はホメロスからの借用であり、ヌースは人間の特定の精神的なものを指す以外に、すべての精神的活動を包含している。**存在**に対応するのはヌースであり、プラトンとアリストテレスが後に明確に述べたことを、パルメニデスが「**思考[noein,** すなわち、ヌースの活動**]**と存在は同一である」[25](**to gar auto noein estin te kai einai**)と言ったときにすでに暗黙の内に述べていたのである。それは、人間がいわば神の隣にいられるようにしてくれているのだから、神的なものにしっかりと対応するものが人間の中にあるということである。**思考**と**存在**を同一たらしめているのはこの神性である。自らのヌースを使い、あらゆる可滅的なものから自ら退きこもることによって、人は自分を神性に近づける。そして、ここでの「近づく」はほぼ文字どおりの意味である。というのは、**存在**が神であるのとまったく同様に、(エルモティモスあるいはアナクサゴラスを引用しながら)アリストテレスが語るところによれば、ヌースは「我々の内なる神」であり、「生命に限りある存在は神の部分を所有する」[26]からである。ヌースは「あらゆる賢者が同意するように、天と地の王である」[27]とプラトンは言った。だから**存在**が最高の階にあるのとまったく同様に、ヌースはすべての世界の上にある。それゆえ、「**昼**と**夜**の門」(パルメニデス)を超え、生命に限りあるものの世界を超えてあえて旅立つ決断を下した哲学者は、「神の友と呼ばれようし、不死性を身につけることが人間に与えられるならば、まずは彼にあたえられよう[28]」。要するに、アリストテレスが神の活動(hē tou theou energeia)と同一であるテオーレーティケー・エネルゲイア(theōrētikē energeia、理論的活動)と呼んだものに従事することは、「不死になること」(athanatizein)であり、それ自体が我々を「できるかぎり」不死にする活動に従事することであり、「我々の内にある最高のものに一致するように全力をつくして生きることである[29]」。

ここで多少注意しておく価値があるのは、我々の内の不死で神的な部分が存在するのは、それが現実化され、外にある神的なものに集中された場合だけだということである。我々の思想の対象が思考そのものに不死性を与える。対象は一貫して永続的なものであり、昔も今も将来も存在し、それゆえ他のものではありえず、存在しないこともありえない。この永続する対象は本来は「宇宙の循環(円環)」であり、それに対して我々は精神として従っていくことができるのだが、そのことから我々が「地上的な生物でなく天上的な」生物であり、地上にではなく天上に「類縁」を持っていることが証明される[30]。この確信の背後にすぐに見てとれるのは、本来的な驚きであり、それ自体が哲学的なものである。驚きこそが「無知を一掃する」道へ科学者を送りだすのであり、アインシュタインが次のように語ったのもそのゆえである。「世界【すなわち、宇宙】の永遠の神秘は、それが理解可能だということだ」。だから世界の理解可能性に見合ったその後のすべての理論の進歩は「ある意味で「驚き」からの連続的飛翔である[31]」。次のようなこともあろうかと考えてみたくもなるだろう。科学者の神は人を自らの似姿にもとづいて作り、十戒ならぬ一戒を与えて世に送りだした。「いかに成ったか、どう機能しているか、汝の手で解をもとめよ。」

いずれにせよ、ギリシア人にとって哲学は「不死性の達成[32]」であり、そういうものとして二段階で進行した。まずヌースの活動があり、それはつまるところ永続するものを観想することであり、それ自体では言葉を伴わない(aneu logou)。次にその見たものを言語化する。これをアリストテレスはアレーテウエイン(alētheuein)と呼んだが、その意味は物事を包み隠さずありのままに述べるにとどまらず、つねに必然的に存在し他様ではありえない物事についての命題に限るということである。人間であるかぎりの人間は他の動物とは違ってヌースとロゴスの複合体である。「人間の本質はヌースとロゴスに従って秩序づけられている」(ho anthrōpos kai kata logon kai kata noun tetaktai autou hē ousia)[33]。両者のうちで人間が永続的なもの、神的なものに関与するのを可能にするのはヌースだけであり、ロゴスは「存在しているものを言う」(legein te conta)(ヘロドトス)ためのものであり、人間だけに固有の独特の能力であって、たんなる「限りある思考」である俗見(dogmata)に、人間の世界で生じ、そう「見える」だけで実際は存在していないものに適用される。

ヌースと区別された意味でのロゴスは神的な性質をもったものではないので、哲学者が見たものを翻訳して言語化――哲学者的な厳密な意味でのアレーテウエイン――したためにかなりの困難が生じた。すなわち、哲学的言説の基準は(ドクサ、俗見と対比される意味においての)「同じくすること」(homoiōsis)であり、ヌースからえられる見たものをできるだけ忠実に言葉で同化することであるが、見たものそのものは言説なしのもので、「言語的推論の過程なしに直接」見ることによって理性によって与えられるものである[34]。視覚能力の基準はアレーテウエイン(alētheuein)という動詞の含意するような「真理」ではない。この動詞は、ホメロスの alēthes「真の」という形容詞に由来するものであって、「語られる言葉」(verba dicendi)に対して用いられるものであり、「私にあなたの心のうちを包み隠す(lanthanai)ことなく語ってくれたまえ、つまり、私に嘘をつかないでくれ」というような意味で使われるのである――〝反意語〟(alpha privativum)を作る接頭辞 a の含みが示すように、言語の通常の機能がまさしく欺くこと、嘘をつくことであるかのようである。真理が言語の基準であることに変わりはないのだが、ここでは真理はヌースの見たものに同化し、いわばそこから鍵を得なければならないのだから、真理はその性格を変えるのである。見ることの基準となるのは、見られた対象が永続しているということだけである。精神はそれに直接的にあずかることもできるが、「もし人が欲情や野心に汲々として、そのようなことにのみ労するならば……死すべき部分を増大させたことになるのだから、自分がまるごと死すべきものになるということからまぬがれないだろう」。しかし永続する対象の観想に「心を傾けるならば、人間に許される限りで最大の不死性にあずかることになるであろう[35]」。

哲学は、アリストテレス以来、自然の物質的なものの背後にあってそれを超えるものを探求する場であり（tōn meta ta physica は「自然の物質的なもの〔physica〕の後〔meta〕にくるものについて」ということである）ギリシアに起源があるということは誰しも認めるところである。そして起源がギリシアにあるからには、その目標もギリシア的なもの、すなわち不死性だということになったのであって、自分を死すべきもの（thnētoi または brotoi）として理解している人間にとってこれは言語的にもきわめて自然な目標であり、アリストテレスによれば、人間にとって、死は「あらゆる悪のうちで最大のもの」であると同時に、人間は不死なる神々と同じ血筋をひいており「一つの生まれである」と言ってもよいのである。哲学はこの自然な目標を変えるようなことはせず、ただ不死性を獲得するための別の道を提示したにすぎなかった。おおざっぱに言えば、この目標はギリシア人の衰退、没落とともに消滅したのであり、キリスト教の登場によって哲学からこの目標が消滅したのである。キリスト教は「福音」〔良い知らせ〕を語り、人間は死すべきものではないと語った。すなわち、それまでの異教の信仰とは対極的に、世界に終末があることは運命づけられているけれども死後の世界では肉体として復活すると告げたのである。永続的なるものへのギリシア的な追求の最後の痕跡は、中世神秘思想家の観想に言うヌンク・スタンス（nunc stans）、「静止する今」であるかもしれない。この表現は衝撃的であるから、思考する自我にきわめて特徴的な経験に対応するものとして後で扱うことにしよう。

しかしながら、哲学しようとする有力な動機が消滅したとはいえ、形而上学における論題は変わらないのであり、どのような物事が考えるのに値し、どのような物事がそうでないのか、ということを何世紀にもわたって予め判定していたのである。プラトンにとって当然であったこと、つまり「純粋な知は、変化や混合をうけることなくつねに同一であるものに係わるか、あるいはこれにもっとも近いものに係わるのである[36]」ということは、近代の最終段階に至るまで、さまざまな変容をとげながら哲学の根本前提でありつづけた。そもそもの定義において排除されているのは人間界の営みであった。それらは偶然的である――現実にあるのとは別様であり得る――から、という理由で。だから、ヘーゲルがフランス革命――そこでは自由や正義のような永遠的原理が現実のものとなったと彼は考えていた――の影響下で歴史そのものを探求の場としたときでさえ、そこに前提として考えられていたのは、天空の回転とか、数などのようなたぐいの純粋に思考の産物とかが鉄のごとき必然性の法則に従うだけでなく、地上の人間界の事のなりゆきもまた、そのような法則に、**絶対精神**の受肉の法則に従うという前提であった。そのとき以来、哲学することの目標は不死性ではなくて必然性となった。「哲学的思考の目的は偶然的なものを排除することに他ならない」[37]。

そもそもは神的な形而上学的論題である永続的なもの・必然的なものは、神的なものの前に「住まい」留まろうと精神が努力することによって「不死なるものになろうとする」欲求をのりこえて生き残った。そうした努力は、キリスト教の隆盛とともに、不死性の担い手が思考から信仰に変わると無益な努力となったけれども。そしてまた、観想が本質的に哲学的であり人生の最高のあり方だという評価も、やり方は変わっても依然として存続していった。

キリスト教に先立つ時代においても、古代後期の哲学諸派においてこういう考えは生きていた。その当時には、この世における人生はもはや祝福すべきものだと考えられなかった。そして、人間界の営みに係わっていることはもっと神的な活動からの逸脱だと考えられるだけではなく、むしろそれ自体、危険であり喜びのないものだと見なされた。政治的なことに関与しないでいることは、人間界の騒動と悲惨とそれらに不可避の変動の外に身を置くことであった。ローマの観客は、神々のように世界という見せものを見おろすことのできる後ろ上がりの観客席に身を置いてはいなかった。彼らが身を置いているのは安全な岸や波止場であって、そこにいると嵐にもまれる海における荒々しくて予測不可能な激変を、自分は危険にさらされることなく見守ることができるのだった。たんに観察者であることの利点を賛美しているのは、次のようなルクレティウスの言葉である。「大海で風が波を立てているときに陸の上から他人の苦労を眺めているのは面白い。他人が困っているのが面白い楽しみだというわけではなく、自分はこのような不幸に遭っているのではないと自覚することが楽しいからである」[38]。この場合に、もちろん、観察者であることの哲学的意味は完全に失われている。こうした欠落は非常に多くのギリシア的な考え方がローマ人の手に落ちたときに生じたものである。ここで失われているのは、カントの場合に見られるような、判断における観察者の特権（や、思考と行為との間にある根本的対立）だけではない。現象するものは見られるべくしてそこにあるのであり、現象という概念そのものが観察者を必要とするのであり、それゆえ見ること・見守ることが最高度の活動なのだという根本的洞察をも失ったのであった。

ルクレティウスの命題から結論を出すことはヴォルテールの手に委ねられた。彼によると、見ようとする欲求は安っぽい好奇心にほかならない。好奇心のせいで人は難破しかかっている船の光景を見ようとするのである。木に登ったり、戦闘における大殺戮を見たり、公開処刑を見物したりするのもそうである。そして、ヴォルテールによれば、このような情を人間は猿や子犬と共有しているというのである。いいかえると、もしルクレティウスの言うことが正しくて光景を目にしたいという人間の情熱がただたんに安心感のせいだけだとすると、見たくてしかたがないという欲求は、我々の存在を危険にさらす未熟で不合理な衝動に原因があるということになる。ルクレティウスが語りかけている哲学者は難破している船を見て、荒々しい海に身を任せても大丈夫と思ったりしないように警戒する必要はないのである。

残念ながら、観察者とその対象との間の有益で「高貴な」距離が我々の伝統として受け継がれる際には、このような浅薄な形態をとっていたのである。（ただし、これはまったく別の含みをもった中世哲学における観想の高い位置づけを別にしての話である。）そして、ルクレティウスが陰に陽に典拠として扱われることが実に多いというのは奇妙なことである。ヘルダーはフランス革命についてつぎのように言っている。「もし何か不運があって我々が意志に反して投げ込まれることがないといった場合に、公海の遠い海における難破を見おろしているのとちょうど同じように、我々はフランス革命を安全な港から見おろしているのである」。そしてゲーテはイエナにおける戦闘の後でどうしているかと尋ねられたときに同じイメージで答えている。「不平を言うわけにはいかない。私の立場は、さしずめ、荒れ狂う海に面した確固たる岩場から見おろして、難破しているものを助けることはできないけれども大波からは手の届かない所にいるようなものであって、これはある古代の作家によればかなり気楽な感情なのである[39]」。

近代に至ると、現代に近づけば近づくほど、(教科書的にではなく実際の経験において)哲学の前に前提しているものすなわち、形而上学と呼ばれる「畏怖すべき」学問(マッキーン)の助産婦役を実際につとめていた前哲学的前提がしだいに残存しなくなるのである。

15　プラトンの解答とその残響

しかしながら、「我々が思考するのは何によってであるか」という我々の問いに対しては、ギリシア哲学の中にも解答があり、それは前節のような哲学以前に立てられた前提――形而上学の歴史にとってはたいへん重要となったが、だいぶ以前に多分その妥当性を失った――とは無関係である。それはすでに引用したプラトンの言葉、すなわち、哲学のはじめは**驚き**である、というもので、私の考えでは今でもその説得力を失っていない。この驚きは不死性の追求とまったくつながりがないからである。アリストテレスが驚きをアポレイン(**aporein**)と解釈したのは有名であるが(アポレインとは無知のせいで当惑することであり、知識によって一掃できる)、そこでもアタナティゼイン

(**athanatizein**, 不死になること)への言及はない。これは『ニコマコス倫理学』[40]によって知られる不死になるための活動のことであり、まったくプラトン的な考え方である。驚きに関するプラトンの言葉は、感覚的知覚の相対性の議論の最中に突然登場する(私の知るかぎり、この箇所だけである)。何か混乱していることを話題にしながら、プラトンにはありがちなことだが、議論自体が混乱している。そういう場合には、もっとも印象的な文章は文脈と無関係に思われ、容易に分離抽出できる。とくに、当時に固有ではあるが今では時代遅れといえる論理などにまつわる難問を扱った後でその議論を突然中断するときがそうである。ここではテアイテトスが「驚いて不思議に思っている」――「困惑している」という普通の意味で――と言った後で、ソクラテスは彼を誉めて「これこそが知を愛する者〔哲学者〕の真の印なのだ」と言う。そして以前の論点には戻らないのである。その短い箇所では以下のようになっている。「というのは、これこそ知を愛する者の情(**pathos**)に他ならないのだ。驚く(**thaumazein**)ということが。これをおいて他に愛知〔哲学〕の始まり(**archē**)はないのだ。だからまた、天界の使者イリス【虹】をタウマス【**驚く人**】の娘だと語ったあの人【ヘシオドス】もなかなかの系譜家だったようだ[41]」。一見したところ、イオニア学派の理解した哲学が天文学の末裔であると言っているにすぎないようである。空の奇跡に驚くことから始まったと言っているのであるから。空を地球に結ぶ虹がメッセージを人間に伝えるように、思考つまり哲学は**驚く人**〔タウマス〕の娘に対応するように地球を太陽に結ぶ。

もっとじっくり眺めてみると、上に挙げた短い言葉が暗示するものはずっと多いことがわかる。「イリス」、虹、という語は『クラテュロス』でも登場するが[42]、そこでプラトンはその語源を「語る(**eirein**)という動詞」にしているが「イリスが使者だから」である。その一方で、「驚異」に相当する語 **thaumazein** をプラトンは系譜を考えることによってテアイテトスが使っているような通常の意味からそらせているが、これはホメロスにしばしば登場する語であり、「見る」という意味の数あるギリシア語の動詞の一つ、**theasthai** に由来する。そしてこれは既に述べたピタゴラスの観客(theatai)と同語源である。ホメロスでは驚異して見るということは神を目のあたりにした人間に対して使われるのが普通である。そしてまた、「なんと賞賛すべき人だ!」という意味の形容詞としても使われる――つまり、人が神に対して感ずるような賞賛の驚異に値する神のごとき人である。それだけでなく、人間に現象する神には次のような特性がある。神はなじみのある人間に身をやつして現れ、それが神的なものだとわかるのは神が目指した相手の人間だけなのである。それゆえ、それに応じた驚異は、人間が自分かってに呼び起こせるものではない。驚異はパトスであって、被るものであり、行動するものではない。ホメロスにおいては神こそが行動するのであり、人はその出現に耐え、そこから逃れてはならないのである。

いいかえれば、人間を驚異させるものは、なじみがあるが通常は目に見えないものであり、人間が賞賛せざるをえないものである。考えることの出発点である驚異は、困惑することでもびっくりすることでも戸惑うことでもない。賞賛の驚異なのである。我々が目をみはるものは言葉となった賞賛によって確証され、肯定されるが、それが天界からの使者、イリス、虹の賜物なのである。その際に言葉は賞賛の形になり、個々の驚くべき現象やこの世の万物を誉めたたえるのではなく、その背後にあってそれ自身は目に見えないけれども現象の世界を通じて一見させることのできる調和的秩序を誉めたたえるのである。アナクサゴラスの言葉を使えば、「現象するものは顕われていないものを一見させるから」(opsis gar tōn adēlōn ta phainomena)[43]である。コスモスの中の、この目に見えない調和的秩序を意識することから哲学は始まったが、それはまるでなじみのある可視的なものが透明になったかのようにそれらのものの只中に顕現するのである。哲学者は「見えない調和」に目をみはるが、それはヘラクレイトスによれば「可視的なものより良い」(harmonie aphanēs phanerēs kreittōn)[44]のである。現象の只中にある不可視のものに関するもう一つの昔からの言葉はピュシス(physis)、自然であるが、ギリシア人によれば、それは人間や神が作ったのではなくて、それ自身で生成した万物の全体である。このピュシスについて、ヘラクレイトスは「自らを隠すのを好む」[45]、つまり現象の背後にあるといった。

説明のためにヘラクレイトスを引用したのは、賞賛の驚異がどこに向けられるかをプラトン自身が明確にしていないからである。この驚異がどのようにして思考の対話へと変容するかについてもプラトンは語っていない。ヘラクレイトスの場合、ロゴスの意味は少なくとも以下の文脈において示唆されている。「デルフォイの神託の主神」アポロは（詩の神でもあるとつけ加えてもよかろうが）「あらわに語ることも隠すこともせずに、ただ示すだけである」（oute legei oute kryptei alla sēmainei）[46]、すなわち、曖昧に何かを暗示するのであり、ほんの暗示にすぎないものを理解する人によってのみ理解されるのである（神は「ウィンクする」（winkt）、とハイデガーは訳した）。さらにいっそうじれったいほどに暗示的であるのはもう一つ別の断片である。「人間どもにとって眼や耳は悪しき証人である。彼らが異邦人の魂を持っているなら[47]」。つまり、彼らがロゴスを持っていないなら、ということである。ロゴスはギリシア人にとって言葉であるだけでなく、筋の通った議論をする能力であり、それがあるかないかが異邦人との違いなのである。要するに、驚異が言葉による思考へと導いてきた。現象の中で明らかになる不可視なものにたいしての驚異の経験は、言葉によって取り込まれたのである。それと同時に、言葉の力強さは、可視的なものへの感覚器官である眼や耳が思考の手助けがなければ犯されやすい間違いや錯覚を一掃する。

以上のことから明らかなはずであるが、哲学者に訪れる驚異はけっして特定のものに係わるのではなく、つねに全体によって引き起こされるのであり、その全体は存在者を総計したものとは違って、けっして顕現していない。ヘラクレイトスの言う調和［ハーモニー］は反対物が一つの音になって響くことによって生ずるのであり、個々の音の性質ではない。この調和は、それを生み出す個々の音からはある意味で切り離されている（kechōrismenon）[48]のであり、それはちょうど「ゼウスの名でもって呼ばれたいことも呼ばれたくないこともある」ソフォン（sophon, 知）が「すべてのものから離れた別のもの[49]」であるのと同じである。それは、ピタゴラスの寓話でいえば、世界の戯れの美、すべての個物が一緒になって働きあうことの意味であり意味深さである。そういう意味で、これは個々の例や帰結を不可視のうちに結びつけてしまうような精神の持った眼差しを持つ人にだけ顕現するのである。

パルメニデス以来、この現象するすべてのものの内に暗黙のうちに顕現する不可視・不可感の全体に対するキーワードは、**存在**――我々の語彙の中で、もっとも空虚で一般的であり無内容な語――であった。**存在**が現象の世界を貫き通す形で現前しているということに突如としてふりむいて気づくに至った人にはどんなことが生ずるかということについては、ギリシア哲学によって最初に発見されてから数千年たった後に、大変な正確さをもって記されることになった。その文章は比較的最近のものであって、それゆえギリシア的な文言に比べれば個人的主観的な感情に係わっており、まさにそれゆえに、心理学的な訓練を受けた耳には説得的に聞こえるであろう。コールリッジが次のように書いている。

存在それ自体、存在そのものだけ、まさに存在するというそのこと、それを考えるようにと精神を高めたことがあるか。考えのたけを込めて「存在する！」と言ったことがあるか。目の前の人に対してであろうが、花であろうが、一粒の砂であろうが、その瞬間にはおかまいなしに――つまり、存在しているあれこれのあり方にはとらわれずに。ここに到達したのならば、神秘の存在を感じ取っているのであり、それが汝の霊を畏怖と驚異の内に根付かせているのだ。「何もない！」とか「何もないときがあった！」という言葉そのものが自己矛盾だ。我々の内部にはこういう命題をはねのけるようなものがあり、まるでそれ自体が永遠の権利をもって事実に対抗する証拠になっているかのごとき充溢した瞬間的な光を伴ったものである。

それゆえ、無いことは不可能であり、存在することは不可解である。絶対的存在についての、この直観を修得してしまえば、同じようにして次のことも修得したことになる。太古の昔に高貴な精神を、選ばれし人を、聖なる畏怖の心持ちでとらえたのは、まさにこのことであり、これ以外のことではなかった、と。まさにこのことこそが、かの人々をして、個としての存在よりもたとえようもなく大きなものを自らの内に感じ取らせたのであった(50)。

プラトン的な驚異——哲学者をその道に走らせる最初の衝撃——が現代に蘇ったのは、ハイデガーが『形而上学とは何か』という講演を既に引用したように次のように締めくくったときであった。「何故何かが存在するのであって、無ではないのか」。そして彼はこれを「形而上学の基本的な問い(51)」と言った。

この問いは、哲学者の衝撃を近代的な用語法で語ったものであるが、すでに彼以前にこの問いを発した人がいる。それはライプニッツの『自然と恩寵の原理』に登場する。「なぜ無ではなくて何かが存在するのか」(Pourquoi il y a plutôt quelque chose que rien ?)。「何かよりも無の方が単純であり、簡潔である(52)」(le rien est plus simple et plus facile que quelque chose)のだから、この何かは、それが存在するに足る理由がなくてはならず、その理由はまた別の何かによって理由づけられなければならない。この思考をたどって最終的に行き着くのは、〝自己原因〟(causa sui)であり、それ自身の原因をもつものであるから、ライプニッツの答えが行き着くのは「神」と呼ばれる究極の原因であり、これはすでにアリストテレスに見られる「不動の動者」——哲学者の神である。もちろん、この神に必殺の一撃を浴びせたのはカントであり、プラトンがほのかに暗示していたことが、カントの言葉の中に見いだせる。原因づけられないもの、「無条件に必然的なるもの」は我々の因果的思考が「万物を究極的に支えるものとして、不可避的に必要とするものであるが、人間の理性にとっての本当の深淵である。……脇に追いやることはできず、さりとてすべての可能的存在の中で至高なるものとして表象される存在がまるで次のように語るなどとは考えたくもない。「私は永遠から永遠へと存在する。私の他には私の意志を通じて存在するものの他に何も存在しない。しかし私は何から存在するにいたったのか」この点では何も我々の支えにならない。最高の完全性は最低の完全性と同様に思弁的理性にとっては実質がなく根拠もない。思弁的理性はこの両者を保持する努力をするのにやぶさかではないが、まったく消し去ったところで何の痛痒も感じないのである」[53]。ここでとくに近代的なことととして我々に衝撃的であるのは、無は思うことも考えることもできないというパルメニデスのかつての洞察を表現しなおすにあたって、強調点がいわば無から存在へ移行しているということである。無は考えられないがゆえに無の深淵は存在しないとカントは一度も言っていないが、彼を独断論の夢から覚ましてくれた理性の二律背反が彼を思考の道へ誘ったと言うことはあるにしても、この深淵の体験——プラトンの驚異の裏返し——が思考へと誘ったなどとはけっして言わなかった。

シェリングはカントの言葉を強調して引用し、おそらくはライプニッツの気どりのない言葉からではなくカントのこの言葉に由来して、シェリングはすべての問いの中での「究極の問い」——なぜ何かがあって、無ではないのか[54]——を再三にわたって強調することになった。彼はこれを「もっとも絶望的な問い」[55]と呼んだ。このように思考そのものから生じるまったくの絶望への言及は、シェリングの後期の著作に現われる。そしてそれがそれほどまでにきわめて重要であるのは同じ考えが若い頃に彼をとらえていたからであり、当時は「魂の本質」である「絶対的肯定」を追放する必要がないのと同じくらいに、無を追放する必要はないと考えていたのだった。絶対的肯定のおかげで、「非在は」知られず理解されないのであって「永遠に不可能であるということがわかる」。若きシェリングにとってこの究極の問い——なぜ無ではなくて何かがあるのかという深淵のへりでめまいにとりつかれた知性によって置かれた問い——は、「存在は必然であり、存在の絶対的肯定を理解することによってそうだとわかるのである」[56]という洞察によって永遠に押え込まれるものであった。

「神という観念の絶対的定立」だけがこのような肯定を保証するのであるということをシェリングが感じていなかったら、たんにパルメニデスの立場へ戻るだけに思えただろう。シェリングによればこれが「無の絶対的否定」なのである。「理性が無を永遠に否定すること、無は無であるということは、理性が全と神とは永遠であると肯定するのと同じくらいに確実なことである」。それゆえ「無ではなくてなぜ何かが存在するのかという問いに対する」唯一の「完璧に妥当な解答は、全あるいは神をおいて他にはない[57]」。理性が神の観念の助けを借りずにその「本性だけに」従うならば、「永遠の存在」を定立するかもしれないが、そうなると、定立するということは理性の本性の中にあることだという考えに直面して、理性はいわば「雷に打たれた(quasi attonita)ように麻痺し、動けなくなる。[58]」言葉の能力と理性的議論や理性的解答をもたらすイリスのような使者が哲学的衝撃についてくるわけではない。**存在**の肯定はプラトンの驚異における賞賛の要素に明らかに対応するものであるが、無の深淵を言葉なくめまいに見舞われながらのぞきこむことから人間の理性を救うためには、**創造主たる神**への信仰が必要である。

このような信仰が徹底的に退けられ、人間の理性がもはや自分の能力以外にまったく何も持ち合わせない状態に陥ってしまうと、思考の「究極の問い」に何が起るかということをサルトルの『嘔吐』の中に見て取ることができる。ちなみに、これは彼の哲学的著作の中でひときわ重要なものである。この小説の主人公は栗の木の根を見て、突如として次のような感情に襲われる。「「実存する」ということは何を意味していたのか。……実存は自らを隠すのが普通である。それはここに、我々の周囲に、我々の中にあり、我々であり、我々は二言めには実存に言及している。それなのに存在に触れることはない」。しかし今や「実存は突如として自らを現わした。抽象的カテゴリーとしての無害な外観を失った。それは物事をつなぎとめるものであったのに。……いやむしろ、根は、公園の門は、ベンチは、まばらな草は、これらすべては消滅したのだ。物事の多様性、その個性は現象にすぎず、見せかけにすぎない」。サルトルの主人公の反応は賞賛ではなく、まして驚異でもなく、存在そのものの不透明さ、事実として与えられた裸の存在に対する嘔吐であって、いかなる思考も到達したことがなく、まして明らかにしたことも透明にしたこともない。「これらすべてがどこから来たのか、世界が無ではなく存在するに至ったのはどうしてなのかを驚異しながら問うことすらできなかった」。今や目をみはることも失われてしまったのであるから、無が「思考されえない」ということは**存在**の躓きであった。「その前には何もなかった。無……それが僕を悩ませていたものだった。もちろん、この移ろいやすくはっきりしないものが実存することに理由はない。しかし実存しないということは不可能だった。それは考えられないことだった。無を想像するためにはこちらが既に存在しなければならない――世界の只中に、生きて、目を見開いて。……理解する方法はないのだ、と僕はうんざりしながら感じた。道はない。しかしそれはそこにあり、待っていて、人を見ていた」。主人公を叫ばせるのはこのまったく無意味なたんにそこにあるという存在であった。「「なんというひどさ。なんという腐ったひどさなのだ。」……しかし、それはしっかりと豊富にそこにある。数しれない実存が、無限に[59]」。

この**存在**から無への緩やかな移動は、驚異や困惑の喪失によってもたらされたのではなく、賞賛や思考において肯定しようとする気持ちを喪失したことによってもたらされたのであるが、この移動の中に哲学の終焉を、少なくともプラトンが礎を置いた形での哲学の終焉を見て取ることは大変魅力的なことである。たしかに、賞賛から否定への転換を理解するのは容易であり、その理由は何か手で触れることのできる出来事や思考によって引き起こされたからではなく、カントがすでに見きわめたように、思弁的理性にとってはどちらの側につこうが「損を感じない」し、儲けも感じないということなのである。だから、考えるということは、「そうだ」と言って存在そのものの事実性を確証することであるという捉え方は、様々な形で近代哲学史の中に見いだされる。それは、存在するもののすべてが巻き込まれて、「大魚」が小さい魚を永遠に食べあさる過程をスピノザの「黙認」していることの中に顕著に見て取れよう。カントが前批判期の著作の中で形而上学者に対してまず次のように問うべきだと述べた際にも同じものが現われている。「何も存在しないことは可能なのか」、と。そしてそこでは次のような結論が導かれる。「いかなる存在も与えられていなければ、考える対象も存在しないことになる」。そしてそう考えれば、「絶対的な必然的存在の概念[60]」に至るが、これは批判期のカントならまあ認められない結論である。さらに興味深いのはこれよりも少し前に「可能な最善の世界」に生きることについてカントが下した評価である。彼は古くから伝わるあの慰めの言葉をくりかえす。「全体は最善であり、万物は全体のためには良いのである」。しかし、彼自身にしてみれば、この形而上学の古くからの決まり文句は得心のいくものではない。彼は突如として挿入している。「すべての被創造物に私は呼びかける。我々が存在しているのを祝福したまえ」[61]（Ich rufe allem Geschöpfe zu……: Heil uns, wir sind!）。

この肯定、いやむしろ思考を実在と和解させようとする欲求は、ヘーゲルの著作を導く主要な動機の一つである。これがニーチェの〝運命愛〟（amor fati）と彼の「永劫回帰」という考えに伝わっていく。これは「到達しうる限りで最高の形態の肯定」[62]であるが、それはまさしく同時に「もっとも重いおもり」であるからにほかならない。

悪魔が次のように……きみに言うとしたらどうだろう。「今きみが生きているような人生を……きみは無数にくりかえして生きなければならない。そしてそこには何も新しいものはなく、すべての苦痛、すべての喜び、すべての思想と嘆息が……きみに回帰しなければならない――まったく同じ順序でくりかえして。存在の永遠の砂時計はくりかえしくりかえして、それと同時にちっぽけなちりであるきみも」。きみはすてばちになって……このように語った悪魔を呪うことはないだろうか？　あるいは自分が次のように答えているような瞬間をくりかえしくりかえし経験したことはないだろうか？　「おまえは神だ。私はこれ以上に神々しいことを聞いたことがない」。……この究極的な永遠の確証と契約以外にもはや何も欲しないためには、どれほど自分や生を愛惜しなければならないだろうか。[63]*

この文章でポイントとなるのは、ニーチェの永劫回帰という考えがカント的な意味で我々の思弁を統制する「理念」ではなく、もちろん、いわば円環的な動きを持つ古代的な時間概念への退歩という「理論」のようなものでもないということである。実際には思いつき、いやむしろ思考実験なのであり、その痛烈さは**存在**の思考と無の思考を束ねる密接な連関にある。この場合に確証への欲求の源になっているのは、無限に多様な個物を束ねている不可視の調和と美に対するギリシア的な賞賛ではなく、無を同時に考えに入れなければ誰も**存在**を考えることはできない、あるいは不毛さ・無益さ・無意味さを考えに入れなければ誰も**意味**を考えることはできないという単純な事実である。

この困惑から抜け出す道は、**存在**をそもそも肯定することなしには思考する対象も思考する人も存在しないだろうという、古くからの議論によって示されているように思われる。言いかえれば、思考するという活動自体が、どのような種類の思考であれ、既に現存在を前提しているのである。しかしそのような、たんに論理的なだけの解決はつねに欺瞞である。「真理はない」という考えにしがみつく人は、たとえその命題が自己破壊的であるということを指摘されたとしてもけっして納得しない。困惑の存在論的、メタ論理的解決の一つはハイデガーに見いだすことができるが、既に見たように、彼は「なぜ何かが存在していて無ではないのか」という問いをくりかえすことにおいて古きプラトン的な驚嘆を明示している。ハイデガーによれば、to think〔考えること〕とto thank〔感謝すること〕は同じである。この二つの言葉自体が同語源である。これが今まで議論してきた他のどの解答よりもプラトン的な驚嘆による賞賛に近いものであるのは明らかである。その難点は語源的導出とか論理的証明の欠如とかにあるのではない。すでにプラトンに内在していた古くからの困難なのであり、プラトンもそれに十分に気づいていたようであり、対話篇『パルメニデス』で議論されている。

哲学の出発点として考えられる賞賛の驚異には、不調和、醜さ、さらには悪の事実的な存在の余地が残されていない。プラトンの対話篇では悪の問題が議論されることはなく、わずかに『パルメニデス』において極悪なものや醜悪な行為が否定しがたく存在することで彼のイデア論に必ずやもたらされる帰結について不安を示している。もし現象する世界にあるすべてのものが精神の目にだけ見えるイデアに与り、人間的事象の**洞窟**——通常の感覚知覚の世界

──においていかなる種類の実在を有するにせよ、この形相からでてくるのであるならば、現象の世界にあるものはけっして賞賛にあたいするものではなく、この世に有ることを説明しようとなればそれが現象しているのは超感覚的なもの〔イデア〕のたまものであるということになる。だからパルメニデスは問う。誰にも賞賛を引き起こさない「毛髪、泥、汚物」のようなまったく「つまらなくて値打のないもの」についてはどうなるのか。ソクラテスの口を通して語るプラトンは、後世のように悪や醜を正当化するのに、人間の限られた視野のなかでだけ悪や醜として現象するものだが、悪や醜は全体の必然的な部分だといったありふれたやり方はしない。その道をとらずに、ソクラテスはそのようなものにイデアを割り当てるのはまったく馬鹿げていると答え、「これらの場合には、ものごとは見えるとおりである」と言う。「たわ言の底無しの穴に落ちてはいけないので」ここらで引き返すのが上策だとほのめかす。（しかし対話篇中の老パルメニデスは指摘する。「それはきみがまだ若いからだよ、ソクラテス。そしてそれはまだ哲学〔知を愛すること〕がまだきみをしっかり捉えていないからなのだ。将来は捉えることになるだろうが。そのときにはこれらの事物のどんなものでも軽んじることはないだろうが、いまはまだ若いせいで世間の思惑を気にしているのだ」[64]。しかし困難は解決されず、プラトンは二度とこの問題を取り上げない。）現在の我々の関心事はイデア論ではなく、イデアという考えがプラトンに生じたのは美しいもののせいであって、せいぜい「つまらなくて値打のないもの」だけに囲まれていたらけっして生じなかっただろうということをどの程度まで証明できるかということなのである。

もちろん、神的な事柄に対するプラトンやパルメニデスの追求と、人間界の営みを束ね決定する「見えざる尺度」を定義することにかけてのソロンやソクラテスの見かけ上はもっとつつましい試みとの間には、決定的な違いがあり、思想史とは区別した意味での哲学史にとってこの違いの関連性は大変大きい。我々の文脈で重要なのは、どちらの事例においても思考が係わっているのは不可視でありながら現象（満天の星空や人間の行為・運命）によって示されるもの、つまり近づいた人にだけ見えるホメロスの神々とほぼ同じように可視的世界に現われる不可視のものだということである。

16　ローマ人の答え

認知を目的にするものでない思考の基本的源泉の一つを取り出して吟味する試みの中で、私は賞賛、確証、肯定の要素を強調してきた。それらに我々は、ギリシアでの哲学的思考や哲学以前の思考において強烈な形で出くわすのであり、そのことを何世紀にもわたって、どういう影響関係があったかという歴史上の問題としてではなく、くりかえし生まれる直接の経験の問題として跡づけることができる。これまで述べてきたことが今日の思考経験と逆のものであるのかどうかについて私は心もとないが、このテーマについての今日の俗説的見解と逆であるということについてはまったく確信している。

哲学についての常識的俗説は、ギリシアの相続人となったローマ人によって形成された。そしてそこに押された刻印は、ひたすら政治的であったローマ本来の刻印ではなく(それはウェルギリウスにおいて純粋な形で見いだせる)、ローマ共和制の最後の世紀の刻印である。そのころにはすでに公共性(res publica)は崩壊しつつあり、アウグストゥスによる復活の試みはあったにせよ、結局は帝国経済の私有物となった。哲学は芸術や文学と同様に、また、詩や歴史記述と同様に、つねにギリシアからの輸入品であった。公共性がそこなわれていないうちは、ローマでは文化はつねにいかがわしいものと考えられていたが、教養層の高貴な娯楽として、**永遠の都市**ローマの美化の手段として大目に見られ、尊敬もされた。最初は共和制の、次には帝国の、衰退と没落の世紀になってようやくこれらの営みは「真面目な」ものとなり、哲学の場合はギリシアからの借り物ではあったが、発展して「学問」となり、キケロのいう〝魂の薬〟(animi medicina)となった――ギリシアの場合とは反対のものになったのである。[65] その効用は思考によって世界から逃れることで絶望する精神を癒す方法を教えることであった。その警句は――プラトン的な賞賛の驚異とは正反対に作られたかのような響きがあるが――何ものにも驚くなかれ、何も賞賛するなかれ(nil admirari)であった。[66]

しかし、ローマ人が我々に伝えてくれたものは、何ものにも触れられない賢者としての哲学者像のありふれたイメージだけではない。哲学と実在の関係についてのヘーゲルの有名な言葉(「ミネルヴァのふくろうは黄昏どきに飛び立つ」[67])はギリシア人の経験よりもローマ人の経験の特質を印づけている。ヘーゲルにとって、ミネルヴァのふくろうは、プラトンとアリストテレスがいわばペロポネソス戦争の災難の中から登場したことの例証となっている。「老成した生の形態」であるポリスの衰退の中から生まれたのは、プラトンやアリストテレスの哲学ではなくて政治哲学である。そして政治哲学に関しては、『パンセ』におけるパスカルの見事なまでにさしでがましい評価が真実であることを示すに足る証拠がある。

プラトンやアリストテレスは見事な学者風の衣装をまとった姿でしか考えられない。彼らは裏のない人であり、他人と同じように友人たちと談笑し、気晴らしをしたいときには自分たちの楽しみのために『法律』という対話篇や『政治学』を書いた。彼らの人生のその部分はきわめて非哲学的であり、きわめて真剣さを欠いたものだった。……彼らは政治について書いたことは書いたが、まるで精神病院の規則を決めるようなものだった。彼らは重大なことについて書いているようなそぶりを見せていたけれど、それは語りかけている相手の狂人が王様や皇帝のように思ってくれているということがわかっていたからだ。彼らが原理原則に走ったのは、彼らの狂気をできるだけ無害にするためだった。[68]

いずれにせよ、ヘーゲルほどの形而上学的な哲学者に対してさえローマ人の影響が深かったことは彼の公刊された処女作[69]に明白であって、そこで彼は哲学と現実の関係を論じて次のように言う。「哲学に対する欲求が生ずるのは、人生から統一的な力が消滅するときであり、対立物が関連性と相互依存性の生き生きとした緊張を失って自立的になったときである。分裂することから、裂かれたことから、思考が生ずる」、すなわち、宥和への欲求が生ずる「〝分裂が哲学の要求の源泉である〟」(Entzweiung ist der Quelle des Bedürfnisses der Philosophie)。ヘーゲルの哲学観におけるローマ的なものは、思考が理性の欲求から生ずるのではなく、不幸であることに存在の根を持っているということである――その顕著にローマ的性格をヘーゲルは、偉大な歴史感覚でもって『歴史哲学』と題されて刊行された後期の講義の中の「ローマ的世界」の箇所で明確に認めている。「ストア主義、エピクロス主義、懐疑主義は相互に対立していた……けれども……、共通の目標があった。すなわち、実世界が与えうるいかなることに対しても魂がまったく無関心でいられるようにすることであった[70]」。一見したところ、彼は、どの程度までローマ的経験を一般化したのかということを捉えていなかったようだ。「**世界史**は幸福の劇場ではない。幸福の時期はその中での空白のページである。それは調和の時期なのであるから[71]」。現実の解体とそれにともなう人間と世界の不統一――それはもっと調和的で意味のある別の世界への欲求の源泉となるのだが――、そこから思考が生ずる。

そしてこれは大変もっともらしく聞こえる。たしかに、最初の思考衝動が、耐えられなくなった世界から逃亡しようという衝動と一致することがなんと多かったことか。逃亡衝動が賞賛の驚異よりも新しいということはないだろう。しかし、衰退の数世紀にわたる長い時代の前に概念的な言語によるそうした表現があるかと捜しても無駄である。衰退の時代はルクレティウスとキケロがギリシア哲学を本質的にローマ的なものに変容させたとき――とりわけて、本質的に実践的なものにしたときに始まった。[72] 破局の予言をしただけのこれらの先行者――「年をとるとともにすりきれて、すべてのものはみな、しだいに衰退し終わりに近づく[73]」とルクレティウスは言う――こうした思考の流れが一種の首尾一貫した哲学体系へと発展するまでには一〇〇年かかった。それはギリシア系の奴隷であり、この上なく鋭い知性を持ち、おそらくは後期ストア派の一員であったエピクテトスとともに生じた。彼によれば、人生を耐えられるものにするために学ぶべきことは、本当に考えることではなくて、「想像力を正しく使うこと」であり、それが我々の力の範囲内でできるただ一つのことである。見かけだけはなじみのあるギリシア語の単語を彼は使っているものの、彼が「推論の能力」（dynamis logikē）と呼んでいるものは彼が拠り所とするギリシア的なロゴスやヌースとはほとんど無関係であり、「意志」がアリストテレスのプロアイレシス（proairesis）とほとんど無関係なのと同様である。思考能力そのものを彼は「不毛」（akarpa）[74]だと呼んでいる。彼にとって哲学の主題は各人の人生であり、哲学が教えることは「生きる技術[75]」である。大切なのは抽象的な「理論」ではなく、その使い方、応用の仕方（chrēsis tōn theōrēmatōn）であるという。考えたり理解したりすることは行動の準備にすぎず、「たんなる説明能力[76]」――ロゴス、合理的議論と思考の流れそのもの――「を賞賛すること」は、人間を「哲学者ではなく入門書の先生」にしてしまうかもしれないという。

いいかえれば、思考は、一つのテクネー（technē）、一種特有の（おそらくは最高とみなされる）職人芸となった。そしてそれが、もっとも切迫して必要とされるのもたしかである。最終的に目的としてもたらされるのは自分自身の生活を導くことなのだから。この場合に意味されていたのは、〝観想的生活〟（bios theōrētikos）あるいは〝政治的生活〟（politikos）という意味での生き方、何か特定の活動に捧げられる生き方なのではなくて、エピクテトスが「活動」（ac-tion）と呼んだものである。それは誰とも一緒に活動しないという活動、自分以外にはなにも変えないと考えられる行為、「智慧ある者」のアパテイア（apatheia, 無感動）とアタラクシア（ataraxia, 平静の状態）、つまり、どんなことが身にふりかかろうが反応しないことにおいてのみ明らかになる。「私は死なねばならない。しかし、それだからといって嘆きながらそうせねばならないというのであろうか。縛られるしかない、だからといって泣くしかないというのだろうか。……私に手錠をかけるといってきみは脅迫する。きみねえ、きみは何を言っているのか？　きみは私に手錠をかけることはできない。きみは私に足かせをかける。きみは首をはねるといって私を脅迫する。しかし私の首は切られることがないだなんて、いつ私は言ったかね[77]」。明らかに、これはたんに思考の練習にとどまらず、意志力の練習である。「出来事がきみの欲するように起ることを望まないのがいい。むしろ出来事が起るがままに起ることを意志しなさい。そうすればきみは落ちつきをえるだろう」というのがこの「知慧」の神髄である。なぜなら「出来事は、今あるような仕方以外にはありえない」のだから[78]。

このことは、意志という現象を扱う段になるとかなり興味深いものになるであろう。意志は思考能力とはまったく別の精神の能力であり、思考に比べた場合のきわだった特徴として、思考的反省の声で語ることもせず、議論を用いるのではなく命令のみを行なう。思考だけを、いやむしろ想像力だけを制御するときですらそうなのである。というのは、エピクテトスが求めたように、現実から根本的に退きこもるためには、目の前にないものをあるかのように考える思考能力を強調することによって反省的思考は想像力へと転じるからである。ただし、それは現実とは別のもっと良い世界をユートピア的に想像するのとは異なる。むしろ、思考の本来の性質である〈忘我状態〉〈absent-mindedness, 精神不在〉を徹底させて現実をまったく消去してしまう程度にまで強めることが目的なのである。通常の場合に思考が目の前にないものをあるかのように考える能力であるならば、「印象を正しく処理する」というエピクテトスの能力の本質は、御祓いをして目の前にあるものをなくしてしまうことである。この現象界に生きている間に実存的に関わりがあるのは、人に影響を与える「印象」である。影響を与えるものが存在するのかそれとも幻想にすぎないのかを決定しているのは、それを現実として認知するかどうかの決断なのである。

精神をもっぱら意識として扱う「学問」――それゆえ実在に関わる問いが未決定のままに放置されてまったく括弧に入れられてしまう「学問」――が哲学なのだと理解される場合にはいつでも、たしかに我々は古代のストア派の立場に出会うことになる。ただ一つ欠けているのは、思考をたんなる道具と考えて主人たる意志の指示の下で仕事をするものとする本来の動機である。我々の文脈において肝心なことは、このように現実を括弧に入れることが可能であり、その理由は意志の強さではなく思考本来の性質のゆえであるということである。エピクテトスが哲学者の列に入るとすれば、精神活動が自らのうちに撤退するのを可能にしているのは意識であるということを、彼が発見したからである。

自分の外にある対象を知覚している際に、自分の知覚に、つまり、見られた対象そのものではなく、見る行為そのものに集中しようとすると、元々の対象を失ったかのようになる。対象が衝撃力を失ったからである。考える主題を変えたといってもよい――木ではなく、知覚された木、エピクテトスの言葉で言えば「印象」を扱っているだけなのである。これには重大な利点がある。知覚された対象、私の外にあるものにとらわれなくてもすむのである。見られている木は私の中にあり、感覚対象であったことは一度もないかのように外側の世界にとっては不可視なのである。ここで大切なことは、「見られた木」が思考上のものではなく「印象」だということである。つまり、記憶を必要とするような現前していないものではない。記憶が必要なのは、非感覚化の過程の際であって、それは現象界の経験よりも前にあることはなく、思考のために精神の対象を準備するものである。見られた木は私の「内側」にあって、感覚的現前という点では何ら欠けているところはなく、木そのものから現実性だけが取り除かれた像であって、木についての後からの思考ではない。ストア派の発見した仕掛けは精神の使い方であって、現実から退きこもっていなくても、本人に現実が触れることのないように精神を用いることである。目の前の手近な所にあるすべての物から精神的に退きこもるのではなく、すべての現象を自分の内に引き入れて、印象やイメージとして表現された外界に対して

「意識」が完全にとってかわるようになるのである。

まさにこの瞬間に、意識は劇的な変化をとげる。すべての私の行為や思考に付き添って、私のアイデンティティー、端的に〈私は私である〉ということ、を保証するのは、もはや沈黙の自意識ではなくなっているのである(ここでもまた、精神活動において自らの内へ撤退するがために起きる場合によく見られるように、この私のアイデンティティーの核心に入りこんでくる奇妙な区別は問題ではない。この点は後で触れる)。感覚に与えられた対象にもはや捉われることはないのであるから(この対象の「本質的」構造が変化せずに、意識の対象として――フッサール流に言えば「志向的対象」として――依然として現前するとしても)、私自身は純粋の意識としてすっかり新しい存在になっているのである。この新しい存在は、世界の中でまったく他の物に依存せず自律的に存在しつつも、この世界を、「実存的な」性格をはぎとって、その「本質」だけを、私自身の中で私に接触し私を脅かしうる実在性をはぎとった形で、所有し続けることが可能なのである。私は強い意味で〈私にとっての私〉になったのであるから、元来は「疎遠な」実在としてあたえられた万物を自分の内に見いだす。精神というよりはこのように怪物的に巨大化した意識の方が、実在から逃れるための、不滅の、そして見かけ上は安全な避難所を与えてくれるのである。

実在をこのようにして括弧に入れることは――たんなる「印象」にすぎないものであるかのように扱うことによって、それを無化することは――「職業的思想家」にとってつねに大きな魅力をもっていた。なかでもヘーゲルはもっとも偉大な人物であって、彼はその路線をさらに押し進めて、思考する自我の経験にもとづく**世界精神**の哲学を打ち立てた。意識のモデルによってこの自我を再解釈し、本質的には精神現象にすぎないとでもいうように、全世界を意識の中へ取り込んだのであった。

全世界から方向転換をして自我の中へ入り込むことが哲学者にとって有効であるのは疑いのないことである。現実については、**存在**のみが思考の中に自らを現わし、そして思考と同一なのであるとパルメニデスが語ったのは問違いであった。意志が精神に命令すれば、非存在も思考可能である。その際、退きこもる力は無化する力へとねじ曲げられ、無は実在に対するまったくの代用物となる。無は救済をもたらすからである。もちろん、救済は実在するものではない。心理的なものであり、不安と恐怖をなだめるものにすぎない。ファラリスのかまどで火あぶりにされながらも自分の「印象」の世界に留まっているような人物がいたなどというのは、うさんくさいと今なお思う。*

エピクテトスは、セネカと同様に、ネロの統治下に、つまり、かなり絶望的な状況に生きたが、セネカと違って迫害されたことはほとんどなかった。しかし、その一〇〇年以上も前に、共和制の最後の世紀に、ギリシア哲学に造詣の深いキケロは世界から抜け出すための思考訓練を発見していた。けっしてエピクテトスの場合のように極端でもなければ念入りに考案されたわけでもなかったが、その種の思考が当時のような（そして、程度の差はあれ、いつの世においても）世の中で安らぎと助けを与えてくれるかもしれないということをキケロは発見した。このような思考方法を教えることのできる人間はローマの文壇で高く評価された。ルクレティウスはエピクロスを「神」と呼び（つまりエピクロスは死後二〇〇年以上経過してようやく彼にふさわしい弟子を得たことになるのだが）、その理由として、「今では知慧と言われている生き方を最初に生み出したのは彼であり、彼のやり方を通じて嵐や暗黒から人生を救ってくれたからである」と言った。(79) しかし、我々の目的にとっては、ルクレティウスはあまり良い例ではない。彼が力点を置いたのは、思考することではなく、知ることだったからである。理性によって獲得された知は無知を追いやり、そうして最大の悪――恐怖――を撲滅する。恐怖の起源は迷信だったのだから。もっと適切な例はキケロの有名な『スキピオの夢』であろう。

キケロの『国家論』のこの最終章が実際にどれほど異常であるのか、そしてローマ人の耳にもどれほど奇妙に聞こえたのかを理解するためには、それが書かれた背景の概略を手短に思いだしておかなければならない。哲学は紀元前一世紀にローマに一種の仮のやどりを見いだすのだが、ローマという徹底的に政治的な社会では哲学はまず第一に何かの役に立つということを示さなくてはならなかった。『トゥスクルム論叢』の中にキケロの最初の解答がある。それは、ローマをもっと美しくもっと文明的にするという問題であった。哲学は、教養人で、公共生活から引退して思い煩うような重大事がなくなった人がたずさわるにふさわしかった。哲学は必要不可欠なものであるわけではなかった。神的なものにも関わりを持たなかった。ローマ人にとっては、政治的共同体を創立して維持するという活動が、神の行なう活動にもっとも近いものであった。不死性とも関わりを持たなかった。不死性は神に属するだけでなく人間にも属することであったが、個人の有する属性ではなく、「個々の人間にとって死は不可避であるだけでなく、むしろ望ましい場合が多い」のである。それとは対照的に、不死性が人間の共同体の属性たりうるのは明らかであった。「共同社会(civitas)が破壊され消滅するとしたら、つきつめれば世界全体が滅亡し崩壊するのと大同小異である」[80]。共同体にとって死は不可避でもなく、望ましくもない。死が訪れるとしたらそれは罰であるにすぎない。「というのは共同体は永遠であるように作られてしかるべきであるのだから」[81]。これらの引用はすべて『国家論』からのものであり(その終章に「スキピオの夢」が来る)――だから、キケロは、執筆の時点で老齢であり失意の内にあったけれども、この時点では明らかに見解を変えていない。実際、『国家論』(De re publica)のどの箇所でも「スキピオの夢」の箇所を予想させるものはない。第5巻の次のような嘆きを例外として――、「言葉の面だけであり、それも我々の悪徳のせいであるに他ならないとはいえ、我々は公共性(res publica, これは書名の「国家」と同一の語であり、それがテーマになっている)を維持していくのである。事物そのものはとっくに失われるにしても」[82]。

そして、この後に夢の場面が来る[83]。カルタゴの征服者スキピオ・アフリカヌスは、町の破壊の直前に夢を思い出しつつ語る。夢の中で彼は死後の世界へ行き、そこで出会った祖父が、おまえはカルタゴを破壊するだろうと語り、もし暗殺されるのを避けたければ(実際には避けられなかったのだが)、カルタゴの破壊の後に、**執政官**という崇高なる役職を引き受けることによってローマにおける公共性の維持回復をしなければならない、と警告する。(スキピオなら国家を救うこともできただろうと，キケロは言いたいのである。）そして，この仕事を立派になしとげ，しかるべき勇気を奮い立たせるためには，次のことを真実のことと思いつづけなければならない（sic habeto）と言われる。パトリア（patria，国を愛する心）を保っている人は，必ずや天国に場所を与えられて永遠の生でもって祝福されるということである。「というのは，世界を統治する至高なる神がもっとも好ましく思うものは，共同社会という人間たちが集って係わりあう場なのであるからである。そして，それを統治し守護した者は現世を去った後で天国へ戻って来る。彼らの地上での仕事は世を守ることなのである」。もちろん，この文章はキリスト教的な死後の世界での復活のことを意味しているのではない。そして，神が望むことを引合いに出すのはローマの伝統に即するものであるけれども，不吉な響きがある。そのような報酬が約束されなくなったら公共的な物事に人間が係わろうとしなくなるとでも言わんばかりである。

というのは――ここが肝心なのだが――現世での報酬だけでは，お前の労働に報いるのに十分ではない，とスキピオの祖父は彼に教える。正しい視点に立って考えて見れば，現世での報酬は実体のない，空虚なものである。天の高いところで，スキピオは地球を見るようにと誘われる。地球はたいへん小さく，「ほんの点にしか見えないことに心が傷む」。そして彼は言われる――もし地球がここから小さく見えるのなら，人間のことを軽蔑できるようにいつも天界のことを仰ぎ見つづけよと。

考えても見よ。人々の口にのぼるものとしてお前が獲得できるのは，どのような名声であり，どのような栄光であるというのか。栄光と名声が広められるのはどれほど狭い範囲内のことであるのかがわからないのか。そして，今日，我々のことを語る人々がいつの頃まで話題にしてくれるというのか。そして，伝統を信頼して将来の世代の記憶を信頼するにしても，いつの日か，破局が当然のことながら訪れるであろう――洪水であれ，劫火であれ。だから永遠の名声はおろか、長続きするような名声を得ることもできないのだ。目を上げて見よ。そうすれば、こんなことがみな不毛であるのがわかるだろう。名声はけっして永遠ではなく、永遠のもたらす忘却が名声を消し去るのである。

私はここで中心点をかなり詳細に述べたのだが、以上の文章で明らかになっているように、ここで出された思想が含んでいることは、キケロが他の教養あるローマ人と同じく思っていることと明らかに対立している。しかも、なお同一の書物の前の方で表明している事柄とさえも真っ向から矛盾しているのである。我々の文脈において以上の例を引合いに出して私が示したかったのは、(そしてこれは傑出した例であり、おそらく知の歴史の中で最初に記録された例であろうが)ある種の一連の思考によって、実際にどのようにして相対化ということを手段として、世界の外側に出て考えようとしているのかということである。宇宙に比べれば地球はほんの点にすぎないのだから、地球上で起きることが何だというのだ。広大無辺の時間に比べれば数世紀はほんの一瞬にすぎず、結局は忘却がすべての物と人を包み込むのだから、人間のすることが何だというのだ。死に対してはすべてのものは平等であり、すべての特殊なものや区別は重みを失う。死後の世界が存在しなければ——そして死後の生はキケロにとって信仰の問題ではなく道徳に関わる仮説なのであるが——あなたがしたりされたりすることは何の問題にもならない。ここにおいて、思考は、一連の推論を行なうことであり、それによって我々の視点は自分の生を超える視点だけでなく現象界を超える視点にまで高められることになる。哲学は、政治の不備を補うために、ひいては生そのものが持つ不備を補うために要請されているのである。

このことは、哲学的にはエピクテトスにおいて頂点に達する伝統の始まりにすぎず、強烈さの点での極めつけは約五〇〇年後、ローマ帝国の終末期に訪れる。中世を通じて人口に膾炙しつづけながら、今ではほとんど誰も顧みようとしないボエティウスの『哲学の慰め』は、キケロのまったく予期しなかったような極限状態で書かれた。ローマ貴族出身のボエティウスは、運命の高みから突き落とされ、牢獄の中で刑の執行を待っている。この状況からして――ちょっと奇妙な類比ではあるが――プラトンの『パイドン』に類似している。ソクラテスの場合は、自己弁明を許された法廷の後で、友人に取り囲まれながら安らかで苦痛のない死を待っている。しかし、ボエティウスの場合は事情聴取すらなく、被告たる自分が出廷することもなく、まして弁明の機会も与えられない偽りの審理で死刑を宣告された後、まったくの孤独であり、じわじわと苦痛を伴う刑を待っている。ボエティウスはキリスト教徒であるのに、彼を慰めるのは神でもキリストでもなく**哲学**なのである。高い役職についていたときでも、彼は「秘密の自由時間」を使ってプラトンやアリストテレスを研究したり翻訳したりしていたけれども、いまや彼の慰めとなるのはキケロに典型的な、そしてストア派的でもある思考の流れなのである。ただ違っているのは、スキピオの夢の場合には相対化に過ぎなかったものが、ここでは徹底した無化に変わっているという点である。監禁状態において思いを馳せなければならない「永遠の時の広大無辺さ」は、仮の生を受けたものにとって存在していると思われたような実在を無化してしまう。絶えることなく転変する**運命**の本性はすべての快楽を無化する。**運命**が与えるもの（富や名誉や名声）を享受したとしても、それを失うのではないかという恐怖がつねにあるからである。恐怖はすべての幸福を無化する。存在するはずだと思いこんでいたものが、それについて考え始めた瞬間に存在を停止してしまう――それこそ**哲学**という、慰めの女神が、彼に語ることなのである。そしてここにキケロがほとんど指摘しなかった悪の問題が登場する。ボエティウスにおける悪に関する一連の思考はまだかなり素朴なものであるが、中世を通じてさらに洗練され複雑な形態をとるに至る要素をすべて備えている。それは次のようなものだ。神は存在するものすべての目的因である。「最高善」としての神が悪の原因であるはずはない。存在するものはすべて原因を持たなければならない。悪には究極的原因がないことになるから、悪は存在しない。邪悪なるものは無力であるだけでなく、そもそも存在しないのだ、と**哲学**は彼に語る。何気なく悪いものだとあなたが考えているものも宇宙の秩序の中にあり、そうである限り、必ずや善なのである。その悪い面は感覚の生んだ錯覚であり、思考することによって除去できる。ストア派は古くからこう忠告している。あなたが思考によって否定したもの――そして思考はあなたの権能のうちにある――が、あなたに影響をあたえることはないのである。思考によってそれは現実でないとされる。もちろん、ここで我々はただちに、今日ならさしずめ意志の力と言われるものをエピクテトスが賛美したことを思い出す。そして、この種の思考に意志の要素があることは否定できない。以上のような形で思考するということは、結局、自分に働きかけることである。そして、それは世界の中での行為がすべて不毛になったときに残された唯一の行為なのである。

以上のような古代後期の思考に関してたいへん衝撃的であるのは、それがもっぱら自己を中心に思考されているということである。この点について、もう少しまともな時代に生まれあわせていたジョン・アダムズは次のように答えている。「臨終の床は、称号の虚しさを教えてくれると言われている。そうかもしれない。[しかしながら]……死ぬときにはつまらぬものと分かるからといって現世的な法律や政府を無視しうるだろうか。[84]」

一つはギリシアから、もう一つはローマから、これまでに取り上げた二つの出典に、我々の知っているような思考の源泉があることを論じてきた。そして、両者はまったくの対極にある。一方では、人間は生まれて人生という劇を上演するが、同時に、それを賞味する能力を心身ともに人間は持ち合わせており、その劇の見せ物を驚嘆しつつ賞賛する。もう一方では、世界の中へ投げ込まれているという極度のおぞましさがあり、その世界に対しては、敵意に満ち、恐怖にとらわれ、なんとしても逃れたいと思いたくなるのである。後者の経験がギリシア人にとって無縁ではなかったということを示す証拠は数々ある。ソフォクレスの言葉、「この世に生まれて来ないことが、すべてのロゴスを超えて一番よいこと。生まれたからには、来たところ、そこへ速やかに戻るのが次善の策だ[85]」は、何か諺のようなものに詩人が手を加えたもののようである。驚くべきことなのだが、私の知るかぎり、ギリシア思想に由来するものの中でこの種の気分が言及されているのはここだけなのである。そして、おそらくもっと驚くべきことであろうが、こういう気分によって偉大な哲学が生み出された例が皆無なのである――もしショウペンハウアーを大思想家に勘定しなければという但し書きはつくけれど――。しかしながら、ギリシア人とローマ人の心情がかけ離れているにもかかわらず、そしてまた（誰もが同じ内容のことを漠然と語っていたのだといわんばかりに）そのような鋭い対立をならしてしまうのが哲学史の教科書の最大の欠陥であるにもかかわらず、ギリシアとローマの心情に共通点があったこともまた真実なのである。

どちらの場合にも、思考は現象界を去る。退きこもりを伴うからこそ、思考が逃避の手段として用いられるのである。それだけではない。思考することによって身体や自己に無意識となってそのかわりに純粋な活動の経験がそれにとってかわる。それはアリストテレスによれば他のいかなる欲求の充足よりも喜ばしいものである。それは、他の欲求は何かあるもの、あるいは誰かある人を必要とするからだという。(86) 思考は他に何もなくてもできる唯一の活動である。「もの惜しみしない人は、もの惜しみしない行為を行なうために金銭を必要とするし……節制ある人は自分の好きな行為をなしうる豊かさを必要とする」(87)。他のあらゆる活動は、次元の高低にかかわらず、克服すべき対象を自己の外に持っている。それは、笛を吹くというような自己目的的芸術活動の場合でもそうである。まして、何かを生み出す活動の場合はなおさらであり、その場合にはその活動自体が目的なのではなく、結果が目的なのであって、仕事がうまくいって幸福な満足感にひたれるのは、仕事が終わったときのことなのである。哲学者の欲のなさはおなじみのことであって、アリストテレスは次のように言っている。「観想の活動に従事する人には、欲求がない……ものが多いのは、思考するための妨げとなる。その人が人間であるかぎりは、……人間としての生を送るためのもの [anthrōpeuesthai] は必要である」。つまり、身体を持ったり、他の人と一緒に生活したりということである。同じような連関で、デモクリトスは思考のために節制することを勧めている。「ロゴスがその喜びを自分自身から引き出す

(auton ex heautou)やり方を教えてくれる[88]」。

思考経験の場合、その活動が快であることに加えて身体を意識しなくなるからこそ、一連の思考が古代後期の人々を宥め、慰めただけではなく、精神の力は身体を凌駕するという奇妙に極端な理論——常識から考えて明らかに論駁されそうな理論——を生んだのである。ギボンはボエティウスについて説明して次のように述べている。「こういう慰めの定式は、いかに明快なものであろうと、あるいは、曖昧なもの、難解なものであろうと、それで人間本性の感情を抑え込んでしまうほどの力はない」。したがって、キリスト教が哲学のこのような「定式」を文字どおりの事実で確実な約束だとして差し出したのだが、そのキリスト教が最終的に勝利したことは、ギボンがいかに正しかったかを証明するものである[89]。彼はこうつけ加えている。「とはいえ、不運の感覚は思考の働きによって気晴らしされてしまうかも知れない」と。そして、彼は少なくとも、何が実際に当てはまるかを示唆しているのである。すなわち、身体への恐れは「思考の働き」が続くあいだ消えるのだが、それは思考の内容によって恐怖が克服されるからではなく、思考活動があると身体を所有していることを忘れ、ちょっとした不快な感覚なら克服してしまうことさえできてしまうからだというのである。この経験が強烈であるために、古来から心身の対立にさいして身体が強く嫌悪されてきたことをキリスト教の教義で実際上そのまま受け入れることができたという、普通からすれば奇妙な歴史上の事実が解明できるかも知れない。キリスト教の教義は、結局のところ、受肉の教説(**神の言葉**は**肉**とならん)および身体の復活への信仰を基礎にしているのである、すなわち、心身の対立およびその解決不可能な難問を終わりにしてしまうはずの教理を基礎にしているのである。

ソクラテスに戻る前に、名詞の「哲学」ではなくて動詞の「哲学する」が最初に登場する興味深い文脈について触れておきたい。ヘロドトスによると、ソロンはアテナイの立法を制定した後で、一〇年間の旅に出た。それには政治的な理由もあるが、観光、テオーレイン（theōrein）という理由もあった。クロイソス王が権力の絶頂にあったときのサルディスにソロンが到着すると、クロイソスは彼にすべての財宝を見せた後で、次のように話しかける。「お客様、あなた自身とあなたの知慧とあなたの遍歴については素晴らしい評判が鳴り響いております。多くの土地を巡られて、ご覧になった光景について哲学なさっている、とね。そこでお伺いしようという気になったのですが、御覧になった人物で一番幸福だとお思いなさるのはどなたでありましょうか？[90]」。（この話の続きは有名である。クロイソスは自分が一番幸福であると言ってほしかったのに、死が訪れるまではどんなに幸運な人間でも幸福であるとは言い切れないと言われるのである。）クロイソスがソロンにこのように問いかけたのは、ソロンが大旅行家だからではなく、目にしたものを省察することとしての哲学することにかけて有名だったからである。そして、ソロンの答えは経験に基づいていたけれども、明らかに経験を超えていた。誰が一番幸福か？という問いに対して、その問いのかわりに、彼は生命にかぎりあるものにとって幸福とは何かという問いを立てたのである。そして、この問いに対する彼の答えは、フィロソフメノン（philosophoumenon，哲学すること）、人間界のことについて考察すること（anthrōpeiōn pragmatōn）だというのだったのであり、一日として同じ日がなく、「人間はまったくの偶然にすぎない」という状況を生み出している人間の生について考察することだったのである。そういう状況の下では、「最後まで待っている」のが賢明である。[91]というのは、人間の一生は物語であり、物語の終わりになってすべてが完成されたときにようやく、それが何であったのかわかるからである。人間の一生には初めと終わりがあって、それを一つの全体として判断できるようになるのは、死によってそれに終わりが告げられたときである。死は人生を終わらせるだけではない。あらゆる人間界のことがさらされている偶然の流れから断ち切って生に静かな終止符を打つのである。これが核となって、ギリシア・ローマの古代を通じて言い古されたトポスとなった——〝死を前にするまでは誰も幸福だとは言われない[92]〟（nemo ante mortem beatus dici potest）。

ソロン自身は、この種の単純な命題が本質的に難しいということをよく承知していた。ヘロドトスによって伝えられた話と緊密に連関している断片の中で、ソロンは次のように語ったと伝えられている。「隠れた(**aphanes**)判断の尺度を感じとるのはもっとも難しい。しかしながら【目に見えないとはいえ】それがすべてのものの限界を形づくっているのである」[93]。このソロンの言葉にはソクラテスを前触れするような響きがある。というのは、ソクラテスもまた、哲学を天上から地上へと引きずり降ろすことによって人間界のことを我々が判断する際の目に見えない尺度を吟味しはじめたからである。誰が一番幸福かと問われて、ソロンは「幸福とは何なのか、どうやって判断するのか」と問い返した。同じようにして、ソクラテスは問いを立てた――勇気とは、敬虔とは、友情とは、ソーフロシュネー(**sōphrosynē**, 節制)とは、知識とは、正義とは何なのか、と。

　しかし、ソロンの場合には、彼は一種の解答を与えており、その含蓄をきちんと理解するならば、現代的な意味で言えば〝世界観〟(**Weltanschauung**)の意味での哲学全体をさえ含んでいる。未来が不確定だから人間の生はみじめになる。「あらゆる営み、あらゆる行為に危険は内属している。始まったものごとが結局どうなるかは誰にもわからず、見事にやっている人が将来待ち受けている不運を予見できないこともあれば、悪事をなす人に対して神があらゆる便宜をはかることもある」[94]。それゆえ、「生きている間は、誰も幸福だとは言えない」という言葉の本当の意味は、「誰も幸福ではない。**太陽**が照らしているすべての生命に限りあるものどもは、悲惨な状況にある」[95]ということなのである。これは、たんなる思索を超えている。すでに、一種の教理になっており、その意味では非ソクラテス的である。ソクラテスがそのような問いに直面した場合、ほとんどすべての対話篇において「まったくもって、私にはそれが何なのか、皆目、見当がつかないでいるのだよ」[96]というのが結論なのである。そしてソクラテスの思考が示すこのようなアポリア〔難問〕的性格が持っている意味は次のようなものである。正義ある行動や勇気ある行動を肉体に備わった目で見たときに生ずる賞賛の驚異は、勇気とは何だ、正義とは何だ、という問いを生む。目で見たことによって勇気や正義の存在は私の感覚に示されている。しかし、それら自体は感覚的知覚の中にはなく、それゆえ自明な実在として与えられているわけではない。この種の言葉――後代の言い方では「概念」――を使う際に我々は何を意味しているのか、という根本的なソクラテス的問いは、そのような経験に由来しているのである。しかし、元々の驚異は、答えが与えられていないのだから、そのような問いの中で解決されておらず、むしろ強調されているのである。最初は驚異であったものが困惑に変わり、そしてまた驚異に戻っていく。勇気や正義がどんなものであるかを知らず、説明することもできないのに、人間が勇気ある行動や正義ある行動をすることができるというのは何とも不思議なことである。

17　ソクラテスの答え

我々が思考するのは何によってであるか？という問いに対して、本書であげた歴史上代表的な答えは（ソロンの場合を除いて）職業的哲学者によって与えられたものだった。だからこそなおさら、その答えは疑いをまぬがれない。専門家によって問われた場合に、その問いは本人が思考している間に生れた自分自身の経験に発したものではない。それは外側から問われているのである。その際、ここでいう外側が思想家としての専門的興味のこともあろうし、日常生活の埒外にあるものを問おうとする常識的感覚のこともあろう。このようにして与えられる答えは一般的で曖昧すぎるので日常生活にとってあまり意味がないのが通例である。しかし、日常生活では思考はつねに生ずるものであり、通常の生活過程をつねに中断する。それは日常生活が思考を中断するのとまったく同様である。これらの解答の中から教説的内容の部分――もちろん、そこにさまざまの違いがある――を取り去ってしまえば、残るのはただ欲求の告白である。つまり、プラトン的驚異の持つ含みを具体化しようとする欲求、知の限界を超えようとする理性的能力の欲求（カントの場合）、現実に存在するものや世界の進行と和解しようとする欲求――ヘーゲルでは、自分の外の出来事を自分の思想へと変容させることができる「哲学への欲求」として現れている――、そしてまた既述のように、存在するものや生ずることの意味を相変らず一般的ではっきりしないままで探求しようとする欲求である。

思考する自我が自己を説明する手だてがないからこそ、職業的思想家である哲学者はこのように扱いづらい人種になってしまったのである。というのは、やっかいなことに、（どんな思想家にも自我というものはあるが、それとは別の意味での）思考する自我というのは、すでに述べたように現象界に姿を現わそうとはしないのである。それは、純粋の活動にすぎないから、というのも理由の一つであろうし、（ヘーゲルがかつて言ったように）「抽象的自我としては諸々の性質や属性などの個別性から自由であって、すべての個にとって同一である一般的なものにのみ係わる」[97]ということも理由となるであろう。いずれにしても、現象界からみれば、市井から見れば、思考する自我は隠れて生きている（lathē biōsas）のである。だから、我々が思考するのは何によってかという問いは、思考する自我を隠れ家から引きずり出して、いわば姿を現わすように仕向けるための方法と手段を探求することに他ならない。

この問いを把握するために私が考えつくことのできる最良の方法は、いや実際には唯一の方法は、専門家ではなかったが思考への情熱と行動への情熱――見かけ上矛盾する二つの情熱――を自分の中で統一している思想家を、実例としてモデルにすることである。ただしここで統一と言っているのは、行動に思想を適用しようとしているとか、行動にふさわしい理論的基準を確立したがるとかの安っぽい意味ではない。我々自身が現象界での経験と、それについて思考しようとする欲求の間を行ったり来たりするのと同じように、どちらの面にも同じように精通しており、ちょっと見た目には、一方から他方へといともやすやすと移動できるというような、ずっと重要な意味でのことである。こういう役割に最もふさわしいと考えられるのは、自分自身が多数派にも少数派にも属さないと考えている人間であり(これは少なくともピタゴラスにまで遡る区別である)、他人を支配しようとする気のない人間であり、自分には知慧があるので権力者からの諮問に答えるにふさわしいなどという考えを持つこともない人間である。かといって、ふがいなく権力者に屈服するような人間でもだめである。要するに、つねに自分の身を並みの人間の世界に置き、市井の世界を避けて通ることなく、市民社会に市民として存在し、市民なら誰でもすべきであり、する権利があると自分で考えることだけを実行し要求したような人間である。そういう人間はなかなか見つからないはずである。なぜなら、もし本当の思考活動を示してくれる能力があるなら、まとまった説を残すことはないだろうから。たとえかりに思考をすませた後で色あせてもわかるような残骸が残っていたとしても、自分の思想について何かを書き残そうという気はないであろうから。読者はおそらく私がソクラテスのことを考えているのがおわかりであろう。もしソクラテスがプラトンに非常に強い印象を残していなかったら、我々はソクラテスを知ることはないであろうし、少なくとも我々に印象づけることはないであろう。そしてもし、他人の意見を吟味し、それについて考察し、対話の相手にもそうするように願うという権利を求めるためにこそ自らをさらすのではなく、何か特定の信念や教えを伝えようとしているのであったとしたら(といってもソクラテスは何らそのようなものを持っていなかったが)、おそらくプラトン経由ですら我々は何も知りえないであろう。

どうか私が気まぐれにソクラテスを選んだのだとは思わないでいただきたい。とはいえ、注意点を記しておかなければならない。歴史上のソクラテスに関しては論争が山ほどあって学問的論争としては魅力的な話題なのだけれど、その点に関してここでは割愛し(98)、その論戦の骨格に相当すると思われる点について少しだけ触れておくことにする。言いかえると、私の考えでは、正真正銘のソクラテスとプラトンによって教えられた哲学との間には明確な違いがあるということを言っておきたいのである。ここで躓きの石となるのは、プラトンがソクラテスを哲学者そのものとして扱っていることであり、それも初期の明らかに「ソクラテス的」な対話篇においてだけでなく、まったく非ソクラテス的な理論や説のスポークスマンにしてしまっている後期の対話篇においてもそうなのである。多くの場合にプラトンは違いを際だたせている。たとえば、『饗宴』の中の有名なディオティマの演説の中で、ソクラテスは「大いなる神秘」について何も知らず、理解することもできないかもしれないとはっきり言っている。しかしながら、場面によっては境界線がぼやけてしまっており、それははっきりと見極めのつく読者層をプラトンがあてにしているというのが理由になっている。たとえば、『テアイテトス』の中で「偉大な哲学者は……若い頃から市場への道も知ることはない」[99]というように、もし反ソクラテス的文章というものがあるとすればまさしくこれだというような文をソクラテスに語らせている。だからといって、この対話篇が真のソクラテスについて正真正銘の情報を伝えていないということにはならないので、ますます都合が悪い[100]。

　私の選択が歴史的に正当であるということについては異論をはさむ余地がないと言ってよかろう。多少異論の余地があるとすれば、それは歴史的人物をモデルに変えてしまうことの正当性であろう。というのも、当該人物が我々のふりあてる役割を演ずるためには、いくらかの変更は当然必要なのである。エティエンヌ・ジルソンは、ダンテに関する優れた書物の中で、『神曲』の中の「人物はダンテがふりあてた役割として機能すると同時に歴史的実在も……保っている」と述べている[101]。詩人にこの種の自由を与えてそれを詩人の特権と呼ぶのは簡単である。しかし、詩人でない者がそういうことに手を染めようとするのはよろしくない。しかし、ことの当否はともあれ、我々が「理念型」を構成しているときにはまさしくそういうことをしているのである。（ここで言っているのは、過去や現在の群衆の中から役割を与えるにふさわしい人物から「理念型」を構成することであり、三流詩人にはおなじみの――学者でもそういう人はいるが――寓意や擬人化された抽象概念からでっちあげたものではない。）そしてダンテがアクィナスにふりあてた役割を論ずるにあたって、ジルソンはこういう方法の正当性について、少なくとも暗示めいたことだけは言っている。つまり、ダンテがアクィナスにやらせたこと――ブラバンのシゲルス*を賞賛すること**――を実在のアクィナスはやらなかったであろうが、そのような賞賛を実在のアクィナスがしなかった理由はただ一つ、人間的な弱さ、性格的欠点であり、ジルソンの表現で言えば、「天国の門の中へ入るときにそこに置き去らなければならなかった性格[102]」なのであるとジルソンは指摘する。クセノフォンの描くソクラテスは、歴史的に信用のおけることは疑いのないところだろうが、天国の門へ入るには置き去らなければならないものを持ち合わせている。

プラトンのソクラテス的対話篇においてまず最初に面食らうのは、それらがすべて難問につきあたる性格のものだということである。議論の行き場がなくなってしまうか、あるいは堂々めぐりになってしまう。正義が何であるかを知るためには、知るということが何であるかを知らなければならず、そうするためには吟味以前にあらかじめ知についての考えを持っていなければならない[103]。だから「知っていることも知らないことも発見しようとすることはできない。知っているのなら探求の必要はないし、知らないのなら……何を捜せばよいのかがわからないのだから[104]」。あるいは、『エウテュプロン』においては次のようになる。敬虔であるためには敬虔とは何であるかを知らなければならない。しかし神々に愛されるから敬虔なのであろうか、それとも敬虔であるから神々に愛されるのであろうか。

いかなるロゴス、議論も、立てられたままでじっとあるのではなく、動いていく。そして、自分も答えを知らないソクラテスがそれを展開していくので、ひとたび議論が出発点に戻ってしまうと、正義や敬虔や知識や幸福とは何であるかという探求をもう一度最初からやってみようと元気よく提案するのは、たいていソクラテスなのである[105]。こういう初期の対話篇で話題としてとりあげられているのは、たいへん単純な日常的概念であり、口を開けてしゃべり始めればすぐに口をついて出て来るようなものである。導入部はたいてい次のようになっている。幸福な人、正義ある行為、勇気のある人、美しい物というのがたしかに存在しており、見たり賞賛したりして、誰もが知っている。困難が始まるのは名詞の場合であって、それはそういうふうに見える〔現象する〕個々の実例に我々が適用する形容詞から派生する名詞である（我々は幸福な人を見る。正義ある行為や勇気のある人を知覚する）。要するに、困難が始まるのは幸福、勇気、正義といったような、現在では概念と言われる言葉であり、それはソロンの「現象に現れない尺度」（aphanes metron）であって、「精神がそれを把握するのはもっとも困難であり、それにもかかわらずすべてのものの限界を形作っている」[106]。そしてそれはまた、精神の目によってだけ知覚可能なイデアとプラトンが後年になって名づけたものでもある。これらの言葉は日常生活の中で頻繁に使われているのに我々は説明を与えることができない。定義しようとすると滑り落ちてしまう。その意味について語ろうとすると、それらの言葉はじっとしていないで、すべてが動き始めてしまう。そこでアリストテレスによって語られたこと、つまりソクラテスは「概念」を発見した人であるという言葉をくりかえすのはやめて、それを発見したとき、ソクラテスが何をしていたのかを問題にしてみようではないか。というのは、アテナイの人々や彼自身がその意味を問うようにとソクラテスが仕向けるよりも前に、これらの言葉はギリシア語の中にあったのであるから。しかも、こういう言葉がなければ、そもそも話が成り立たないと固く信じていたのである。

その種の確信は今日ではあまり確かなこととは言えない。いわゆる未開の言語の研究によってわかったことなのだが、多くのものに共通の名前を付けてそれをひとまとめにするということは、けっして当たり前のことなのではない。しばしば語彙がふんだんにあるために、はっきりと目に見えるものについてさえ抽象概念が存在しないこともある。わかりやすくするために、我々にはちっとも抽象的だとは感じられなくなっている名詞の例をとりあげてみよう。我々は「家」という言葉を非常に多くの対象に対して用いている。たとえば、部族民の泥でできた小屋にも、王侯貴族の宮殿にも、都市住民の郊外の家にも、村の小さな家にも、町のアパートにも。しかし、遊牧民の折りたたみ式のテントを家とは言わないだろう。家そのもの（auto kath' auto）――つまり我々が個々のさまざまな建物にこの言葉を用いるように仕向けているもの――は、けっして肉体としての目を通しても精神の目を使っても見えはしない。想像上の家は、どれほど抽象的であっても、そうだとわかる最小限のものを持っているのだから、すでに特定の家である。個々の建物を家と認定するためには、この目に見えない家についても我々は思念を持たなければならないのであるが、この家は哲学史においては説明の仕方も名前も異なっている。この点についてはここでは触れないが、ともかく「幸福」とか「正義」のような言葉の場合よりも定義しやすかろう。ここで肝心なことは、我々が目で見るよりもはるかに触れにくいものを伴っているということである。「誰かに寝場所を提供する」とか「住みつくこと」を含んでいるのであって、今日は組み立てられて明日は片付けられてしまうテントの場合とは違うのである。「家」という言葉は、「見えない尺度」であり、住みつくことに関連して「すべてのものの限界を形成している」のである。家を建てることや住みつくことや家庭を持つことについてあらかじめ考えたことがなければ存在しない単語なのである。「家」はこういうことすべてを省略して書いたものであって、それなくしては考えることも、そして考えるということがこれほど素早くできるということも不可能なのである。「家」という言葉は冷凍された思考のようなものであって、元の意味を知りたいときにはいつでも思考がそれを解凍しなければならない。中世哲学においては、この種の思考は「瞑想」(meditation)と呼ばれ、観想(contemplation)とは違った意味、いや対極的な意味に受け取られなくてはならない。ともかくも、こういう思考によって定義がもたらされるわけではなく、その意味ではまったく実のないものであったが、「家」の意味を考えた人間は多少見栄えがよくなるというようなものだった。

いずれにせよ、ソクラテスに関しては、徳が教えられるものであるということを信じていたと言われるのが通例であり、敬虔や正義や勇気などについて語ったり考えたりすることによって人間がもっと敬虔になったり正義や勇気をそなえるようになる可能性があるということを彼が考えていたと思われるのは確かである。ただし、ここでの定義や「価値」がその人の将来の行動を指示すべく与えられているわけではない。このような問題に関してソクラテス自身が実際に信じていたことを示すには、彼自身が自分について使った比喩を取り上げるのが一番よいだろう。彼は自分のことをあぶとか助産婦と言った。プラトンの表現によるとソクラテスのことを「しびれエイ」と呼んだ人もいる。触ると人を麻痺させるからであり、ソクラテスも次のような意味でなら比喩も成り立つことを認めていた。「しびれエイは自分もしびれることによって人をしびれさせるのである。……私が答えを知っていながら他人をしびれさせているのではない。真相としては、むしろ私自身も感じている困惑を人に感染させているのである」[107]。もちろん、この言葉は、考えることを教えうる唯一の方法を適切に要約したものである――教えることを何も持っていないという単純な理由から、ソクラテスはなにも教えなかったということが、彼自身の言葉のとおり真実であるにしても。彼自身は石女《うまずめ》であり、子どもを産む年齢を越えているギリシアの助産婦と同様である。（彼は教えることを持たず、提供すべき真理を持ち合わせていないのだから、自分の見解[gnōmē]を明らかにしていないということで告発されたのであった――告発に対し、彼を弁護したクセノフォンが伝えているように――[108]。）職業的哲学者の場合と違って、彼は自分の困惑が周囲の人と一緒に共有されるものであるかどうかを吟味してみたいという衝動を持っていたようであり、この点で、謎解きをしてそれを他人にひけらかしてみたいという性癖とは大いに異なっているのである。

三つの比喩について、簡単に見ておくことにしよう。第一に、ソクラテスがあぶであるということについて。普通の人々は、もし誰かが起こしに来なかったら「一生の間、妨げられずに安眠にふけって」いるようなものだが、ソクラテスはそういう人々を刺すすべを心得ていた。何を目指して人を起こすのか？　考えて吟味するためであり、もしそういう活動をしなければ人生は生きるに値いしないだけでなく、そもそも十分な意味で生きているとは言えないものになってしまうというのが彼の考えである。（このテーマについて、他の事例の場合と同様に、『弁明』の中でソクラテスが語っていることは、『パイドン』における「改訂版の弁明」においてプラトンがソクラテスに語らせていることとはほぼ正反対である。『弁明』の中でソクラテスがアテナイ人に語っているのは、なぜ自分が生きなければならないのかということと、生きることが彼にとって「たいへんいとしい」ものであるにしても、なぜ死を恐れてはいないかということである。『パイドン』においては、いかに生きることが重荷であるかということ、なぜ嬉々として死ぬのかということを友人たちに語っている。)

第二に、ソクラテスが助産婦であるということについて。『テアイテトス』において、自分自身は何も生み出さないからこそ他人の思考が生まれるのを助けるすべを知っているのだとソクラテスは言う。それだけではない。自分は何も産まないおかげで、助産婦の専門的知識を持ちえているのであり、子どもが本当の子どもであるのか、それとも妊婦から取り除かれなければならない不完全卵であるのかを判断できるのだという。しかし、対話篇の中でソクラテスの対話の相手が提出する考えが、不完全卵でなくて、ソクラテスが生かし続けたいと思うようなものであることはほとんどない。むしろ、プラトンが『ソピステス』の中で、間違いなくソクラテスのことを想定してソフィストについて語っていたことをソクラテス自身は実行していたのである。つまり、ソクラテスは人々の「俗見」を除去して浄化していた。つまり、吟味されないままであって思考することを妨げるような予断を除去していたのである。プラトンが言うように、人々から悪を取り除く手助けをしたのであるけれども、彼らを良くすること、真理を与えることはしなかったのである。(109)

第三に、ソクラテスは我々が無知であることを知りつつ、そのままに放置しておくという気になれなかったので、自分自身の困惑にこだわり続け、そしてしびれエイと同様に自分もしびれさせながら、自分に接触した人々をしびれさせるのである。一見したところ、しびれエイはあぶの正反対のように見える。あぶは人を目覚めさせるのにしびれエイは人をしびれさせるからである。しかし、外側から――通常の問題意識から――見れば間違いなくしびれているように見えることが、活動し生きていることの最高の状態として感じられるのである。思考経験に関する文献上の証拠は乏しいけれども、このことを支持する思想家の発言は何世紀にもわたって数々あるのである。

以上のことから考えて、ソクラテス・あぶ・助産婦・しびれエイは哲学者ではなく（何も教えず、教えるものを持たない）、ソフィストでもない（人を賢くするとは言っていない）。他人に対してあなたは賢くないのだよ、誰も賢くないのだよと指摘しただけなのであって、あまりにもそういう「探求」が忙しいばかりに公的生活にも私的生活にもかかずりあう時間がなかったのである。[110] そして、若者を堕落させているという批判に対して熱心に自己弁護しながらも、若者の向上に努めているなどとは口が裂けても言わないのである。それにもかかわらず、ソクラテス自身が身をもって示したように、思考と吟味がアテナイの町に登場したことを、この町にふりかかった最高の善であると公言してはばからない。[111] こうして、思考が何の役に立つのかを彼は問題にしつつ、ここでも他の場合とまったく同様に、彼自身は明確な解答を与えていないのである。思考が何の役に立つのかという問題を正面から扱った対話篇があったとしても、他のすべての対話篇と同じ終わり方をしたと考えてもほぼ間違いなかろうと思われる。

西洋思想の中でソクラテス的伝統が脈々と続いていたとしても、つまりホワイトヘッドが言うように、哲学史がプラトンへの脚注の集積なのではなくて、ソクラテスへの脚注の集積であったとしても（もちろん、ソクラテスは著作を残していないのだからそんなことは不可能なのだが）、我々は問題への解答を見つけることができないのであるが、しかし、すくなくとも解答に至るヴァリエーションを見つけることはできよう。ソクラテス自身は自分の企てが不可視のものを扱っているということを十分わかっていたので、思考活動を説明するのに比喩を——風の比喩を——使っている。「風そのものは不可視であるけれども、風がしていることは我々には明白であって、風が近づいているということをなんとなく感じとっている」。[112] 同じ比喩をソフォクレスも使っており、（『アンティゴネー』の中で）[113] 彼は「風のように速い思考」を不可思議な、「怖れをもたらす（deina）」ものの一つと考えており、それは人を祝福することもあれば呪うこともあるという。現代においては、ハイデガーが「思考の嵐」についてときおり語っており、まさしくソクラテスのことを話題にしている場合に限ってこの比喩を使っているのは明らかである。「生涯を通じて、死の瞬間に至るまで、ソクラテスが行なっていたのはただ一つ、この風の中に、【思考の】流れの中にわが身を置くことであり、身を置きつづけることであった。だからこそ、西洋の中でもっとも純粋なのである。なぜなら、考えることから逃れ出してものを書き始めるならば、誰でも必ず、強すぎる風から身を守ってくれる場所を求めて走り出す人のようになってしまうのであるから。ソクラテス以後のすべての思想家は、偉大であったかもしれないが、この種の避難者なのである。思考が文字にされてしまった」。後につけた注釈の中で彼は言う、もっとも「純粋な」思想家がもっとも偉大な思想家と同一であるとはかぎらない、と。[114]

クセノフォンは、卑俗な非難に対して、自分でも卑俗な議論を持ち出して師匠を弁護することにいつも熱心だったのだが、彼がこの比喩を話題にする文脈において、比喩は大して意味があるわけではない。しかし、その彼でさえ、ソクラテスが吟味した徳や「価値」のような概念において思考の持つ不可視の風が明らかになっているということを指摘しているのである。厄介なことに、この風が起きるときには必ず、それ以前に明らかにしていたことを吹き飛ばしてしまうという変な性質がある。だからこそ、同じ人間が、あるときにはあぶとして、あるときにはしびれエイとして、周囲から考えられ、自分でもそう考えられるというようなことになりうる。こういう不可視の性質が持つ力があるからこそ、言語という思考の媒体によって思想へと冷凍したものをほどいたり解凍したりできるのである。そして、この思想として冷凍化されたものが言葉なのだが、そういう言葉(概念・文・定義・学説)が持つ「弱さ」と融通のなさについては、プラトンが第七書簡の中で見事な告発を行なったのである。その結論はすべての思考活動はかならず破壊的で根本をひっくり返す影響力を持っているということであり、その対象は善悪に関してすでに確立されている基準・価値・尺度、つまり道徳や倫理で扱われる行動習慣や行動規則なのである。ソクラテスは次のように語っているように見える。これらの冷凍された思考は手近な所にあるので眠っているときでも使えるくらいである。しかし、私がきみの中に巻き起こした思考の風がきみを眠りから揺り起こし、十分な目覚めと生をもたらすと、もはや、きみがつかんでいるのは困惑ばかりだということがわかるだろう。そして我々にできることといったら、せいぜいそれを分かちあうということだけなのだ、と。

　それゆえ、思考は二重の意味で麻痺症状を引き起こす。まず、それは本質的に立ち止まって考えること、*他のすべての活動の中断なのである。心理学的に「問題」というものを定義するとすれば、「目的に到達しようと努力する際に、なんらかの理由で有機体の機能を停止することが容易に見て取れるような状況」と定義してよかろう[115]。そしてさらに思考は人を呆然とさせるような後遺症をもたらすのであって、それにかかると、それまで何も考えずに行動していたときには疑いの余地がなさそうだったことに対して確信が持てないようになる。たとえば、日常生活でよくあるように一般的規則を個々の事例に適用しようとしている場合には、思考の風に対してもちこたえるような規則はありえないので自分が麻痺したように感じられるのである。「家」という語に本質的にそなわっている冷凍化された思想の例をもう一度とりあげてみよう。その語が含意している意味――居住、生活拠点を持つこと、泊まり込むこと――について一度でも考えてみれば、家についての流行にのせられた考えを受け入れようという気にはならないであろう。かといって、以上のように考えたからといって、「問題をはらんでいること」について満足のいく解答が得られるという保証はない。

　こうなると、思考という危険で利益のない企てにとっての最終的でおそらくは最大の危険に至るのである。ソクラテスのとりまきの中には、アルキビアデスやクリティアスのような人間がいた――しかし、彼らとていわゆる弟子連中の中で最悪ではないのはたしかだ。彼らはポリスを現実に脅かす存在になるのであるが、それはしびれエイによって麻痺させられたからではなく、それどころか、あぶによって目を醒まされたからなのである。目覚めて行きついた先は放縦とシニシズムだった。彼らは、何かを教え込まれることなしに自分で考えるということで満足しないので、ソクラテス的な思考吟味が結果をもたらさないということを否定的結果にすりかえたのである。たとえば、敬虔が何であるかを定義できないのなら敬虔でなくたっていいじゃないか、というように。これは敬虔を語ることによってソクラテスが目指していたことと正反対のことなのである。

意味を問う探求は、公認の教えや規則を容赦なく切り崩してあらたに問題にするので、その刃はつねに自分にも向けられうるのであり、古い価値を転倒させてその反対のことを「新しい価値」として公言する可能性がある。これは程度こそ異なるが、ニーチェやマルクスのやったことなのである。プラトンをひっくり返してもそれはやはりプラトンなのだということを忘れて、ニーチェはプラトン主義の転倒を行ない、マルクスはヘーゲルを転倒させながらも結局は、進展する歴史の、まぎれもないヘーゲル的体系を構築したのであった。このように考えると、思考のもたらす否定的結果は、依然と変わらぬ思考を欠いた日常の営みに使われてしまうことになる。結果が人間界に適用された瞬間に、まるで思考過程を経なかったかのようになってしまう。えてして我々は、「ニヒリズム」と称されているものを歴史的なものだと捉えて、政治的に非難し、「危険思想」の持ち主とされる思想家の専売特許にしてしまいたいという誘惑にかられるが、実は「ニヒリズム」は思考活動そのものに本質的にそなわっている性質なのである。危険思想などというものはない。思想そのものが危険なのであって、ニヒリズムはその産物ではない。ニヒリズムは因襲尊重主義と表裏一体をなしている。つまり、ニヒリズムの基本信条は、通用しているプラスの価値を否定することであり、それに縛られているのである。あらゆる批判的吟味は、公認されている見解や「価値」を（少なくとも作業仮説として）否定する段階を経なければならず、それはそういうものの含みや暗黙の前提を洗い出すことによって行なわれる。そういう意味でニヒリズムは、思考にはつねにつきまとう危険だと考えられるのである。

しかし、こうした危険の引金になったのは、吟味されない生など生きる価値がないというソクラテス的確信なのではなく、それとはまったく逆の、これ以上考えなくてすませらるような結果を得ようとする欲求なのである。思考は、あらゆる信条に対してひとしく危険であり、思考だけでは新しい信条を何ももたらさない。常識の観点からみて思考のもっとも危険な面は、思考中には意味を持っていたことが日常生活に適用しようとした瞬間に崩壊してしまうということである。「概念」とは日常の話のなかに思考が表われたものなのであるが、それを常識的な見方でつかもうとして、まるで認識活動の結果であるかのような扱い方を始めれば、その結果として知ある人はいないということを明確に証明することになるのである。人生で困難に出くわすたびに改めて思考しなければならない、というのが、思考するということの本当の意味なのである。

しかしながら、〈考えないこと〉が政治的あるいは道徳的事象において推奨されるとはいえ、〈考えないこと〉にもそれなりの危険がある。吟味することの危険から人々を保護するために、特定の社会で特定の瞬間に処方された行動規則をしっかりと守るように人々に教えるのは、この〈考えないこと〉なのである。その場合に人々が慣れ親しむのは規則の内容であるよりは個々のことを包摂させるための規則を所有することなのである。というのも、内容を詳しく吟味してしまうと必ず困惑に陥るからである。目的はどうあれ、古い「価値」や徳を廃止しようとして新しい規則体系を押しつける場合には、力はそれほどなくても大丈夫であり、新しい方が古いものよりも良いのだという証明を与えて説得する必要もない。人々が古い規則体系に強固にしがみついていればいるほど、そういう人はそれだけ新しい規則体系に馴染むことに努めるであろう。つまり実際上、もっとも従順であろうとするのは社会の地位ある中心人物であり、彼らは(危険かどうかはともかくとして)思考というものに熱中する可能性がもっとも少ない人物であるのだが、古い秩序からするとどういう点からしても一番あてにならない人物が一番かたくなで御しにくいのである。

西洋の言語では「倫理」とか「道徳」という語は「習慣」という語が語源になっているが、もし依然として語源のとおりに「習慣」的なものであるならば、それらを変えることはテーブルマナーを変えるのと同様にたやすいことであろう。ある状況の下では簡単に変化するのであって、実際にそうなったときでも人は枕を高くして安眠できるのである。もちろんここで私がふまえているのはナチ時代のドイツで起ったこと、そして程度の違いはあれスターリン時代のソ連でも起ったことである。* その当時は、西洋のモラルの根本的戒律――たとえば、前者では「汝殺すなかれ」が、そして後者では「汝の隣人の不利な虚偽の証言をするなかれ」――が、ひっくりかえってしまった。そしてその後に起きたこと――転倒の転倒であり、第三帝国の崩壊後のドイツ人の「再教育」が驚くほど容易であってまるで自動的に行なわれたかのようであったこと――が我々の慰めになるはずもない。現象としては前と同じことなのである。

ソクラテスに戻ろう。思考とは破滅的なものであり、思考の風は人々の指針として確立されている記号を吹き飛ばすハリケーンであって、都市の秩序を壊し人を混乱させるのだということを、アテナイの人々はソクラテスに語ったのである。そしてソクラテスの方も、思考が破壊的であるということは否定したけれど、思考が人を向上させるなどというそぶりは見せなかった。ただ眠りから覚ませてくれるのであり、それが**ポリス**という**都市国家**にとって大変よいことなのだとソクラテスは思ったのである。しかし、偉大なる善行者となるために吟味を始めたなどとは言わない。彼個人に関していえば、言えることはただ一つ、思考が人を賢くしたり解答を与えたりすることがないにしても、思考なしの生は無意味だということである。ソクラテスがやったことの意味は行為そのものにある。言い方を変えれば次のようになる。思考するということと十全に生きていることは同じであり、それゆえ思考は常にあらたに始まらなければならないものである。思考は生につきまとう活動であって、正義・幸福・徳といった概念に関わり、我々が生きている間に我々の身に生ずるあらゆることの意味を表現するものとしての言語によって与えられるのである、と。

意味を求める「探求」と私が呼んだものは、ソクラテスの言い方では愛である。そしてその愛とはギリシア語でいうエロス（Erōs）のことであって、キリスト教的なアガペー（agapē）ではない。エロスとしての愛とは、元来、欲求である。持っていないものを欲求することである。人間が知慧を愛し、それゆえ哲学するのは人間が知あるものではないからであり、美を愛し、言ってみれば、美を行なうのは――philokaloumen，ペリクレスが葬送演説の中で表現したように[116]――、人間が美しくないからである。ソクラテスがたった一つ得意にしていたのは愛なのであり、この腕前のおかげもあって仲間や友人を選べたのである。「他のことにかけて私はからきしダメなんだが、この才能だけは持っているんだ。愛すべき人、愛されるべき人が誰なんだかすぐにわかってしまうのだよ」[117]。持っていないものを欲求することによって、愛は目の前にないものとの関係を作り上げる。この関係をあからさまにして目に見える形にするために、人はそれについて語りたがる――ちょうど愛のさなかにある人が自分の相手について語りたがるのと同じように。思考という探求は一種の欲求的な愛であるから、思考の対象は――美・知慧・正義のように――愛するに値するものでなければならない。醜と悪とは初めから思考の対象外である。それらが登場するのは欠如としてである――醜は美の欠如であり、悪（kakia）は善の欠如である。そういうものであるから、自らの根を持たず、思考が捉えるような本質もない。もし思考が肯定的概念をその根源的な意味に解体するとすれば、同じ過程からこれらの「消極的」概念を根源的に無意味なものとして、すなわち、思考する自我にとっては無だとして解体させなければなるまい。だからこそ、ソクラテスは誰も悪だとわかっていてすすんで悪を行なうことはないと考えていたのである。つまり、現代的な言い方をすれば、悪の存在論的身分が理由なのであって、悪は欠如であり、存在しないものなのである。そして同じ理由によって、実在に影がつきまとうように、活動にはロゴス、話がつきまとうと考えていたデモクリトスは、実在を見せかけと区別し、悪事について語ることを戒めたのである。悪を無視し、話の中に現われないようにすることによって、悪は見せかけだけのものになり、影のないものになる[118]。プラトンが驚異を賞賛し肯定することによって思考へと展開していくのを目の前にしたときに、我々は同様の悪の追放に気づいたのである。悪と思考の欠如との関係について、まるで一つのことしかソクラテスは言ってなかったかのようである。美・正義・知慧を愛していない人は思考することができないのであり、それはちょうど逆の場合に、吟味することを愛し「哲学する」人が悪をなしえないのと同じである、と。

18 〈一者のなかの二者〉

〈考えないこと〉と悪との間には何か関係がありそうだということは、我々の抱えている中心問題とのからみで考えるとどういうことになるのか？　結論としては、ソクラテス的なエロス——知慧・美・正義への愛——によってかきたてられている人だけが思考できるのであり、信頼できるのだということになる。言いかえると、これはプラトンの言う「高貴なる本性の持主」であり、そのごく少数の人だけが「すすんで悪をなす」ことはないと言えるのである。しかし、ここに含みとしてある危険な帰結として、「誰もが善を行なうことを欲している」ということが、こういう人たちでもすべてにあてはまるわけではないということがある。（たいていの悪事が自分の善悪についてそうしようと決めたこともなく考えようともしない人々によって行なわれているというのは悲しい事実である。）ソクラテスはプラトンと違ってあらゆることについて考え、あらゆる人と語り合ったのだから、考えることができるのは少数者であるとか、訓練された人の目に映るけれども言葉では表現できない思考対象で、思考活動を威厳のある適切なものにするものは限られているとか思っていたはずはない。人が悪事をしないように仕向けるものが何か思考活動の中にあるとすれば、それは対象とは無関係に活動そのものに備わった性質であるに違いない。

ソクラテスは困惑を愛した人であり、積極的な主張をほとんどしなかった。その数少ない主張の中に、相互に関連しながら、我々がここで扱っているテーマを話題にしているものが二つある。両方とも、多数の大衆に語りかけて説得する技術である修辞学を扱った対話篇『ゴルギアス』に登場する。この対話篇は初期のソクラテス的対話篇ではなく、プラトンがアカデメイアの学頭になる直前に書かれたものである。それだけでなく、扱っているテーマが他ならぬ言論の技術であるのだから、もし対話が困難に陥って行き止まれば、すべてが無意味になってしまう。この対話篇もやはりそういう困難になってしまうのだが、それでも違う点があって、最後に来世の賞罰の世界が登場し、それが見かけ上は——ということは、皮肉っぽく——すべての困難を解決するのである。プラトンが神話を真面目くさって語るのは純粋に政治的な意味があってのことなのであって、その眼目は群衆に語りかけることにある。人びとはわかっていながらすすんで悪事に荷担するということをプラトンは認めており、さらにはこうした混乱を招く事実を哲学的にどう扱えばよいのかが、ソクラテス同様、プラトンにもわからないということも暗に認めているのである。こういうことを、文字どおり、非哲学的な形で内容としているからこそ、『ゴルギアス』における非ソクラテス的な神話は重要なのである。無知が悪を起こし、徳は教えることができるのだとソクラテスが考えていたかどうかわからないけれど、脅迫に頼った方がましだとプラトンが考えていたのはわかる。

二つの積極的なソクラテスの主張とは以下のようなものである。第一には、「悪事をするよりは、される方がましだ」という主張であるが、それに対して、対話の相手であるカリクレスは、いかにもギリシア人的な返答をする。「不正を受けるなどという、そういう憂き目は、人間たるものの受けることではなくて、むしろ、生きているよりは死んだほうがましな、奴隷のような者の受けるべきことである。つまり、不正を受け、辱めをこうむっても、自分で自分自身を、また自分が面倒を見てやっている他の人を、助けることのできないような者があるとすれば、誰であろうと、そのような人間の受けるにふさわしいことだからである」(119)。第二には、「私のリュラ琴や私の指揮する合唱隊が、調子が合わないで不協和な音を出すとか、また、世の大多数の人たちが私に同意しないで反対するとしても、そのほうが、一人であるから、私が私自身と不調和であったり、自分に矛盾したことを言うよりもまだましなのだ」[120]というのである。これに対してカリクレスが言うには、ソクラテスは「議論で気がおかしくなっている」[121]のであり、ソクラテスが哲学をやめてしまうなら、その方が彼自身にとっても他のみなにとってもよいことだというのである。

そしてこの点で彼は正しい。たしかに、哲学をしているからこそ、いやむしろ思考経験をしているからこそ、ソクラテスはこういうことを口にしたのである――とはいえもちろん、こういうことを言いたくて始めたのではないし、それは、他の思想家が「幸福」[122]になりたくて思考を始めるのではないのと同様である。（私の考えでは、この種の言明を道徳に関する何らかの認識の結果ととらえるなら、重大な誤りを犯していることになる。それらが洞察であることは間違いないのだが、経験の洞察なのであって、思考過程そのものからすれば、せいぜい行きがけの駄賃のような副産物にすぎない。）

ソクラテスの第一の発言が行なわれたときにそれにどれほど逆説的な響きがあったのか、リアルにつかみとるのは難しい。数千年間にわたって使用され誤用された後では、この言葉は安っぽい道徳に見える。さらに、第二の言葉がどう迫ってくるかを現代の読者が理解するのは難しいことだが、それをもっともあざやかに示しているのはキーワードである「一人でいる」（「私にとっては、世間の多数の人と一致できないでいるよりは、自分自身と不和である方がもっと悪いだろう」というのの前にくる）が近代語訳ではたいてい無視されているということである。第一の発言は主観的な発言である。悪事をするよりはされるほうが、私にとってはましだ、ということである。そして対話篇のその場で対置される発言のほうも同様に主観的な発言であり、もちろん後者のほうがまっとうに聞こえる。ここで明らかになるのは、カリクレスの語っている「私」とソクラテスが語っている「私」が別物だということである。そして一方にとって良いことが、もう一方にとっては悪いことなのである。

見方を変えて、この二人の話し手とは別の世界観からこの命題を考えるならば、次のように言うことになるかもしれない。問題なのは悪が行なわれてきたということである。だから、悪事をする人とされる人のどちらの生き方がよいかということは問題ではない、と。市民として我々が悪事を防がなければならないのは、悪事をする人もされる人も見ている人も、誰もが生きているこの世界が危機に瀕しているからである。**ポリス**という**都市国家**に対して悪が行なわれてきたのである。法体系では、犯罪が必ず起訴される刑事事件と、訴訟をするしないの自由がある民事事件とに区別されているが、それはこういった事柄を考慮にいれているからである。悪事をされた人がどう対処しようと、必ず処罰される法律侵犯が刑事犯罪なのだと定義しても差しつかえないくらいである。場合によっては悪事をされた人が許したり忘れたいような気持ちであって再犯の可能性が低いこともあるだろうが、それでもやはり国法は恣意を許さないのである。なぜなら、ここで蹂躙されたのは共同体全体なのであるから。

言いかえると、ソクラテスがここで語っている立場は市民の立場ではない。市民は自分自身よりも世の中のことに関心を持つものと考えられているのである。彼は思考に身を捧げた人間として語っているのである。ソクラテスはカリクレスに対して次のように語っているようである。もしきみが私と同様に知慧を愛し、あらゆることについて考え吟味するという欲求にかられているとしたら、おわかりになるであろうが、たとえもし世の中がきみの描くようなものであって、強者と弱者に分かれていて「強者は自分にできることを行ない、弱者はこうむらなければならないことをこうむる」(ツキディデス)がゆえに悪事をするかされるかの二つの選択肢しかないとすれば、するよりはされるほうがましなのである、と。しかし、ここに前提があるのは明らかである。「もしきみが私と同様に知慧と哲学を愛し……」という前提、「もし吟味するとはどういうことかをきみがわかっているならば……」という前提である。

私の知るかぎり、その他のギリシアの文献で、ソクラテスが語った内容をほぼ同じ表現で言っているのは一箇所しかない。それは「悪事をされるよりももっと不幸[kakodaimonesteros]なのは悪事をする人である」[123]というデモクリトスの言葉なのであるが、彼はパルメニデスとは対極的な人であったということが多分理由となってプラトンの著作の中では一度も言及されていない。この偶然の一致は注目にあたいする。というのは、ソクラテスと違ってデモクリトスは人間界のことにとくに興味を持っていたわけではないのに、思考経験に相当の興味を持っていたふしがあるからである。ここまで我々が純粋に道徳的な命題として理解しようとしていたことが、実は思考経験そのものから発しているかもしれないのである。

こう考えることによって、我々はソクラテスの第二の発言に行きつく。というのも、それは実は第一の発言の必要条件なのである。この発言もまたすさまじく逆説的である。一人であるのだから、それゆえ自分自身と不調和であるわけにはいかないのだとソクラテスは言う。しかし、AはAであるというように、本当の意味で絶対的に一つであって自己同一的なものは、そもそも自分と調和しているとか調和していないとかいうことがありえないのである。和音を作るには少なくとも二つの音がなければならない。たしかに、私が姿を現わして他人にその姿を見られるときには私は一人の人物である。そうでなかったら、私が私だとわからないから。そして、他人と一緒にいて多少とも自分を意識している場合には、私という人間は他人に見えるとおりの人間である。ここで意識（consciousness）といっているのは（語源的にはすでに述べたように、「自分自身とともに知る」ということなのだが）、自分には自分があまり姿を現わさないのに、ある意味で自分にとっての私という奇妙な事実のことなのである。これでわかるように、ソクラテス的な意味で「一人である」ということは見かけ以上に問題を孕んでいる。私という人間は他人に対しているだけでなく私自身にも対しており、この後者の場合には明らかに私はたんに一人であるわけではない。私の**一人であること**の中に差異が持ち込まれているのである。

この差異について我々は別の観点から知っていることがある。複数のものの中に存在しているものはたんに同一性を保ったままのそれ自身ではないのだが、それと同時にそれ以外の他のものとも違う。差異を持つことは事柄の本性に属している。それを定義しようとして思考の中で捉えようとする場合には、この他者性（**altereitas**）、つまり、差異を考慮に入れなければならない。あるものが何であるかを語る際には、それが何でないかを語らなければ同語反復になってしまう。スピノザの言うように、すべての規定は否定なのである。この、同一と差異という問題にふれて、『ソピステス』の中に奇妙な箇所があり、ハイデガーもそれを指摘している。対話篇の中の**客人**が言う。二つのもの――たとえば静と動――について、「それぞれは【お互いに】異なっているが、それ自身に対しては同一である（**hekaston heautō tauton**）[124]」。この文を解釈する際にハイデガーは与格の **heautō** を強調している。というのは、同語反復的な**A**は**A**であるという意味でなら与格を使わずに、「それぞれのものは【それ自身として考えれば】自己同一である（**hekaston auto tauton**）」となるところだが、我々の期待に反してプラトンはそう表現してはいないからである。我々の期待どおりなら差異は事物の多数性から生ずることになるのだが。ハイデガーによると、この与格の意味は「それぞれのものが自分に戻っていき、自分自身と一緒【であるがゆえ】に自分に向かう……同一性には「一緒」という関係が、つまり媒介・接続・総合という関係が含まれている。それは一なるものへと統一されることなのである[125]」。

ハイデガーが吟味している一節が登場するのは『ソピステス』の最後の箇所であり、そこで扱われているのはイデアのコイノーニア（**koinōnia**）、「交わり」、とりわけ、（正反対に見える）**差異**と**同一**の**イデア**の交わりについてである。「異なっているものはつねに他のものとの関係において（**pros alla**）そう言われる[126]」のだが、その反対物としての「それ自身においてある」（**kath' hauta**）ものは「自分自身に立ちもどって係わる」かぎりにおいて差異の「**イデア**」を分有し、自分自身との係わりにおいて自分自身に対して同一であるということになる。その結果、各エイドスが残りのものと異なるのは「本性によるのではなく、**差異**の性格を分有しているからである[127]」。つまり、何か自分とは異なっているもの（**pros ti**）と関係があるからではなくて、多数の**イデア**の中にあるからであり、「すべての存在としての存在は、他の何かとは異なったものとして見られる可能性を持っている」[128]からなのである。我々の言葉で言えば、生物や事物やイデアが複数存在する場合にはどこでも差異があり、この差異は外側から来るのではなく、二重性という形ですべての存在に本質的にそなわっているのであり、統一体としての一者もそこから来るのである。

こうした議論の組立は——プラトンが暗黙の含みとして語ったことも、ハイデガーが解釈したことも——私には間違っているように思われる。他のものとの脈絡から一つのものだけを取り出して、その自分自身との「関係」(kath' hauto)——つまり同一性——だけで考えようとしても、差異性、他者性は出てこない。自分ではないものとの関係を失うと同時に、自分の実在性も失われて奇妙な種類の薄気味悪さが残る。そのようにして、それはしばしば芸術作品の中に登場してくるのであり、とくにカフカの初期の散文作品やゴッホの描く何枚かの作品の場合には、たった一つの対象である一脚の椅子や一足の靴が表現されている。しかし、こういう芸術作品は思考の産物であり、その意味として与えられるのは——まるでそれら自身そのものではなく、それら自身に対してあるように——思考がそれらの対象をつかまえたときにこうむる変容そのものなのである。

言いかえると、ここで思考する自我がものそのものに対して経験していることが転写されているのである。というのは、自分自身であると同時に自分自身に対しているということはできないのであって、〈一者のなかの二者〉なのであり、それをソクラテスは思考の本質としてえぐり出し、プラトンは概念的言語に翻訳して自分の自分自身との(eme emautō)無言の対話と言ったのである。[129] しかし、ここでもまた、思考活動自体が統一体を構成しているのではなく、〈一者のなかの二者〉を統一しているのでもない。それとは逆に、〈一者のなかの二者〉が**一者**になるのは、外部の世界が思考する者の中に侵入して思考過程を中断させたときである。自分の名前を呼ばれて現象界に呼び戻されたときにはつねに**一者**であり、思考過程がその人を二つに分断していたのにまるでピシャリと両者が再び合わさったかのようになる。実存的に見れば、思考することは一人でやる仕事であって、孤立した仕事ではない。一人で単独というのは、自分が自分を仲間にしている状況のことである。一方、孤立とは、自分が〈一者のなかの二者〉に分けられることもできず、自分を仲間にすることもできない状況であって、ヤスパースがよく使った表現で言えば「自分自身を失っている」(ich bleibe mir aus)のであり、表現を変えれば、私が一であって仲間がいない状態なのである。

人間が本質的に複数性において存在しているということを、おそらく何よりも雄弁に物語っているのは、一人であることよって、多分、高等動物も持っていると思われる端的な自己意識が、思考活動の間には二者性として具体化されているということにある。この自分自身との二者性があるからこそ、思考が真の活動たりうるのであって、私が問うものであると同時に答えるものにもなる。思考が弁証法的であり批判的でありうるのは、この問答過程を経るからであり、本来は「言葉のなかを進みゆくこと」(poreuesthai dia tōn logōn)[130]という意味でのディアレゲスタイ(dialegesthai 対話)を経るからである。その際には「どういうつもりできみはそういうことを言うのか?」というソクラテス的な根本的問いを発するのであるが、ソクラテスの場合と違うのは、ここでのレゲイン(legein)、言うことが音声を伴わないものなので、非常に迅速で、その対話的〔弁証法的〕構造がなかなか察知しにくいということである。

精神の中での対話の基準は、もはや真理ではないのだが、それは自分でたてた質問に対して答えることを自分に要求するからである。それは、感覚的な証拠力に無理強いするような**直観**の形であれ、我々の頭脳構造に依存してその本来の力に無理強いするような数学的論理学的推論における帰結をともなった思考の必然的結論としてであれ、正しくない。ソクラテス的思考における唯一の基準は同意であり、自分で首尾一貫しているということ(homologein autos heautō)[131]である。その反対に自分自身と矛盾すること(enantia legein autos heautō)[132]は現実としては自分の反対者になることを意味する。それゆえ、アリストテレスは矛盾律について最初に述べた有名な定式の箇所で次のように明確に述べたのである。「我々がこのことを必ず信じなければならないのは、それが外なる言葉[exō logos すなわち、友人であれ反対者であれ、対話者である誰か自分とは別の人に対して言われる言葉]に向けられるものではなく、魂の内なる言葉に向けられるからである。実際、外なる言葉に対しては、人はいつでも異議を唱えうるが、内なる話に対してはいつもそうできるとは限らないのである」(133)。なぜなら、ここでのパートナーは自分自身であり、自分自身の反対者になろうということはおそらく望みえないことであるから。(この例で見てとれるのは、思考する自我の現実的経験からえられた洞察が、哲学的教説――「同じ状況、同じ時刻において、AがBかつAであることは不可能である」――に一般化されることによって失われていくありさまである。というのは、同じ問題をアリストテレスが『形而上学』の中で議論するときにはアリストテレス自身も人が変わってしまっているからである(134)。

六世紀以来、アリストテレスの初期の論理学的著作を総称して『オルガノン』すなわち「道具」と呼びならわすことになっているが、それをつぶさに調べてみると明白にわかるように、現代において「論理学」と言われているものは、元々は「魂の内側」で行なわれる内的言説の「思考の道具」ではなく、他人を説得しようとしたり自分の述べることの説明を与えようとしたりする際に正しく語ったり議論したりするための学問として考案されたのである。そして、その出発点は、ソクラテスと同様、たいていの人が、あるいは一般に最高の知者と想定されている人のほとんどが同意する可能性のもっとも高そうな仮説である。初期の論考においては、思考の内なる対話にとってのみ決定的である矛盾律という公理は、言説一般における最も基礎的な規則としては確立されていない。この特別な場合がすべての思考にとっての指導的モデルとなってしまうと、カントは『人間学』のなかでは、思考を「自分と語り合うことであり……それゆえ内なる声に耳を傾けること」(135)だと定義していたにもかかわらず、「自分自身と一致して、つねに首尾一貫して考えよ」(Jederzeit mit sich einstimmig denken)という勧告を「考える人間の部類にとっての変更不可能な戒め」としての格律の一つにしてしまうのである(136)。

要するに、自分と自分自身との間の思考における対話の中で、意識を人間に固有な形で現実のものとしていく際に見てとれるように、多様な事物の中での人間の住まいとして与えられている現象界が持っている傑出した特徴である差異性と他者性は、とりもなおさず人間が精神的な自我としても存在するための条件でもある。というのも、この自我は二者性においてのみ存在しているからである。そしてこの自我――〈私は私である〉――が同一性における差異性を経験するのは、現象的な事物に係わらずに自分とだけ係わっているときに他ならない。（ちなみに、この根源的な二者性があるのだから、アイデンティティーを求める最近の研究が不毛であるのもわかるというものである。近代におけるアイデンティティーの危機が解決できるとすれば、手段としてはぜったいに一人にならずに絶対に考えないようにするしかあるまい。）そのような元々の分裂があるからこそ、すべての現象にとっては**一**であるような存在における調和というものを扱ったソクラテスの発言が意味を持つのである。

意識は思考と同じではない。意識の活動は感覚経験と同様に「志向的」であってそれゆえ認知的活動なのであるが、それにひきかえ志向する自我は何かを考えるのではなくて何かについて考えるのであり、対話的〔弁証法的〕なのである。つまり、暗黙の対話という形で進行するということである。自覚という意味での意識がなければ思考は不可能である。思考がその尽きることのないプロセスにおいて現実化しているのは差異性であって、それは意識においては、たんなる生の事実（factum brutum）として与えられている。このように人間化されてようやく意識は神でも動物でもない人間のきわだった特質になりうるのである。現象界とその中で行なわれる精神活動の隙間に比喩が橋を架けるように、ソクラテス的な〈一者のなかの二者〉は思考の孤独を癒すのである。そこに本質的に内在している二者性が向っているのは、この世の定めたる無限の複数性である。

ソクラテスにとって〈一者のなかの二者〉の二者性が持っている意味は、もし思考したいのであれば対話を行なう二人がいい関係にあって、パートナー同士が友人であるように配慮せよ、ということに他ならなかった。あなたが警戒心を持っていて孤独な場合にパートナーになって生れてくるのは、（考えないでいる場合を除けば）あなたが絶対に別れることのできない唯一のパートナーである。悪事をするよりされるほうがましであるのは、被害者の友でいられるからである。殺人者の友であること、殺人者とともに生きることを望む人がいるだろうか？　別の殺人者だってそうは思わないはずである。結局、カントの**定言命法**がねらっているのも、自分と自分自身との間の同意が重要であることを比較的単純に捉えることにある。命令を強調して「あなたの格率がとりもなおさず普遍的な法になることを意志できるような格率に基づいて行動せよ(137)」と述べることは「自分自身と矛盾してはならない」という命令なのである。殺人者や泥棒でも、当然のことながら自分の命や財産は惜しいのだから、「汝殺すなかれ」とか「汝盗むなかれ」ということが普遍的な法であることを願わないはずがない。自分をその例外だと考えるのなら、自分自身と矛盾しているのである。

　真作であるかどうか論争のある『大ヒッピアス』がもしプラトンによるものでない偽作であるとしても、それがソクラテスについての真正の証言であると考えて差し支えないだろう。その中で、ソクラテスは事態を簡潔にかつ正確に述べている。対話の最後、家に帰る箇所である。頭がとりわけ鈍いヒッピアスに向かってソクラテスは言う。あわれなソクラテスに比べたらきみのほうがどれほど「無上にも幸福」であるか、と。なぜならソクラテスには家に帰ると、鼻持ちならない連れが待っていて彼を徹底的に詮索してばかりいるからである。「その人は私と血のつながりが深くて、一つ屋根の下に住んでいるのだよ」。ソクラテスがヒッピアスの意見に対して発言しているのを聞きつけて、その人が今度は尋ねるだろう。「「美」という言葉の意味を知ってもいないということを議論によって明確に示されていながら、美しい人生のあり方について問うなんてはずかしくないのか(138)」と。ヒッピアスは、帰宅したときには一人である。孤独に生きていながら自分自身とつきあおうとしないのだから。たしかに、意識を失っているわけではないが、意識を現実に働かせる習慣がないのである。ソクラテスは、帰宅すると孤独ではなく一人でいながら彼自身とともにいる。一つ屋根の下で生活しているのだから、彼を待ち受けているこの連れとなんらかの形で同意して折り合いをつけなければならないのは明らかである。仲間と別れた後でも一緒に生きていかなければならない唯一の連れとうまくいかないくらいだったら、世界全体とうまくいかないほうがよい。

ソクラテスが発見したのは、他人とつきあうのと同じように自分とつきあうこともできるということであり、この二種類のつきあいには相互関係があるということである。アリストテレスは友情について「友は第二の自己である[139]」と述べているが、これは、自分自身を相手にするのとまったく同じように友を相手にして思考の対話をすることができるという意味である。これは依然としてソクラテス的伝統のなかにあるが、ソクラテスだったら「自己もまた一種の友である」と言ったことだろう。この問題で道しるべとなる経験は友情であって、自分との関係ではない。自分と語り合うよりも前にまず友と語り合って話題となっていることを吟味するのであり、その後で、他人とだけでなく自分自身とも対話をすることができるのだということを発見するに至る。しかしながら、共通のポイントとしてあるのは、思考の対話が友人の間でだけ行なわれるということであり、その基本的基準、至上の法は、「自分自身と矛盾するな」ということである。

「自分自身とかみあわない」(diapherontai heautos)のは「いやしい人[140]」の特徴であり、連れを避けようとするのは邪悪な人の特徴である。彼らの魂は自分に反抗している(stasiazei)。自分の魂がそれ自身と調和せずに争っているときには、自分自身とどのような対話が可能なのであろうか。シェイクスピアにおけるリチャード三世が孤独なときに我々が耳にする対話がまさしくそれである。

なにを恐れる？　おれ自身をか？　他に誰もおらぬ。
リチャードはリチャードを愛している。おれはおれだ。

ここに人殺しがいるか？　たしかにいる、このおれだ。
では逃げろ。このおれから？　なぜ逃げねばならぬ？
おれの復讐を恐れるから。おれがおれに復讐する？
だが、ああ、おれはおれを愛している。なぜ？
おれがおれになにかいいことをしたからか？
とんでもない！　おれはおれを憎んでいるのだ。
おれがおれに憎むべきかずかずの罪を犯したから！
おれは悪党だ。いや、嘘をつけ、おれは悪党ではない。
自分の悪口を言うな、ばか。お世辞も言うな、ばか。

しかし、真夜中を過ぎると様相は一変する。そしてリチャードは自らを相手にすることから逃れて、自らの陣で仲間に加わる。

良心などというものは臆病者が使うことばにすぎぬ。
もともとは強者を恐れしめるために作られたものだ

町で世の中と折り合いをうまくつけていたソクラテスでさえ、家に帰って孤独になり単独になってもう一人の連れと出くわさなければならないのである。

私が『大ヒッピアス』におけるきわめて簡潔な箇所に注意を喚起したのは、そこで与えられている比喩が、困難であるがゆえにつねに過度の複雑化の危険をともなっている問題を、――過度に単純化し過ぎる危険はあるものの――、単純化するのに役立つからである。ソクラテスを家で待ち受けている連れに対して、その後の歴史は「良心」という名前を与えている。カント的な言葉を使えば、良心の法廷において我々は自分の正体を現象させ、自分自身を説明しなければならない。そして私が『リチャード三世』の文章を選んだのは、シェイクスピアの語彙には「良心」という語がありながら、彼がここでその語をいつものように使っていないからである。言語においては「意識(consciousness)」と「良心(conscience)」が分離するのには長い時間がかかった。いまでも言語によっては、たとえばフランス語のように、両者が分離されていないこともある。道徳的あるいは法的な事象において理解されるような良心は、意識とちょうど同じように、つねに我々とともにあることになっている。そしてこの良心は我々に何をなすべきか、何を後悔すべきか、教えてくれると考えられている。それは、〝自然の光〟(lumen naturale)、カントの実践理性になる以前には、神の声だったのである。

このようにつきまとう良心とは違って、ソクラテスが話題にしている連れは家に残されている。『リチャード三世』の殺人者が良心を——その場にいないものとして——恐れるように、ソクラテスは連れを恐れている。この場合の良心は「考え直し」として登場しており、リチャード自身の場合で言えば犯罪によって引き起こされたのであり、ソクラテスの場合で言えば吟味されていない意見によって引き起こされている。リチャードによって雇われた殺人者のように、「考え直し」を予期して恐れるだけで生じることもある。このような良心は、我々の内なる神の声や自然の光と違って、積極的な処方箋を出したりしない。(ソクラテスのダイモン(daimōn)、神の声も何をしてはいけないのかを教えるだけである。)シェイクスピアの言葉でいえば、「それは人間を障害だらけにしてしまう」。人がそれを恐がっているのは、もし帰宅するならそのときにだけ待ち受けている証人が姿を現わすのを予期しているからである。シェイクスピアにおける殺人者は言う。「うまく生きようとする人は……それなしで生きようと……努める」。そしてそれはたやすいことである。なぜなら、我々が「思考」と呼んでいる無言の一人での対話をけっして始めず、家に帰らず、物事を吟味しなければよいのである。これは頭がよいとか悪いとかいう問題でなく、さりとて善悪の問題でもない。（我々が自分の発言や行動を吟味する）無言の会話を知らない人は、自分自身と矛盾しても平気なのであり、自分の発言や行動を説明することができないし、そうするつもりもない、ということになる。犯罪を犯したとしてもすぐに忘れられるだろうと決め込んで平気だ、ということにもなる。悪人は「後悔の念」で一杯になっているということはない。

認識を目的とせず、専門化されたものでない意味での、人間生活における自然な欲求としての思考は、意識において与えられる差異を現実化する働きをするのだが、これは少数者の専売特許ではなく、能力としては万人につねに開かれている。それと同じく、考えることができないという状態は、知力の足りない人々のおかす失敗なのではなく、可能性としては万人にとってつねに存在しており、科学者や学者のような精神的営為の専門家たちも例外ではない。自分自身との会話の可能性と重要性に最初に気づいたのはソクラテスであったが、誰だってそういう会話を避けたくなることもある。思考は生に伴うものであり、思考自体が生きることから物質的な面を取り除いた精髄なのである。人生は過程なのであるから、その精髄は実際の思考過程にこそあるのであって、こりかたまった結果とか特定の思想にあるわけではない。考えることのない人生も十分可能である。その場合には人生の本質を広げていくことはできない。無意味であるだけではなく、十分に生きているともいえないのである。考えない人は夢遊病者と変わらないのである。

思考する自我とその経験にとって、「人を障害だらけにする」良心は副産物である。思考する自我が経ていく思考の流れの種類がどうであれ、我々全員の自我が注意しなければならないのは、〈一者のなかの二者〉が友人となって調和よく生きていく道を塞がないようにすることである。これはスピノザが「自己の内に安らぐ」（acquiescentia in se ipso）という言葉で表現したことである。「それは理性から発出し、これに満足することは可能なかぎりで最大のよろこびである」[141]。その行動基準は、多数派によって承認され社会によって同意されるような通常の規則ではなく、自分の行動と発言について考えるときがきても私自身と仲良くやっていけるかどうかということである。良心とは、家に帰ったときに自分を待っている連れのことを想定することなのである。

考える人自身にとって、この道徳的副産物は中心的な問題ではない。そして、思考そのものは社会にとってあまり役に立つものではない。まして知識を得ようとすることには役に立たないのであって、その場合には思考は他の目的のための道具として使われる。思考は価値を生み出すこともない。「善」が何であるかを見きわめつくすということもない。世に受け入れられている行動規則を補強するというよりは、むしろ解体させる。特別な緊急事態でも生まれなければ政治的な意味あいもない。私が生きている間は私自身と一緒に生きていくことができなければならないという考えは、「限界状況」でもなければ政治的な場面で登場することはない。

一般的で変化することのない人間の条件について、ヤスパースが語った言葉がある。「私は闘って苦しむことということなしに生きることはできない。罪を避けることはできない。死を避けることはできない」。これは「内在的でありながら、とうに超越を指し示しているもの」の経験のことを言っているのであり、もし我々がそれに答えるならば、その結果として「我々のなかで可能的にあるエクシステンツ（Existenz 実存）が生成する」(142)のである。ヤスパースの場合、この表現に暗示に富むまっとうさを与えているのは特定の経験よりも単純な事実、誕生と死によって限界づけられている人生そのものが（世の中にいると自分が生まれる前の過去と死んだ後の未来を説明せずにはいられないという意味で）限界状況だという事実である。ここでポイントとなるのは、自分の人生の範囲を越えて過去について思いをめぐらせて判断し、未来について思いをめぐらせて意志的に計画を開始するならば、必ず、思考活動が政治的にどうでもよい周辺的な活動ではなくなるということである。そしてそのような反省的思考は政治的緊急事態において必ず生ずるのである。

だれもが他の人の行動や信条に考えることもなく追随しているような場合、考える人は隠れていることができずに引きずり出される。追随という形での参加への拒否ということが人の目を引くことになり、それによって一種の〔政治的〕活動をしていることになるからである。そのような緊急事態において、思考が浄めになるという要素は意味あいとしては政治的なのである。（ソクラテスの助産術は吟味されていない見解の持つ意味あいを明らかにしてそれらを——価値・学説・理論、さらには確信でさえも——破壊する。）というのは、この破壊には別の能力を、つまり判断力を解放する効果があって、その判断力が人間の精神的能力の中でもっとも政治的だと言われるのも理由のないことではない。判断力とは、個別なものを一般的規則に包摂することなくして判断できる能力である。それにひきかえ、一般的規則は人に対して教えこまれるものであり、そうやって人は習慣づけられ、ときには規則をごっそり取り替えるなどということも可能なのである。

個物を判断できる能力は（カントが明らかにしたように）「これは間違っている」とか「これは美しい」とか言える能力であって、思考する能力とは別物である。思考は不可視のものを扱い、目の前にないものを表現しようとする。判断はつねに個別者、身近にあるものに係わる。しかし、意識〔consciousness〕と良心〔conscience〕の場合と同様に、この二つの能力は相関している。思考によって——無言の対話における〈一者のなかの二者〉が——意識の中で与えられている同一性の中に差異が現実化され、その結果、副産物として良心が生まれる。それにたいし、思考の解放的効果の副産物としての判断によっては、思考が現実化され、一人でいることなくいつも忙しくて考える暇のない現象界の中に思考が姿を表すようになる。思考の風が現れてくるのは認識ではない。善悪を、美醜を見分ける能力である。そして、ここぞという瞬間には、それがものをいって破滅を防ぐかもしれないのである。すくなくとも自己の破滅だけは。

第Ⅳ章　思考するとき、我々はどこにいるか

19 「時に私は思考し、時に私は存在する」（Tantôt je pense et tantôt je suis）（ヴァレリー）＝どこにもないこと

私がこの研究の終わりに近づいたからといって、結論じみたまとめをやるとは期待しないでほしい。私にしてみればそんなことをしたら、ここまで論じてきたことにとんでもないほど矛盾したことになってしまう。もし、思考活動というものが自己目的的な活動であり、日常の感覚経験から取ってきたものでそれにふさわしい比喩があるとすれば、それは唯一、生き生きしているという感覚なのだとすると、思考の目的や目標に係わる問いというのは、すべて人生の目的や目標に係わる問いと同じく、回答不可能だということになる。我々の検討の最後になって、「私が思考するとき、どこにいるのか」という問いを提出しているのは、答えがあってもそれで決着がつくというものではないからというだけでない。問い自体とそこから生まれる考察が、このような考察の全体の歩みのなかだけで意味を持つからである。これからのことはこれまで考察したことにかなり依拠しているので、独断的と見えるに違いない（が、そんなつもりはない）が、いくつかの命題で短く要約しようと思う。

第一に、思考というのは、いつであっても尋常ならぬ秩序をはずれたものであって、あらゆる日常活動を邪魔もすれば、逆に、邪魔もされるのである。この一番良い例証は、昔から伝えられている、あのソクラテスの習慣だろう。ソクラテスはあらゆる仲間づきあいを中断して、突然「精神が自分に向かっていき」、たまたまその時していたままの状態で「あらゆる頼みごとも耳に入らなくなって」、以前やっていたことを続けるのである(1)。クセノフォンの伝え

るところによれば、ソクラテスは、一度、軍営地でいわば深い思いに沈んで二四時間にわたってまったく動かなかったという。

第二に、思考する自我の真正な経験は多面的な形で現われる。その中には二世界説のような形而上学的な誤謬もあるし、また、もっと面白いことに、思考を一種の死として描く非理論的な叙述もある。あるいは逆に、思考している間は叡知的な別の世界――これは現実の〈今とここ〉の影のなかにも暗示されて現われているのだけれど――に所属しているのだと思ったりもする。あるいはまた、アリストテレスはビオス・テオーレーティコス〔観想的生活〕をビオス・クセニコス〔異邦人の生活〕と定義している。同じような経験が、世界の実在についてのデカルトの懐疑にも起きている。ヴァレリーは（まるで、現実と思考とは対立するかのように）「時に私は思考し、時に私は存在する」と述べ、メルロ・ポンティは「我々が本当に一人なのは我々がそのことを知らない場合にだけである。このように知らないがために我々（哲学者）は一人で単独なのである(2)」といっている。そして、思考する自我では何をなしとげようとも、現実そのものに達することはできないだろうし、ものが実際に存在しており、生命、人間生活は夢より以上のものだと確信をもつことはできないだろう。（人生は夢にすぎないのではないだろうかという疑いは、アジアの哲学者のなかで一番目立つ特質である。インド哲学にはおびただしい例がある。私があげるのは中国の例だが、それは短いので非常に説得的だからだ。これは（反儒教的である）道教の学者、荘子についての伝えである。彼は「自分が蝶になってひらひらと飛び回って幸福であり、好きなように行動していた。彼は自分が荘子であることを知らなかった。突然彼は起き上がってみると間違いの余地なく自分は荘子であった。ところが、自分は蝶だと夢見たのが荘子だったのか、夢見ていた蝶が荘子だったのかが分からなかったのである。荘子と蝶の間にはなにかのはっきりした区別がなければならない(3)！」）

他方、思考経験が強烈なものであることは、思想と現実の対立が容易に転倒させられてしまうことに示されている。

その結果、思想は現実的なものに見えるが、たんに存在するにすぎないものは大変に一時的なものに見えるので、まるで存在しないかのごとくなのである。「思考されているものが存在するのであり、存在するものは思考されたものであるかぎりでのみ存在するのである」(Was gedacht ist, ist; und was ist, ist nur, insofern es Gedanke ist)[4]。とはいっても、ここで決定的なことは、次の点にある。ものを考える人が一人で単独であるのを止め、世間や仲間の呼びかけによって、内面にあった〈一者のなかの二者〉という二元的な状態からふたたび**一者**の状態へと変化していくと、そういう懐疑はすべて消失していくということである。すべては単なる夢かもしれないという考えは、思考の経験からでてくる夢想であるか、または、思想を慰めるものが必要になっているかである。この場合には、私が世界から退きこもるのではなく、世界が私から退きこもり不確かなものになるときに必要になるのである。

第三に、思考がこのように奇妙な活動をするのは、あらゆる精神活動が退きこもるということからでてくることである。思考はいつでも不在のものに係わり、今手元に現にあるものからは離れている。もちろん、このことで我々が暮らしている日常生活の世界とは別の世界があるということにはならないが、時空のなかだけで考えることのできる現実を一次的に中断させ、その重みを減らし、それと一緒に思考する自我にとっての現実の意味というものを減らすことができるのである。思考している間に今意味を持つようになったものは脱感覚化の蒸留物、産物であり、そういう蒸留物は単なる抽象概念ではなく、かつては「本質」といわれたものなのである。

本質というのは一定の場所に特定できない。本質をつかむ人間の思想は、個別的なものの世界を離れ、必ずしも普遍的に妥当するものとは言えなくても、普遍的に意味あるものを求めて出かける。思考はいつも「一般化し」、個物から絞りだす。思考は、脱感覚化によって、どんな意味にせよ、個物を迅速に処理できるように取りまとめる。一般化というのはどんな思想にもとりついているものである。たとえ、その思想が個物の方が一般的に優位にあるものだと主張する場合でも。いいかえれば、「本質的な」ものとはどこででも適用できるものであり、この「どこででも」

という、思想に固有の重みを与える性格は、空間的に言えば、「どこにもない」ものである。普遍的なもの、見えない本質のなかで動き回っている思考する自我は、厳密に言えばどこにもない。意味を強めて言えば、思考する自我には家がない〔homeless, heimatlos〕のであって、これが哲学者の間で早くからコスモポリタンな精神が生まれてきたことの説明となるかもしれない。

このように思考する自我が家なしであるという条件を明確に意識していた大思想家は、私の知るかぎり、唯一、アリストテレスだけであった。これはおそらく、彼が活動と思考の間の区別（政治的生活と哲学的生活の決定的な区別）を非常によく知っていて読み取っていたからであり、また、そこから明確な結論を出してソクラテスの「二の舞を踏む」ことを拒否し、アテナイの人びとが「再び哲学に罪を犯」させまいとしたからであろう。

彼に瀆神の告訴がなされたとき、彼はアテナイを去って「マケドニアの強い支配下にあるカルキスに退きこもった」。(5)『プロトレプティコス』という本は彼の初期の本の一つで古代には伝わっていて今日我々には断片でしか残っていない著作だけれど、アリストテレスはこの本のなかで家なしであることを哲学者の生活様式の大いなる利点としたのである。そこでは、ビオス・テオーレーティコスが称賛されているが、それは「それが営まれるのに支度も要らなければ場所も要らないからである。誰かが思考に没頭すれば、まるでそこに真理があるかのようにどこででも真理に達するのである」。哲学者たちはこの「どこにもない」ところをまるで一つの国（philochōrein）であるかのように愛し、すべての活動はスコラゼイン（scholazein）（いうなれば、無為）のためのものとしたいと考えている。というのも、思考あるいは哲学することそのものが快いことだからというのである。(6) このように哲学が幸運にも独立していられるのは、哲学（【ロゴスに基づく】（kata logon）認識）が感覚に与えられる個物に係わるのではなく、一定の場所に限定されることのできない普遍的なもの（kath' holou）に係わるからである。(7) そういう普遍的なものを実践的・政治的な事象のなかに求めようというのは、ここではいつでも個物に関心があるのだから、大きな間違いだろう。この分野にあっては、どこにでも等しく適用可能な「普遍的」言明はただちに空虚な一般論に堕してしまう。行為は個別的なものに係わるのだし、ただ個々に係わる言明のみが倫理や政治の分野で有効たりうるのだ。(8)

言いかえれば、思考する自我がどこにあるかを確定しようとするというのは、我々がまちがった不適切な問いを立てているのだといってよい。現象の日常世界から眺めると、思考する自我が「どこでもある」こと——自我は自分の好きなものを何でも、時空のどこからでも呼び出すのだが、思想はそこを光よりも速い速度でわたっていく——は、どこにもないことなのである。しかも、このどこにもないという性格は、我々が突然生まれて、また死ぬときもおおむね突然消えていくことになるあの世というのが二重にどこにもないというのとはまるで違うものなのだから、**空虚**と考えられるのももっともなことだ。そして、絶対的な空虚というのは究極の限界概念ということになろう。捉えられないというわけではないが、考えられないものである。もし絶対的な無というものがあるとすれば、何も考えることができないというのは明白だ。もし我々に限界概念というものがあって、我々の思想をどうにも越えられない壁でとり囲んでしまっているとしても——そのなかには絶対的な始まりと終わりの観念が入っている——、それは我々がまさに限りのある有限な存在だということを知らせてくれているにすぎない。こうした限界をはっきりさせれば、思考する自我がどこにあるのかを確定させるのに役に立つだろうと考えるのは、二世界論のもう一つの変形にすぎない。過去および未来へと無限に広がっていく時間のなかで、人間は与えられた時間がどうにも短いという有限性があって、それが、いわば、あらゆる精神活動の基本的枠組みをなしている。思考する自我が現象世界から退きこもり、この世での生活の基礎にしてセンスス・コムニスが持っている実在感覚を失ってしまった時にも、この有限性があるから思考としての思考が実在しているのだとはっきり分かるのである。

いいかえれば、ヴァレリーが、「我々が思考しているときには我々は存在しない」と述べたことは、もし我々の実在感覚が空間にまったく制限されているというのであれば、正しいだろう。思想がどこにもあることは、実は、どこにもない領域のことなのである。しかしながら、我々はたんに空間のなかにいるだけではなく時間のなかにもおり、「記憶の腹の中」（アウグスティヌス）から今はもうないものを思い出して、とりまとめ、今はまだないものを意志するように予測したり計画したりする。多分、「我々が思考するときにどこにいるのか」という我々の問いは、この活動のトポスを尋ねることによってまったく空間のことばかりに向かっていたのだから、多分間違っていたのだろう。それはまるで、カントの有名な考察、「時間は内感の形式、すなわち、我々自身及び我々の内的状態の直観の形式に他ならない」を忘れてしまったかのようである。カントにとってみれば、このことが意味しているのは、時間は現象そのものには何ら関係をもたない——我々の感覚に与えられるように「形や場所」に係わるのでなく——ということである。そうではなくて、時間というものは、我々の「内的状態」において「表象の関係」を規定する役目をはたしているのだが、現象がそのような「内的状態」に影響を与えるかぎりで係わるにすぎないということなのである。(9) そして、このような表象の働きが、現象としては存在しないものを現前させることになるのだが、これはもちろん、思考上のものである。すなわち、さまざまな経験や概念を精神の対象となりうるように整え、「一般化」によって空間的な性質をも奪って、徹底して脱物質化したのである。

時間によって、このような表象が一定の系列に組み込まれて相互の連関付けの仕方が決められる。そして、このような系列が、普通、思考の流れと呼ばれるものである。あらゆる思考は論証的であり、思考過程に従うかぎりは、我々が、普通、時間の継起的な本性を思い描くやり方に対応して、「無限進行の直線」のように類推から考えられる。しかし、そのような思考の線を形成するためには、経験においては並列的に与えられているものを無音の言葉——言葉をつうじてのみ考えることができるのだ——の継起へと変えていかなければならない。これは、我々がたんにもとの経験を脱感覚化するだけでなく脱空間化することをも意味している。

20 過去と未来の間の溝＝ヌンク・スタンス（nunc stans）

思考する自我が時間の中のどこに位置するのか、また、思考の絶え間ない活動が時間的に限定できるものなのかどうかということを見いだすことができると期待して、私はカフカの言う一つのたとえ話に立ち戻ろうと思う。* というのも、まさしくこのことを扱っているからだ。このたとえ話は、『彼』という題のアフォリズム集の一部である。(10)

彼には二つの敵がある。第一の敵は、背後から、その起源から責め立てる。第二の敵は、彼にたいして正面から道を遮る。彼は両方と戦う。実際には、第一の敵は、第二の敵との彼の戦いを支援する。というのも、彼を前に進ませたいからである。同じように、第二の敵も、第一の敵との彼の戦いを支援する。彼を押し戻すことになるからである。しかし、そういうのは理論の上だけのことである。というのも、そこにいたのはたんに二人の敵だけではなく、彼もいるからだ。彼の意向を実際に誰が知っているというのだろうか。とはいっても、彼の夢はといえば、いつか誰にも見張られていないときに――このためには前例のないほど暗い夜ということが必要だろう――前線から抜け出て、自分の戦闘の経験によって、敵が互いに戦うのを判定する立場になることなのである。

私からすると、このたとえ話は思考する自我の時間感覚を描いている。これは時間に関して我々の「内面状態」を詩的な形で分析しているのだが、我々がこの内面状態に気づくのは、我々が現象から退きこもって、精神活動が、それ特有のあり方で、〃私が思考するのを思考する〃（cogito me cogitare）とか、〃私が意志するのを意志する〃（volo me velle）とかいった具合に自分自身へと引き戻る時である。内的な時間感覚が生まれてくるのは、我々が現前していない不可視なものについて思考しているときに、それにまるごと没頭しているのではなくて、注意を活動そのものに向けはじめた時である。このような状態においては、過去と未来は、まさしく両者が等しく我々の感覚にたいして不在であるということによって、等しく現前している。こういうわけだから、過去の〈もはやない〉という状態は空間的には我々の背後にある何かとして変形され、未来の〈まだない〉状態は前方から我々に接近してくる何かとして変えられるのである（ドイツ語の未来、**Zukunft** はフランス語の **avenir** と同じく、字義どおりにはやって来るものを意味する）。カフカにおいては、この場面は過去と未来の力が互いに衝突する戦場なのである。その間にカフカが「**彼**」と名付ける人物がいるのだが、彼がそもそも踏みとどまりたいなら、両軍と戦わなければならない。この軍隊は「彼の」敵なのである。彼らはまるまる敵対しているのではなく、両者の間に立つ「彼」がいて彼らにたいして存在しなければ、お互いに戦うこともほとんどないだろう。また、たとえ対立が両者にもともとあったとして「彼」がいなくても互いに戦うことができたとしても、お互いにずっと以前に中立化して相互に破壊しあっていただろう。というのも軍としては両者は同等な力だからである。

いいかえれば、時間の持続、永続的変化というのは、過去、現在、未来という時制のなかに解体させられていく。その場合、過去と未来は〈もはやない〉というのと〈まだない〉として相互に対立しているのだが、それはまさに人間がいて、自分自身、「起源」としての誕生と終了としての死を持ち、そのゆえにいつでもその狭間にいるという状況があるからである。この狭間が現在と呼ばれる。絶えることなく淡々とした変化の流れ——絶対的な始まりも終わりも考えられない直線運動としても円環運動としても捉えることができる——を我々になじみの時間に変えるのは、限られた人生を持った人間がその流れに入りこむからだ。

過去と未来という二つの時制が対立する力と考えられ、それが現在ある**今**に衝突するというたとえ話は、どういう時間観念を持っているにしても、我々には奇妙に響く。カフカの用語が極度に切り詰められたものであるのは、寓話の実在感を出すために、〈思想の世界〉が生まれてくることができた元の現実の場面はどれも削られているからであるが、そのために、思想そのものよりも奇妙に響くということになっているかもしれない。そこで、『ツァラトゥストラはこう語った』のなかでニーチェが極度に寓意的な形で語った奇妙にこれと結びついた話を使おう。こっちの方がずっと理解しやすいのは、題どおり『幻影』や『謎』[11]だけが話題だからだ。この寓話は、ツァラトゥストラが門に到着したところから始まる。門には、どの門もそうであるように入口もあれば出口もある。つまり、二つの道の合流場所と考えることができる。

二つの道がここで合流する。誰もまだどっちの道にせよ最後まで行ったものはいない。一方の長い道程は永遠にまで戻ってのびている。もう一つの長い道は外に出ていっているが、これもまた別の永遠である。これらの道は互いに矛盾している。まさに正面から互いにぶつかって反撥しあっている。これらの道が合流するのはここ、この門口においてなのである。門口の名前が上の所に「今の瞬間」(Augenblick)と書いてある。……見よ……この今を。この今という門から長い永遠の道が後に続いており、我々の背後に永遠があるのだ。[そしてもう一つの道は前方にのびて永遠の未来に向かっている。]

ハイデガーは『ニーチェ』[12]のなかでこの部分を解釈して、この見解は傍観者の見解ではなくて、もっぱら門口の所に立っている人物の見解だといっている。傍観者からすると、時間というのはつぎつぎと今が継起していくという、我々が普通考えやすい仕方で経過していくからだという。合流地というものは存在しないのである。二つの道というのはなくて、ただ一つだけなのである。「衝突が起きるのは自分自身が今である人にとってだけである。……今の中にいる人は両方向を向いている。彼にとっては**過去**と**未来**は互いに反対に進む」。ニーチェの**永劫回帰**説をめぐる話を要約して、ハイデガーはこういう。「これが**永劫回帰**説の真正の中身である。すなわち、**永遠**は**今**のなかにあり、瞬間というのは傍観者にとってのみあるその場かぎりの今ではなくて、過去と未来の衝突なのである。」（同じ思想がブレイクにある――「永遠をきみの手の中に握り給え。／そうすれば、一時間の中に永遠が」。）

カフカに戻ろう。我々が記憶すべきは、このような例はすべて学説や理論についてではなく、思考する自我の経験に係わる思想を扱っているのだということだ。絶えず流れ続ける流れという視点からすると、人間が介入して両方向と戦うと、断絶が生じてくるが、これが両方向から護衛されると今度はこの断絶が広がって溝になり戦場と見られる現在となる。カフカにとってみれば、この戦場は地上の人間の故郷の比喩なのである。人間の視点から見れば、人間は各この瞬間に自分の過去と未来の間に挟み込まれているのだが、その過去も未来も彼の現在を作り上げているものをめざしているというわけである。そうした人間の立場から見ると、戦場というのは一つの狭間であり人生が営まれていく拡張された「今」なのである。現在というのは日常生活ではもっともあやしくつかみどころのない時制だが――私が「今」といって指させばもう行ってしまっている――、それはもはやない過去が、近づきつつあるがまだそこにはない未来と衝突したものに他ならない。人間はこの狭間に生きており、現在と呼ばれるものは、一つには、過去の死んだ重荷のために希望を抱いて前に進もうとすることとの生涯にわたる戦いなのであり、また一つには、未来が恐ろしいので（その唯一の関心は死である）、自分が確かだと思うただ一つの〔過去という〕現実に郷愁を持ち、それを記憶していて「過去という平静さ」に立ち帰ろうとすることとの戦いなのである。

このような時間構成が日常生活の時間系列とはまったく違うということをあまり気にかけすぎる必要はない。日常生活の場合、三つの時制はスムーズに継起し、時間そのものはカレンダーで決められて数列のようなものと考えられる。それによれば、現在は今日であり、過去は昨日とともに始まり、未来は明日に始まることになる。今ここで問題にしている場合でも、現在というのは、我々が過去を見返ったり、未来を見通したりして自分の位置をはかるための固定した点であり続けるのだから、過去と未来によって取り囲まれている。我々がいつまでも続く単なる変化の流れを時間の連続ととらえることができるのは時間そのものによってではなく、昨日始めた仕事を我々が続けており、明日には終えることができるだろうといった具合に、世界のなかで仕事や活動を持続しているということによるのである。いいかえれば、時間が連続しているのは我々の日常生活が連続しているからであるし、また、日常生活の仕事というのは思考する自我の活動とは違って――これはいつも周囲の空間的状況から独立している――、常に空間的に限定されており制約されている。日常生活がこのように徹底して空間的であるからこそ、時間について空間的なカテゴリーを使うのも納得がいくのだし、過去が我々にとって何か「後方」にあり、未来が「前方」にあるように見えることも可能になるのである。

カフカの時間のたとえ話は、日常の仕事をしている人間にあてはまることではなく、思考する自我が日常生活の営みから退きこもってしまうかぎりであてはまるのである。過去と未来の間の溝が口を開けているのは反省においてのことだけである。反省の主題となるのは不在のものであり、すでに消え去ってしまったものかまだ現われていないものだけである。反省によって不在の「領域」が精神の前に現れる。このような視点から見ると、思考活動は時間そのものに対する戦いだととらえることができる。「彼」は考えており、そのために現象の世界で日常生活の連続に引きずられることはないという理由だけで、過去と未来が純粋の存在として現われるのである。その結果、「彼」は〈もはやない〉と思うから前に向かって行けるし、〈まだない〉と意識するから後ろに立ち戻ってみるのである。

カフカの話はもちろん比喩的な表現で行なわれているし、日常生活から取ってきたイメージも類比のつもりで出されており、すでに示したように、それがないと精神現象はまったく記述できないのである。そして、それがいつも解釈に困難を引き起こすのである。ここで特に困難なのは、思考する自我〔ego〕というのは、世界のなかで現象し動いている意味での自己〔self〕ではないということに、読者が気づいていなければならないということである。その際、自我はまるで「彼」が〝失われた時を求めて〟(à la recherche du temps perdu)*いたり、将来を計画したりしているかのように、自分自身の過去の人生を回想しているのではないのである。思考する自我というのは年もとらなければどこにもいないものであるから、過去と未来が自我にたいして現われるのは、いわば、具体的な内容もなくあらゆる空間的カテゴリーから自由なものとしてである。思考する自我が「自分」の二重の敵だと感じているのは時間そのものであり、そこにある絶えざる変化であり不断の運動である。この運動はあらゆる〈存在〉をそのままに存在させておくことなく〈生成〉に変え、現在ある状態を休むことなく破壊し続けるのである。そのかぎり、時間は思考する自我の最大の敵であるが、それは――精神というのは身体に受肉化しうるのだが、身体の内側の運動は決して止むことはない――時間がたゆむことなく規則的に動かないでいる平静さに干渉して、精神が何もしないままで活動しているのを邪魔するからである。

このたとえ話の最後の意味が現われるのは結論の文章で、「彼」が、動かぬ現在、ヌンク・スタンス(nunc stans)という時間の溝のなかにいながら、人に気づかれないままで時間が尽きてしまう瞬間のことを夢見ている時である。その時、平静がこの世界に生まれでてくる。それは永遠の平静というわけではないが、「彼」に戦線から抜け出て、判定者の立場、人生の戦いの外側にいる傍観者であり判事へと昇進していくには十分な時間続く平静さなのである。この判定者にとってみれば、誕生と死との間の時間枠に意味があるのは、「彼」がそこに巻き込まれていないからこそなのである。

この夢とこの領域は、他ならぬ、ヨーロッパにおいてパルメニデスからヘーゲルに至るまでの形而上学の夢、人間の時計やカレンダーを超えたところにあって完全な平静のうちにある永遠の現在、まさしく思想の領域でなくて何であろうか。そして、「判定者の位置」、夢が求めてきた願いというのが、他ならぬ、ピタゴラスの観察者〔観客〕、すなわち、名声や利益を求めての戦いに参加しないで、利害に係わらず、取り組まず、心乱されることなく見せ物にだけ熱中しているからこそ「最良」の人々でなくて何であろうか。彼らこそが演じられているものの意味を見つけだし、その上演を判定できるのだ。

カフカの雄大な話をあまりに強引に変えなくても、多分もっと問題を先に進められるだろう。カフカの比喩で問題となるのは、「彼」が前線から飛び出ることで同時にこの世界からも飛び出てしまい、必ずしも上からというわけではないが、外側から判定するということなのである。さらに、いつまでも続く変化の無関心な流れに目標――すなわち、この流れと戦う存在である人間なのだが――を与えて、それを中断させるのは、人間の介入なのである。また、こうした介入を通じて、時間という無関心な流れが、背後にある過去と、前方にある未来と彼自身、戦っている現在、とに文節化されていくとすれば、人間の現前こそが時間の流れを、もともとの方向ないし(円環を想定した場合)究極的な無方向性であったかもしれないものからそらしていく原因だということになろう。このような方向ずらしは不可避のように見える。なぜなら、流れに介入して頭上をさらうように進む波にのたうち回るのは、なるがままに任せられた受動的なものではなく、自分の存在を守ろうとし、そうでもなければ彼に関係なかっただろうものを「自分の」敵だと決めてしまうような戦闘者だからである。ちなみに、その敵とは、過去と未来であり、過去に対しては彼は未来の助けを借りて戦うし、未来とは過去に応援されて戦うのである。

「彼」がいなければ、過去と未来の間には何の区別もなくて、ただいつまでも続く変化があるだけだろう。さもなければ、こうした諸勢力は正面衝突してお互い滅んでいくだろう。ところが、戦いの行われる現在が介入してくるので、一定の角度でぶつかることになり、正しい図ということになれば、物理学で言う力の平行四辺形ということになる。この図の良い所は思想の領域が世界や人間の時間を超えた上の所にある必要がないということである。戦闘者は思考のために必要な平静さと静寂を見いだすために前線から飛び出る必要がない。「彼」は、「自分」が疲れ切ったと

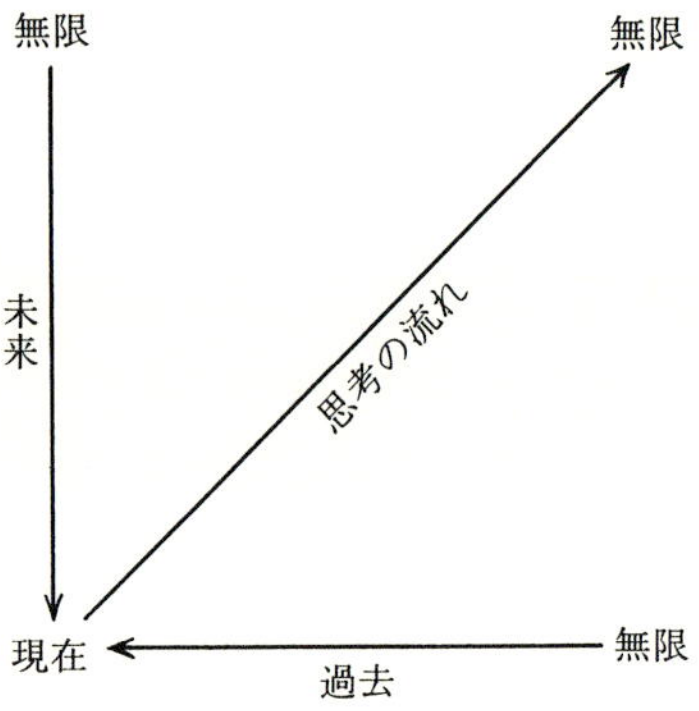

き休むことのできる領域というのが戦場そのものにもあるのだから、「自分の」戦いが無駄ではなかったと分かるだろう。言いかえれば、思考する自我が時間のなかでいる場所があるとすれば、過去と未来の狭間、現在というこの神秘的でとらえどころのない今であり、時間における単なる溝ということになろう。それにもかかわらず、もっと確固とした時制である過去と未来が、もはや存在していないもの、まだ存在していないものを示すかぎりにおいて、このとらえどころのない今にむかって行くのである。過去や未来がそもそもあるのは明らかに人間のおかげであり、人間こそが両者の間に入りこんでそこに現在を作ったのである。訂正してできた図の意味するところを短く追ってみたい。

理想的に言えば、平行四辺形を形成する二つの力の行動から生まれてくるのは第三の力ということになるし、結果として出てくる斜線が生まれてくるのは力がぶつかりそこで作用するところだということになろう。この斜線は時間の二つの力と同じ次元にとどまってそこから飛び出しはしないだろうが、もとの二つの力とは一つの重要な点で異なっている。過去と未来という二つの対立する力はその起源からすると両方とも無限定なものである。真ん中にある現在の視点からすると、一方は無限の過去からやってくるし、他方は無限の未来から来る。それらは初めが分からないけれど、区切られた終わりがあり、その点でそれらは出会いぶつかるのだが、これが現在なのである。これとは逆に、斜辺の力にははっきりとした起源があり、その出発点は他の二つの力の衝突するところなのである。ところが、その終わりに関しては、無限に起源を持つ二つの力が一緒になって作用したところから生まれてきたので無限であろう。このような斜線の力の起源は分かっており、方向は過去と未来によって規定されているが、その力の及ぶところはまるで無限に届くように無限定の終わりなのである。こういう斜辺の力の比喩は思考活動の比喩として完璧なもののように見える。

もし、カフカの「彼」がこの斜辺にそって、過去と未来の両力の圧力から完全に等距離で歩くことができるとすれば、たとえ話のように、前線から飛び出て修羅場を超えた彼方に行ってしまうことはなかったろう。というのは、この斜線はどこか無限を指し示してはいるが過去と未来の力によって限界付けられていわば取り囲まれており、それで空虚になることを防いでいるからだ。この線は現在に拘束され続けそこに根を持っている。この現在は、徹底して人間の現在であり、その実現が十分に行なわれるのは思考過程においてのみのことだし、この過程が続くかぎりのことである。それは人間が時間に圧迫され時間と格闘する生活のなかである**今**の平静さなのである。比喩を変えて言えば、嵐のさなかでの静寂さみたいなものである。そこではまるで嵐とは違っているが、嵐の中にはいるのである。考えているときには、このような過去と未来の溝のなかにこそ、時間のなかでの我々の場所を見いだすのである。すなわち、我々が過去と未来から十分に離れてその意味を分かるようになり、「判定者」の位置、この世の人間生活の多様で終わりのない出来事にたいして裁定し判決を下す位置につく時に、そこに我々の場所が分かるのである。この位置に立つというのは、その不可思議さに究極の回答が与えられるわけではなくて、どんな場合にせよ、問いに対していつでも新しく答える用意ができているという位置につくということなのだ。

誤解を避けるために言えば、私が思考の場を比喩によって試みに示そうとしてここで使っている図は、精神現象の領域でのみ通用するものなのである。歴史や伝記の上での時間に適用すれば、この比喩はおそらく意味をなさないだろう。そこでは時間における溝というのは生じないからだ。考えているかぎり、したがって、ヴァレリーに従えば、存在しないかぎり、人間――カフカが適切に言ったように「**彼**」であって「誰か」ではない――は、自分の具体的な存在が完全に現実性をもったかたちで生きるのだし、過去と未来の間のこの溝、無時間のこの現在に生きるのである。

この溝について最初に耳にしたのは、中世哲学の「静止する今」、ヌンク・スタンス(nunc stans)としてである。この場合には、ヌンク・アエテルニタティス(nunc aeternitatis, 永遠の今)という形式で神の永遠性のためのモデル、比喩として使われていた。[13] しかし、この溝の存在は歴史としていつの事実ということではなく、この地上において人間が存在し始めて以来ずっと存在するもののように見える。別の比喩を用いれば、我々はそれを精神の領域と呼んでいるけれども、多分、むしろ思考によって舗装された道、生まれては死んでいく人間に与えられた時空のなかで思考活動によって踏みならされていった小さな見えないくらいの非 - 時間の小道なのである。思考過程である記憶と予測は、この小道をたどりながら、歴史や伝記のうえでの時間を通じて、自分たちに触れたものはどれでも滅びないようにと救う。時間のど真ん中でのこの非 - 時間の小さな空間は、我々が生まれてくる世界と文化とは違って伝統によって継承され伝えられていくというものではない。ただし、思想書で偉大なものはどれもいささか謎めいた形でそれを指示しており、たとえば、ヘラクレイトスは周知のようにデルフォイの謎めいて不確かな神託について「それは言っていないし隠してもいない、ほのめかしているのだ」(oute legei, oute kryptei alla sēmainei)と述べている。

新しい世代、新しい人間はどれも自分が無限の過去と無限の未来の間にはさまれて存在しているのを意識するようになると、また新たに思考の道を発見してこつこつと踏み固めていかなければならない。それは、結局の所、可能だし、偉大な著作が奇妙なほど生き延び、数千年にわたって相対的にせよ永遠であるのは、それが小さくて見えないほどの非 - 時間の小道の中に生まれたということによるように私には思われる。そして、この著者たちの思想は、無限の過去と無限の未来の間にこの非 - 時間の小道を踏みならしていくのである。その場合、彼らは過去と未来をいわば自分たちに向けられ目指された——自分たちの先祖や子孫、自分たちの過去と未来——ものと受け止め、そうして自分たちのための現在、あるいは無時間的な仕事を作り出し、それによって自分たちの有限性を超越してしまえる、一種の無時間的時間を確立する。

たしかに、この無時間性は永遠性ではない。それは、いわば、過去と未来の衝突から出てくるものである。ところが永遠性の方は限界概念であって、あらゆる時間の次元が崩壊してしまうことを意味するので考えられない。ヌンク・スタンスという思考活動のなかで経験する時間の次元は、〈もはやない〉と〈まだない〉という不在の時制を取りまとめて現前させる。これがカントの「純粋知性の地」(Land des reinen Verstandes)、「島であって自然そのものによって変えようのない限界の中に囲まれており」、日常生活という海の、「広大で嵐の吹きあれる大洋によって取り囲まれている」[14]ものなのである。そして、私はこれが「真理の地」だとは思わないが、たしかにこの領域でだけ、人間生活とその意味の全体という捉えがたい全体が、〈私は存在する〉という純粋な持続の形態で現れるのである。すなわち、世界が絶えず過渡的に変転していくというなかで持続的なものの現存が示されるのである。そもそも、人間生活の意味は生命に限りある人間にとってはつかめないままで残るものだが(だれも死ぬ前まで幸福だということができない、nemo ante mortem beatus esse dici potest)、人間の存在は、他のものがすべて固有の意味で存在しはじめるのはこれらが完成された後であるのに対し、もはや存在しないときには終わるのである。思考する自我のこのような経験のゆえにこそ、現在という、もっともはかない時制が現象世界で優位をしめるということが哲学的思索のほとんど独断的な原理となっているのである。

この長い考察の最後にあたって私が注意を喚起したいことがあるが、それは私の「方法」や「基準」、あるいはもっと悪く「価値」についてではない。こういうものはすべてそのような企てにおいては、それらが読者や聴衆にはまったく明らかなもののように見えても、親切にも著者には隠されているものだ。そういうものではなく、私の意見ではこうした探求の基本的前提となっているものにたいして注意を喚起したいのである。私は形而上学的な「誤謬」について論じたが、ここには、すでに明らかになったように、思考という不可思議で尋常ならぬ活動についての重要なヒントが含まれている。いいかえれば、もうしばらく前から、ギリシアの初め以来現代に至るまで知られてきた形而上学および哲学をそのカテゴリーともども解体しようとしてきたものの一人に、私が加わってきたことは確かだ。このような解体が可能なのは、伝統の糸が切れ、我々がもうそれを新しくしなおすことができなくなると思うときだけだ。歴史的に言えば、実際に崩壊したのは、数千年にもわたって統一されてきた宗教と権威と伝統とのローマ的三位一体である。こうした三位一体の喪失によって過去が破壊されるわけではないし、解体過程そのものが破壊的であるわけでもない。結論が引き出されるのは、事実としての崩壊からであり、それ自体ではもはや「思想史」の一部ではなくて、我々の政治史、すなわち、世界史の一部であるようなものの崩壊からである。

失われたものは過去の連続性であって、これは世代から世代へと手渡され、その過程を通じて一貫性を増していくように見えたものである。解体の過程にはそれ固有の技術が必要だが、このことについては付随的に論じたことを除けば、基本的には立ち入らなかった。それでも過去は残るのだが、それは断片化された過去であり、もはや確実に評価されるというものではない。この点については、次の数行の引用をした方が、私ができる以上にまたぴったりと言い表わすことになろう。

父は五ひろ、海の底。
　骨は珊瑚に、なりかわり。
二つの眼は今、真珠。
　身体はどこも朽ち果てず、
海の力で、みな、変えられて
　不思議な宝となっている。

『あらし』第一幕、第二場*

私がここで扱ったのは、海での変化の後のこのような過去からの断片なのである。そもそも、このような断片を使うことができたのは、思考が時空の世界に踏み固めている無時間の道があるからだ。もし私の聴衆ないし読者が、この解体に一発挑んでみようという気になったとしたら、彼らが「不思議な宝」、「珊瑚」や「真珠」を破壊してしまわないように注意してもらわなければならない。おそらくは、断片になってしか残されないかもしれないからだ。

ああ、きみの手を水に突っ込みたまえ
　さらに手首の所まで突っ込みたまえ
たらいの中をじっとじっと見つめたまえ
　それから、自分が見失ったものを考えたまえ
氷河が食器棚のところでがたがた音を立て、
　砂漠がベッドでため息をつく、
それから、ティーカップの割れ目が、
　死者の国への道を開く

W. H. オーデン[15]

同じことを散文で表現すれば、「不当に忘れ去られている本というのはいくつかあるが、不当に記憶されている本はない[16]」。

21 補　遺

本書の下巻で、私は意志と判断という、二つの他の精神活動を扱うつもりである。ここでの時間についての考察という見地から見るならば、意志と判断の働きとは、まだ存在しないか又はもはや存在しないかのいずれかの故に、現前していない事柄に係わっている。しかし思考活動がすべての経験における不可視的なものを扱い、常に一般化の傾向があるのに対して、これら二つの作用は常に特殊的なものを取扱うのであり、この点で現象界にはるかに接近している。目的もなく意味への探究を行う理性の要求によって、我々の常識がひどく不快な気持ちになっているのを慰めようとするならば、思考は、将来あるべきことを決定し、もはや存しないことを評価するための、不可欠の準備である、という理由だけによって、我々はこの要求を正当化してみたくもなる。過去が過去であることによって、我々の判断に従うようになるのだから、今度は判断が意志作用のための単なる準備となるであろう。これは紛れもなく、活動する存在であるかぎりの人間の見地であり、ある範囲で正当な見地である。

しかし思考活動を、それが実際的でなく有用でないという非難から守ろうとするこの最後の企ては、うまくいかない。意志が到達する決定は、欲求の機構やその決定に先行する知性の熟慮からは決して導出されえない。意志は、自分を拘束するような動機の全因果連鎖を中断する自由な自発性の器官であるか、さもなければ単なる錯覚に他ならないか、のいずれかである。意志は、一方では欲求に関して、他方では理性に関して、かつてベルクソンが述べたように、「一種のクーデター」のように活動する。そしてこのことはもちろん、「自由な行為は例外的である」ということを含んでいる。すなわち「我々は、自分自身に戻ろうと意志するときには常に自由であるが、我々が意志しつつあるということはめったに起こらない。」[17]（傍線付加）ということを意味する。言いかえれば、自由の問題に触れることなしに意志活動を扱うことは不可能である。

私は内的明証――ベルクソンの言葉では「意識の直接的与件」――を真剣に扱うことを提案する。そしてこの主題に関して、この与件とこれに付随するあらゆる問題は古代ギリシアに知られていなかったと主張する多くの著者に私は同意する。したがって、この能力は「発見された」ということ、そして我々はこの発見について歴史的に日時を確定できるということ、それ故この発見が我々の生活の特殊な領域としての人間の「内面性」の発見と一致することが分かるだろう、ということを認めなければならない。要するに私は、意志の能力をその歴史の見地から分析しようとするのである。

人々がこの逆説で自己矛盾した能力(あらゆる意欲は、それが命令という形で自己自身に語りかけるために、それ自身に対抗する意欲を生み出す)と共に持った経験を、私は辿ることにする。すなわち、意志の無力さを早い時期に発見した使徒パウロ――「私は私の欲することをなさない、しかしまさに私がいやなことをなす。」[18]――から始めて、中世が我々に残したその証拠の吟味に進む。この吟味が始まるのは、「戦闘状態にある」のは、霊と肉ではなくて、意志としての精神とそれ自身とであり、人間の「最奥の自己」とそれ自身とである、というアウグスティヌスの洞察からである。それから私は近代に赴く。進歩の観念の興隆と共に、近代は、哲学が古来、現在を他の時制に対して優先させるのを未来の優先性と引き換えた。それはヘーゲルの言葉によれば、「『今』が抵抗することのできない」力であった。それで思考は、「本質的に、直接に現前するものの否定だ」(**in der Tat ist das Denken wesentlich die Negation eines unmittelbar Vorhandenen**)[19]と考えられた。あるいはシェリングの言葉ではこうである。「最後の究極の審判においては、**意志**以外のどんな**存在**もない。[20]」――つまりそれは、ニーチェの「力への意志」の中に最終の絶頂的で自己敗北的な結末を見出すような構えなのである。

同時に、私は**意志**の歴史におけるこれと平行的な発展を辿ろうと思う。それによれば、意欲とは、人々が自分たちが「どういう者に」なるかについて決め、どんなふうに自らを現象界の中で示すことを望むかを決める内的な能力なのである。言いかえれば、この内的な能力は、その主要事が対象〔object〕ではなくて投企〔project〕にあるような意志である。この投企はある意味で、叱責されたり賞賛されたりすることができ、たんにその活動の故にばかりでなく、その全体的な「存在」、つまりその性格の故にもいささかの責任を担う、人格を創造するのである。二〇世紀思想において大きな役割を演じ、人間は自分自身の創造者であり工作者であると主張した、マルクス主義や実存主義の観念は、こうした経験に依拠しているのであり、たとえ誰も自分自身を「作った」り、自分の存在を「創造した」りしていないことが明らかであっても、そうなのである。私が思うに、これは形而上学的誤謬の最後のものであり、それは近代が、意志の働きを思考の働きの代替物として強調したことに対応している。

私は判断の分析をもって下巻を終える予定であるが、ここでの主要な困難は、権威ある証拠を示す資料が不思議に乏しい点にあるだろう。カントの『判断力批判』以前には、この能力は主要な思想家にとって主要な主題になってはいなかった。

私は次のことを示そうと思う。すなわち判断力を我々の精神の独特の能力として選りだす際に、私自身が主として仮定しているのは、判断は演繹によっても帰納によっても到達することができない、ということである。つまり判断は次のような論理的操作、「すべての人間は死すべきである、ソクラテスは人間である、ゆえにソクラテスは死すべきである」と述べるような論理的操作とは、まったく共通点を持たない、ということである。我々は「沈黙の感覚」を探究しようとしている。それは、たとえ取り扱われたとしても、カントにおいてさえ、常に「趣味」として美学の領域に属するものとして考えられてきた。それは、実践的・道徳的事柄においては「良心」と呼ばれた。そして良心は判断を下さず、神あるいは理性の神聖な声として、人々に何をなすべきか何をなすべきではないか、何を悔いるべきかを告げた。良心の声がいかなるものであろうと「沈黙」だとは言えない。良心の声の正当性は、一切の人間の法律と規則にすぎないものを超えて、その上に立つ権威に完全に依拠しているのである。

カントにおいて判断力は、「訓練されうるのみで、教えられることのできない一つの特異な能力」として現れる。判断力は特殊なものを扱う。そして普遍的なもののなかで動いている思考する自我が、退きこもりから出現し、個別の現象の世界に立ち戻るとき、精神はこの個別の現象を扱うために新しい「才能」を必要とすることが分かる。カントは、次のように考えていた。「鈍感な、あるいは狭隘な精神の持ち主は、……実際に学習によって訓練され、博識にさえなることができる。しかしそうした人々は普通依然として判断力が欠如しているので、学識ある人々でいながら自分の学問的知識の適用にあたって、決して改善されることのない元々の欠陥をさらけ出すようなことに出会うのは、ごくありふれたことである」[21]。カントの場合、判断力の助けとなるものは「統制的理念」をもった理性である。しかしもしこの能力が、精神の他の能力から分離されるならば、我々は判断力にそれ固有の〝手口〟(modus operandi)つまりそれ固有の進行の仕方を帰さねばならないだろう。

そしてこのことは近代思想が悩まされている一連の問題全体にとっていささか重要であり、とりわけ理論と実践の問題に対して、半ばもっともらしい倫理学上の理論に到達しようとするあらゆる企てに対して、そうである。ヘーゲルとマルクス以来、こうした問いは**歴史**の地平において、しかも人類の**進歩**のようなものがあるという仮定の下で扱われてきた。結局、我々には、これらの事柄のうちにあるただひとつの選択だけが残されるだろう。つまり我々はヘーゲルと共に〝世界史は世界法廷である〟(Die Weltgeschichte ist das Weltgericht)と述べて、その究極的判定を**成功**に委ねるか、あるいはカントと共に、人々の精神が自律しており、ものごとの現状およびそうなった由来から精神が独立できると主張することができるかの、いずれかという選択である。

ここで我々は初めてのことではないが、歴史〔history〕の概念を問題にしなければならない。ところで我々は、この言葉の最古の意味を反省することができる。この言葉は、我々の持つ政治的・哲学的言語の中の多くの他の述語と同様、ギリシア語に起源を持っており、「いかにあったかを告げるために探究すること」を意味するヒストレイン（historein）――ヘロドトスにおける「あるところのものを言う（legein ta eonta）」――に由来する。しかしこの動詞の起源は、また逆にホメロス（『イリアス』第一八巻）にある。そこでは、名詞 histor（いわば歴史家〔historian〕）が見いだされ、しかもこのホメロスの歴史家は判定者である。もし判断力が過去を扱うための我々の能力であるならば、歴史家とは過去を語ることによって過去についての判定を下すところの探究者である。もしそうであるなら、我々は、いわば近代の「**歴史**」という名の偽りの神から、人間の尊厳の返還を求め取り戻すだろう。それは歴史の重要性を否定することによってではなく、歴史が究極的な判定者であるという権利を否定することによってなされる。私は老カトーと共にこの省察を始めたが、彼は「私は一人でいるときほど孤独でないことはなく、何もしないときほど活動的であることはない」と言っていた。老カトーは、奇妙な文句を我々に残した。それは返還要求の企ての中に含意されている政治の原理を巧みに要約している。彼はこう述べた。「勝利の大義は、神々を喜ばせたが、敗北したものの大義はカトーを喜ばせる。」（Victrix causa deis placuit, sed victa Catoni）*。

原注

英語版の原注では、フランス、ドイツなどの著作が原則として英語訳にされてページ数が指示されている。これでは、日本の読者にとってはあまり意味がないので、基本的には、引用されている原著のページ数を示した。その上、可能なかぎり、日本で翻訳されているものの対応箇所のページ数も示した。

序論

（1）『純粋理性批判』、B 871.（邦訳高峯一愚訳、世界の大思想10、河出書房、五二六ページ）。

（2）**Eichmann in Jerusalem, New York**, 1963. 邦訳『イェルサレムのアイヒマン』大久保和郎訳、みすず書房、一九六九年。〔巻末の解説を参照のこと。この書物は、大論争をひきおこした。アーレントは、ドイツ人側からは、反ヒットラー運動に対する評価が低いと批判され、ユダヤ人側からは、ユダヤ人にも責任があるように分析されていることへの非難がわきあがった。なお、この本の副題は「悪の陳腐さについての報告」である。〕

（3）形而上学に関する注、Kant's handschriftlicher Nachlass, 五巻、Kant's gesammelte Schriften, Akademie Ausgabe, Berlin, Leibzig, 1928, 一八巻、五六三六。

（4）サン・ヴィクトールのフゴ。〔一〇九六－一一四一。パリのサン・ヴィクトールにあったアウグスティノ会修道院の修道士。〕

（5）André Bridoux, Descartes: Œuvres et Lettres, Pléiade ed., Paris, 1937, 序論、八ページ。ガリレオの「数学は宇宙が書かれた言語である」と比較せよ。一三ページ。

（6）Nicholas Lobkowicz, Theory and Practice: History of a Concept from Aristotle to Marx, Notre Dame, 1967, p. 419.

（7）De Republica, I, 17.

(8) 『精神現象学』、グロックナー版 Bd. 2, S. 84.「感覚的確信」(邦訳金子武蔵訳、岩波書店、九九ページ)。

(9) 一九三〇年に最初に行われた講義、"Vom Wesen der Wahrheit"(『真理の本質について』)への注を見よ。現在は、Wegmarken(『道標』)、Frankfurt, 1967, p. 97.(邦訳全集第9巻、辻村公一他訳、創文社、二四五ページ。ドイツ語新全集、二〇二ページ)。

(10) "Glauben und Wissen"(1802)『信と知』、Werke, Frankfurt, 1970, vol. 2, p. 432.(邦訳久保陽一訳、公論社、一六六ページ)を見よ。

(11) 第一一版。

(12) Werke, Darmstadt, 1963, vol. I, pp. 982, 621, 630, 968, 952, 954, 974.

(13) 彼の "The Basic Works of Aristotle"(『アリストテレス主要著作集』)、New York, 1941, の序論、p. xviii.

(14) 『純粋理性批判』、B878.(邦訳、五三〇ページ)このショッキングな節があるのは『純粋理性批判』の最後の「部」である。ここでカントは、形而上学を学として確立したとしている。この考えは「思弁的人間理性と同じく古来存在するものである。理性的な人間で、スコラ的なやり方にせよ、通俗的なやり方にせよ、思弁しないということがあるのだろうか」(B 871)(同五二六ページ)。この「学」は……「今では一般の不評となってしまった」というのも、「当然求められるべき以上のことが形而上学から期待されてしまったからである」(B877)(同五三〇ページ)。『すべての将来の形而上学へのプロレゴーメナ』五九節および六〇節も見よ。

(15) 『悦ばしい知識』第三書一二五番、「狂人」。(邦訳信太正三訳、ニーチェ全集第八巻、理想社、一八七―九ページ)。

(16) 『偶像の黄昏』「いかにして「真の世界」はついに寓話となったか」。(邦訳原佑訳、ニーチェ全集第十三巻、理想社、四三ページ)。

(17) Holzwege, Frankfurt, 1963, S. 193.『杣径』のなかの『ニーチェの言葉「神は死せり」』(邦訳茅野良男他訳、創文社、二三五ページ)。

(18) B125とB9.

(19) René Char, Feuillets d'Hypnos, Paris, 1946, no. 62.

（20）『饗宴』、212a.（邦訳鈴木照雄訳、プラトン全集第5巻、岩波書店、九八ページ）。

（21）Kant's handschriftlicher Nachlass, vol. VI, Akademie Ausgabe, vol. XVIII, 6900.

（22）Werke, vol. I, p. 989.（『視霊者の夢』アカデミー版、II、S. 373. 邦訳川戸好武訳、一九八ページ）。

（23）"Prolegomena"『プロレゴーメナ』Werke, vol. III, p. 245, Akademie Ausgabe, III, S. 367.（邦訳湯本和男訳、カント全集第六巻、理想社、三六三ページ）。

（24）『純粋理性批判』、Bxxx.（邦訳、三六ページ）。

（25）Kant's handschriftlicher Nachlass, vol. V, Akademie Ausgabe, vol. XVIII, 4849.

（26）Sein und Zeit,『存在と時間』、II. unveränd. Auf., Tübingen, 1967, S. 1.（邦訳原佑・渡辺二郎訳、中央公論社、世界の名著74、六五ページ）。S. 151 と 324 を参照せよ。

（27）Wegmarken『道標』のなかの『「形而上学とは何か」への序言』、Frankfurt, 1976, S. 377.（邦訳全集9巻、四七四ページ）。

（28）ヘーゲル『精神現象学』、グロックナー版、緒論、Bd2, S. 67.（Suhrkamp, II. S. 68, 金子訳、七五ページ）。

（29）同上、S. 80.（Suhrkamp II. S. 80, 金子訳、九一ページ）。

第I章

（1）『ニコマコス倫理学』、I, 5（邦訳高田三郎訳、世界の大思想2、河出書房新社、二〇ページ）と『エウデモス倫理学』、1215a35ff.（邦訳茂手木元蔵訳、アリストテレス全集14、岩波書店、一九五ページ）では三種類の生が列挙されている〔政治的生活、哲学的生活、享楽的生活の三つである〕。美しいものの必要や有用に対する対立については『国家』1333a30ff. を見よ。アリストテレスの三つの生活様式とプラトンの『ピレボス』の列挙、すなわち、快の道、思慮の道（プロネーシス、phronesis）、両者を混ぜた道（22）を比較するのはおもしろい。快の道については、プラトンは快自体が時間的にも空間的にも際限のないものだという理由で反対する。「それ自体には初めも真ん中も終わりもないし、そこから導出することもできない」（31a）。「すべての賢者（ソフォイ、sophoi）と同じく」彼は、「ヌース、すなわち、思考と真理の能力が我々にとっては天でも地でも王である」(28c)ことに同意するが、「喜びも悲しみも知らない」生は、単なる生に限りあるものにとっては、もっとも神的なものでも(33a-b)、耐えがたいとも考えている。それゆえ、「無限なものと限りあるものとを混ぜたものがすべての美の源泉だ」(26b)とも考えている。

(2) Thomas Langan, Merleau-Ponty's Critique of Reason, New Haven, London, 1966, p. 93.

(3) 断片、1.(『初期ギリシア哲学者断片集』山本光雄訳編、岩波書店、四一ページ)。

(4) 『国家』、VII, 514a-521b.(邦訳藤沢令夫訳、プラトン全集11、岩波書店、四九二—五〇八ページ)。

(5) Kant, Opus Postumum, ed. Erich Adickes, Berlin, 1920, p. 44. たぶんこの注は一七八八年である。

(6) 『純粋理性批判』、B565.(邦訳、三七三ページ)。

(7) Maurice Merleau-Ponty, Le visible et l'invisible, Paris, 1964, p. 34. メルロ・ポンティ『見えるものと見えないもの』(邦訳滝浦静雄・木田元訳、みすず書房、三〇ページ)。

(8) Maurice Merleau-Ponty, Signes, Paris, p. 29. メルロ・ポンティ『シーニュ』(邦訳竹内芳郎監訳、みすず書房)。

(9) Hermann Diels と Walther Kranz, Die Fragmente der Vorsokratiker, Berlin, 1959, vol. II, B26.(邦訳『初期ギリシア哲学者断片集』、一〇一ページ)。

(10) 『見えるものと見えないもの』、pp. 63-64.(邦訳、六二—六三ページ)。

(11) Das Tier als soziales Wesen, Zürich, 1953, p. 252.

(12) Animal Forms and Patterns, trans. Hella Czech, New York, 1967, p. 19.

(13) 同書、p. 34.

(14) Das Tier als soziales Wesen, p. 232.

(15) 同上。

(16) 同書、p. 127.

(17) Animal Forms and Patterns, pp. 112, 113.

(18) Das Tier als soziales Wesen, p. 64.

（19）Biologie und Geist, Zürich, 1956, p. 24.
（20）『人間知性論』、bk. III, chap. 1, no. 5.（邦訳大槻春彦訳、岩波文庫㈢、八一ページ）。
（21）メルロ・ポンティ『シーニュ』、Introduction, p. 25.
（22）『見えるものと見えないもの』、p. 313.（邦訳、三八二ページ）。
（23）『シーニュ』、p. 209.
（24）『見えるものと見えないもの』、p. 313.（邦訳、三八二ページ）。
（25）『霊魂論』403a5-10.（邦訳山本光雄訳、アリストテレス全集6、岩波書店、六ページ）。
（26）同書、413b24ff.（同上、四四ページ）。
（27）『動物発生論』、II, 3, 736b5-29.（邦訳島崎三郎訳、アリストテレス全集9、岩波書店、一六二―一六三ページ）。
（28）『命題論』、16a3-13.（邦訳、八五ページ）。
（29）Mary McCarthy, "Hanging by a Thread", The Writing on the Wall, New York, 1970.
（30）Enarrationes in Psalmos, Patrologiae Latina, J.-P. Migne, Paris, 1854-66, vol. 37, CXXXIV, 16.
（31）断片、149.
（32）Schelling, Das Wesen der menschlichen Freiheit（1809）, Sämtl. Werke, Stuttgart u. Augsburg, 1860, I. Abt., Bd. 7, S. 414. シェリング『人間的自由の本質』（邦訳西谷啓治訳、岩波文庫、一五六ページ）。
（33）断片、34.
（34）『純粋理性批判』、B354-B355.（邦訳、二四〇ページ）。
（35）同書、A107.（邦訳、一三五ページ）。また、B413（邦訳、二六七―二六八ページ）も参照せよ。「内観には何も永続的なものはない」。また、B420（邦訳、二七一ページ）「私が考える」かぎり、「永続的な」ものは「何も……直観に与えられない」。
（36）『見えるものと見えないもの』、pp. 36-37.（邦訳、三二一―三二二ページ）。
（37）『純粋理性批判』、A381.（邦訳、二九三ページ）。
（38）『純粋理性批判』、B565-B566.（邦訳、三七三ページ）。カントはここで「超越論的」と書いて、意味は「超越的」に使っている。カントの著作を読むものにとっての落とし穴の一つになる混乱にカント自身が犠牲になっているのは、ここが唯一の個所だというわけではない。この二つの言葉の使用についてもっとも明確かつ簡明に説明しているのは『プロレゴーメナ』である。そこで、彼は二五二ページ(Werke, vol. III)(Akademie Ausgabe, Bd. 4. S. 373. 邦訳二一三ページ)で、ある批評家に答えて次のように述べている。「私の場所は経験の実り豊かな低地(バトス、bathos)だ。超越論的という言葉は……あらゆる経験を超越するものという意味ではなくて、経験が可能になるために経験に(アプリオリに)先立つものという意味である。もし、これらの概念が経験を超越するなら、それを概念の超越的使用と呼ぼう」。経験から区別されて現象を規定する対象は、経験としての現象を明らかに超越する。

(39)『純粋理性批判』、B566.(邦訳、三七四ページ)。

(40) 同書、B197.(邦訳、一五九ページ)。

(41) 同書、B724.(邦訳、四五三ページ)。

(42) 同書、B429.(邦訳、二七五―二七六ページ)。

(43) The Philosophy and Theology, New York, 1962, p. 7. 同じ気分で教壇でのハイデガーはアリストテレスの生涯についてよく述べていた。「アリストテレスは生まれ、仕事をし(生涯を思索に費やし)そして死んだ」と、言うのである。

(44) 彼の Commentary to I Corinthians 15.『コリントの信徒への第一の手紙への注釈』。

(45)『純粋理性批判』、A381.(邦訳、二九三ページ)。

(46) 同書、B157-B158.(邦訳、一二四ページ)。

(47) 同書、B420.(邦訳、二七一ページ)。

(48) Träume eines Geistersehers, erläutert durch Träume der Metaphysik『視霊者の夢』, I, Teil, 2. Akademie-Ausgabe, Bd. 2, S. 338f.(邦訳、II 一五五ページ)。

(49) "Allgemeine Naturgeschichte und Theorie des Himmels"『天界の一般自然史と理論』Werke, vol. I, S. 357.(邦訳高峯一愚訳、カント全集第十巻、理想社、一七六ページ)。

(50) The Bound of Sense: An Essay on Kant's Critique of Pure Reason, London, 1966, p. 249.

（51）『見えるものと見えないもの』、pp. 28ff.（邦訳、二四ページ以下）。

（52）The Human Condition, pp. 273ff.（邦訳、『人間の条件』、志水速雄訳、中央公論社、三一一ページ以下）。

（53）『方法序説』第3部、in Descartes: Œuvres et Lettres, pp. 111, 112.（邦訳三宅徳嘉・小池健男訳、白水社版デカルト著作集第1巻、三五、三七ページ）；最初の引用については、The Philosophical Works of Descartes, trans. Elizabeth S. Haldane and G. R. T. Ross, Cambridge, 1972, vol. I, p. 99 を見よ。

（54）プラトン『ピレボス』、67b.（邦訳、全集四、三三六ページ）、52b.（同、二九一ページ）。

（55）同書、33b.（同、二三一—二三二ページ）、28c.（同、二一八ページ）。

（56）『方法序説』第4部、in Descartes: Œuvres et Lettres, p. 114.（邦訳、三八ページ）。

（57）『見えるものと見えないもの』、pp. 58-59.（邦訳、五七ページ）。

（58）"Anthropologie"『人間学』、no. 27, Akademie Ausgabe, Bd. VII, S. 167.（邦訳山下太郎・坂部恵訳、カント全集第十四巻、理想社、九二ページ）。

（59）ハイデガーは正しくこう指摘している。「デカルト自身はコギト・エルゴ・スムという文が三段論法による推論ではないと強調している。〈私は存在する〉は〈私は考える〉の帰結ではなく、その逆に、その基礎、フンダメントゥム（fundamentum）なのである」。ハイデガーは三段論法ならとらねばならぬ形式をこういうことになろうと述べている。〝思考するものは存在する。ところで私は思考する。したがって私は存在する〟（Id quod cogitat est: cogito; ergo sum.）Die Frage nach dem Ding『ものへの問い』、Tübingen, 1962, p. 81.（邦訳、ハイデッガー全集第41巻、高山守他訳、一一四ページ）。

（60）Tractatus,『論理哲学論考』、5. 62; 6. 4311.（邦訳山元一郎訳、中央公論社、世界の名著58、四〇四、四二六ページ）。参照せよ、Notebooks 1914-1916, New York, 1969, p. 75e.

（61）Thomas Aquinas, Summa Theologica, pt. 1, qu. 1, 3 ad 2. トマス・アクィナス『神学大全』、（邦訳高田三郎監修、1、創文社、一〇ページ）。

（62）ゴットシェッドが最初にコモンセンス（sensus communis）を「第六官」とのべたようだ。Versuch einer Kritischen Dichtkunst für die Deutschen, 1730 にあり。参照 Cicero, De Oratore, III, 50.

(63) Thomas Landon Thorson, Biopolitics, New York, 1970, p. 91 からの引用。
(64)『神学大全』、pt. I, qu. 78, 4 ad 1.
(65) 前掲同一個所。
(66) 同上。
(67) Notebooks 1914-1916, 14, 5. 1915.『草稿一九一四―一九一六』(邦訳奥雅博訳、ウィトゲンシュタイン全集1、大修館書店、二〇九ページ)。
(68)『政治学』、1324a16.(邦訳山本光雄訳、岩波文庫、二一〇―二一一ページ)。
(69)『見えるものと見えないもの』、p. 63.(邦訳、六二ページ)。
(70)『ピレボス』、25-26.(邦訳田中美知太郎訳、プラトン全集第4巻、岩波書店、二〇八―二一二ページ)。
(71) 同書、31a.(邦訳、同書、二二五ページ)。
(72) Thomas S. Kuhn, The Structure of Scientific Revolutions, Chicago, 1962, p. 163. トーマス・クーン『科学革命の構造』(邦訳中山茂訳、みすず書房)。
(73)『純粋理性批判』、B367.(邦訳、二四六ページ)。
(74)『命題論』、17a1-4.(邦訳山本光雄訳、アリストテレス全集1、岩波書店、八九ページ)。
(75) 980a22ff.(邦訳出隆訳、アリストテレス全集12、岩波書店、三ページ)。
(76) Monadology, no. 33.『モナドロジー』、(邦訳西谷裕作訳、ライプニッツ著作集9、工作舎、二一九ページ)。
(77)『自然学』、188b30.(邦訳出隆・岩崎允胤訳、アリストテレス全集3、岩波書店、二五ページ)。トマス・アクィナスはアリストテレスの句「真理そのものに強制されたかのように」(quasi ab ipsa veritate coacti)を De Anima『霊魂論』、I, 2, 43 への注のなかで、くりかえしている。
(78) Dictionnaire de l'Académie には同じ様な調子でこう書いてある。「真理が人間精神に対して持っている力のことをいうための真理の力」。
(79) W. H. Auden, "Talking to Myself", Collected Poems, New York, 1976, p. 653.

(80) Philosophie der Weltgeschichte. Lasson ed., Leibzig, 1920, pt. I, pp. 61-62.

(81) 形而上学への注、Akademie Ausgabe, vol. XVIII, 4849.

(82) 『純粋理性批判』、A19, B33.（邦訳、六三ページ）。

(83) カントの理性と知性の区別に関しての私の理解を支持しているとして引用してよい、私の知る唯一のカント解釈は、エリック・ヴェイユの『純粋理性批判』についての完璧な分析、Problèmes Kantiens, 2nd ed., Paris, 1970の "Penser et Connaître, La Foi et la Chose-en-soi" である。ヴェイユによれば、〝カントは純粋理性に対して学を認識し、発展させる可能性を否定し、その代わりに、認識するのではなくて思考する知を獲得する可能性を認めたと主張する〟(p. 23)のは避けられない。しかしながら、ヴェイユの結論は、カント自身の自己理解により近いことを認めなければならない。ヴェイユは純粋理性と実践理性の相互結合関係に主たる関心があるので、〝カント哲学の究極の基礎は彼の人間論、哲学的人間学に求めなければならず、『認識論』にではない……〟(p. 33)と述べる。ところが、私のカント哲学への主たる留保はまさしく彼の道徳哲学、すなわち、『実践理性批判』に係わっているのである。もちろん、『純粋理性批判』を一種の認識論として読む人はこの本の結論部分をまったく無視しているように思える(p. 34)。

ヴェイユの四つの論文は近年のカント文献のなかで群を抜いて重要なものであるが、これはすべて〝認識と……思考の対立は……カント思想を理解するための基本である〟(p. 112, n. 2)という簡潔にして肝要な洞察を基礎にしている。

(84) 『純粋理性批判』、A314.（邦訳、二四八ページ）。

(85) 同書、B868.（邦訳、五二五ページ）。

(86) 同書、BXXX.（邦訳、三六ページ）。

(87) 同所。

(88) 同書、B697.（邦訳、四四〇ページ）。

(89) 同書、B699.（邦訳、四四一ページ）。

(90) 同書、B702.（邦訳、四四二ページ）。

(91) 同書、B698.（邦訳、四四一ページ）。

（92）同書、B714.（邦訳、四四九ページ）。
（93）同書、B826.（邦訳、五〇四ページ）。
（94）同書、B708.（邦訳、四四六ページ）。

第Ⅱ章

（1）De Veritate, qu. XXII, art. 12.
（2）『純粋理性批判』、B171-B174.（邦訳、一四七ページ）。
（3）『判断力批判』、序論。（邦訳坂田徳男訳、世界の大思想11、河出書房、一五九ページ）。
（4）『大論理学』、第Ⅱ版への序言。
（5）『法の哲学』、序言。（邦訳藤野渉・赤沢正敏訳、中央公論社、世界の名著35、一七四ページ）。
（6）断片一〇八。（邦訳『初期ギリシア哲学者断片集』、三四ページ）。
（7）ツキディデス『戦史』Ⅱ、43.（邦訳久保正彰訳、岩波文庫上、二三一―二三二ページ）。
（8）『純粋理性批判』、B400.（邦訳、二六一ページ）。
（9）同書、B275.（邦訳、一九八ページ）。
（10）Ernst Stadter, Psychologie und Metaphysik der menschlichen Freiheit, München, Paderborn, Wien, 1971, p. 195を見よ。
（11）そのような「完全な孤独」の夢についての素晴らしい記述はカントの『美と崇高の感情に関する観察』、アカデミー版、Bd. 2, S. 209f.（邦訳川戸好武訳、カント全集第三巻、理想社、一三―一四ページ）を見よ。
（12）『純粋理性批判』、B157.（邦訳、一二四ページ）。本書第Ⅰ部第Ⅰ章、五一―五四ページを参照せよ。
（13）同書、B158n.（邦訳、一二五ページ）。
（14）『人間学』、no. 28.（邦訳山下太郎訳、カント全集第十四巻、理想社、九三ページ）。
（15）De trinitate, bk. XI, chap. 3.『三位一体論』（邦訳中沢宣夫訳、東京大学出版会、三〇二ページ）。

(16) 同上、(同、三〇三ページ)。

(17) 同書、chap. 8.(同、三一二ページ)。

(18) 同書、chap. 10.(同、三一八ページ)。

(19) Einführung in die Metaphysik, Tübingen, 1953, S. 10.『形而上学入門』(邦訳川原栄峰訳、理想社、二二ページ)。

(20) "Discours aux Chirurgiens" in Variété, Paris, 1957, vol. I, p. 916.『外科学会での演説』(邦訳佐藤正彰訳、ヴァレリー全集9、筑摩書房、一八〇ページ)。

(21)『パイドン』、64.(邦訳松永雄二訳、プラトン全集第1巻、岩波書店、一七七ページ)。

(22) ディオゲネス・ラエルティウス、VII, 2.

(23)『意志と表象としての世界』、Bd. 2, Kap. 41, Anhang.

(24)『パイドン』、64-67.(邦訳、一七六―一八八ページ)。

(25) ヴァレリー、前掲書、同所、参照。(邦訳、一八〇ページ)。

(26) N. A. Greenberg の "Socrates' Choice in the Crito" in Harvard Studies in Classical Philology, vol. 70, no. 1, 1965 を見よ。

(27) ヘラクレイトス、断片104, 29.

(28)『国家』、494a と 496d.(邦訳田中美知太郎訳、プラトン全集第11巻、岩波書店、四三〇ページおよび四五〇ページ)。

(29) 同書、496aff.(邦訳、四四八ページ以下)Cornford, The Republic of Plato, pp. 203-204.

(30)『ピレボス』、62b.(邦訳、三二一―三二二ページ)。

(31)『法律』、935:(邦訳森進一他訳、プラトン全集第13巻、岩波書店、七〇六―七〇八ページ)「誰もが皆敵を笑いものにしたがる」ということの論争。「笑いものにしようとしないでののしること」はできない。だから、「喜劇や風刺詩、叙情詩の作家は誰も市民の何人たりとも笑いものにすることを強く禁じられている。……これに従わないと、国から追放されることになるだろう」。これに対して、『国家』での関連個所には、笑いものへの恐怖がほとんど何の役割もはたしていない、394ff. および606ff を見よ。

(32)『テアイテトス』、174a-d.(邦訳田中美知太郎訳、プラトン全集第2巻、岩波書店、二七八ページ)。
(33)『視霊者の夢』、アカデミー版、Bd.2, S.341.(邦訳、一五九ページ)。
(34)『パイドン』、64.(邦訳、一七六―一七九ページ)。
(35)同書、66.(邦訳、一八四―一八五ページ)。
(36)同書、65.
(37)『プロトレプティコス』、B43. ed., Ingemar Düring, Frankfurt, 1969.(邦訳宮内璋・松本厚訳、アリストテレス全集17、岩波書店、五七七ページ)。
(38)同書、B110.(同、五八七―五八八ページ)。
(39)『国家』、500c.(邦訳、四三九ページ)。
(40)一六三八年三月の書簡、Descartes: Œuvres et Lettres, p.780.(邦訳川口篤訳、デカルト選集第五巻、創元社、一七〇―一七一ページ)。
(41)編者注、この個所については見つけられなかった。
(42)アカデミー版、vol.XVIII, 5019と5036.
(43)プラトンは『パイドン』84a.(邦訳、二四三ページ)でペネローペの織布について反対の意味で論じている。快苦の束縛から自由になった「哲学者の魂」は自分で織ったものをほぐすペネローペのようには行動しない。一旦、(ロギスムスによって)魂を身体に「釘止め」している快苦から解放されたなら、魂(プラトンの考える自我)は本性を変え、もはや推論する(ロギゼスタイ、logizesthai)ことなく、「真にして神的なるもの」を仰ぎ眺め(テアースタイ、theāsthai)、そこに永遠に留まる。
(44)Über das Wesen der Philosophischen Kritik, Suhrkamp, Frankfurt, Bd.I, S.103.
(45)Philosophie der Weltgeschichte.『世界史の哲学』、ラッソン版、Bd.I, Leibzig, 3. Aufl. 1930, S.4f.
(46)『歴史哲学』、グロックナー版、Bd.II, S.113.(邦訳武市健人訳、岩波文庫(上)、一六七ページ)。
(47)同書、S.90.(邦訳(上)、一三八ページ)。
(48)『精神現象学』序言、グロックナー版、Bd.2, S.27.(邦訳、二三ページ)。

(49)『政治学』1269a35.（邦訳岩波文庫版、一〇二ページ）、1334a15.（邦訳、三四八ページ）、また、bk. VII, chap. 15.（邦訳、三四八ページ）を見よ。

(50) Paul Weiss "A Philosophical Definition of Leisure" in *Leisure in America : Blessing or Curse*, ed. J. C. Charlesworth, Philadelphia, 1964, p. 21.

(51) VIII, 8.

(52)『ティマイオス』34b.（邦訳種山恭子訳、プラトン全集第12巻、岩波書店、四〇ページ）。

(53)『学部の争い』2 Absch. Nr. 6 と 7.（邦訳小倉志祥訳、カント全集第13巻、理想社、四一一―四一七ページ）。

(54)『理論と実践に関する俗言』III, 3. Abs.（邦訳、一八〇ページ）。

(55)『世界史の哲学』、序論。

(56)『ソピステス』254a-b.（邦訳藤沢令夫訳、プラトン全集第3巻、岩波書店、一二〇―一二一ページ）。

(57)『国家』517b.（邦訳、四九八ページ）と『パイドロス』247c.（邦訳藤沢令夫訳、プラトン全集第5巻、岩波書店、一八二―一八三ページ）。

(58)『ソピステス』254a-b.（邦訳三二〇―三二一ページ）。

(59) 本書第I部第I章、pp. 40-41を見よ。『命題論』の最初で、アリストテレスは、同じ点をいくつか扱ったという理由で『霊魂論』に言及しているが、『霊魂論』には『命題論』で提起された点に対応するところは何もない。もし、私のテキストの読みが正しいとすると、アリストテレスはI章で私が使った個所、すなわち、『霊魂論』403a5-10（邦訳、六ページ）のことを考えていたのだろう。

(60)『命題論』16a4-17a9.（邦訳山本光雄訳、アリストテレス全集1、岩波書店、八五―八九ページ）。

(61)『人間学への考察』no. 897, アカデミー版、vol. XV, p. 392.

(62)『モノロギオン』。

(63) 以下で、私はMarcel Granetの偉大な本、La Pensée Chinoise,『中国思想』、Paris, 1934, の「言語と文字」の第I章に大きく依拠する。Manfred Porkertによる新ドイツ語版は、Das chinesische Denken-Inhalt, Form, Charakter,

München, 1971.

(64) カント『純粋理性批判』、B180.（邦訳、一五〇ページ）。

(65) B180-181（同、一五〇ページ）。

(66) 『論考』、4.016（邦訳、三五四ページ）（「命題の本質を理解するために、象形文字のことを考えてみよう。これは、記述する事実を模写している。そこから、模写の本質は失うことなく、表音文字ができた」）。

(67) A Defence of Poetry.

(68) 『詩学』、1459a5.（邦訳八五ページ）。

(69) 同書、1457b17ff.（邦訳七七ページ）。

(70) 『判断力批判』、no. 59. 二五四。（邦訳、二九一ページ）。

(71) 同上、二五四。（邦訳、二九一ページ）。

(72) 同上、二五六。（邦訳、二九二ページ）。

(73) 『プロレゴメナ』NO. 58.（邦訳土岐観山訳、中央公論社、世界の名著32、一九三ページ）カント自身は前批判期にも哲学的言語のこのような特殊性を認識していた。「我々のより高次の理性概念は……通常、明晰さのために物質の衣装を身にまとっている」（『視霊者の夢』、アカデミー版、Bd. 2, S. 339. 邦訳、一五六ページ）。

(74) 『判断力批判』NO. 59. 脚注23（邦訳、二九一ページ）カントの「類比」の概念を初期から遺稿に至るまで吟味するのは興味深いだろう。というのも、彼がいかに早くから比喩的思考――すなわち、類比による思考――をすれば思弁的な思想が固有に持っている非実在的な性格を救うことができるかと、思い至ったかは驚くべきことだからである。すでに、一七五五年に出版された『天界の一般自然史と理論』のなかで、神の存在の「蓋然性」にかかわってこう書いている。「私は自分の理論の帰結に溺れてしまって……それについて証明するのは不可能だということを認めることができなくなっているわけではない。しかしながら、人間の知性には永遠に隠されているようにみえる主題を含むにしても、このような無限の地図が、それだからといって空想の産物だと見なされるべきではないことを希望する。とりわけて、類比を助けにとる場合にはそうである」（傍線付加、アカデミー版、Bd. I, S. 315. 邦訳、一二七ページ）。

(75) Francis MacDonald Cornford, Plato's Theory of Knowledge, New York, 1957, p. 275.

(76) Ezra Pound 編のエッセイ "The Chinese Written Character as a Medium for Poetry" in Instigations, Freeport, N. Y., 1967, には、「漢字には語源がいつでも視覚化されている」という漢字への奇妙な弁護が含まれている。表音文字には「表面に比喩が現れていない。かつてはそこに人格が込められていたことを忘れてしまう、ただし、魂ではなくて、魂の仮面（personare というラテン語からわかるように、それを通じて魂が聞こえてくるもの）であるが。このことは漢字記号を使う場合には忘れられそうにない事柄である。……我々の場合、詩人というのは、普通名詞のなかに蓄積されてきた宝を生き生きと実在的なものとする人である」。

(77) IX, 1-8. ホメロス『イリアス』（邦訳松平千秋訳、岩波文庫(上)、二六五―六ページ）。

(78) 不幸にも出版されなかった Marshall Cohen の草稿 "The Concept of Metaphor" を好意から見ることを許されたのだが、ここには、この問題についての文献のすぐれた概説付きで、多くの例が含まれている。

(79) ホメロス『オデュッセイア』、bk. XIX, Ⅱ, 203-209.（邦訳呉茂一訳、岩波文庫(下)、二〇六―七ページ）。

(80) "Das Homerische Gleichnis und der Anfang der Philosophie" in Die Antike, vol. XII, 1936.

(81) Diels と Kranz, 断片 B67.（邦訳『初期ギリシア哲学者断片集』、三四ページ）。

(82) Aus der Erfahrung des Denkens, Bern, 1947.『思惟の経験より』（邦訳辻村公一訳、ハイデッガー選集Ⅵ、理想社、一五ページ）。

(83) Bruno Snell, "From Myth to Logic: The Role of the Comparison" in The Discovery of the Mind Harper Torchbooks, New York, Evanston, 1960, p. 201.

(84) Hans Jonas, The Phenomenon of Life, New York, 1966, p. 135. 彼の "The Nobility of Sight" についての研究は西欧思想史の解明にきわめて大きな助けとなる。

(85) Diels と Kranz, 断片 101a.（邦訳『初期ギリシア哲学者断片集』、三六ページ）。

(86) アリストテレスは科学論文の一つでこの方向に沿って考えていたように見える。「生命の単なる必要にとってもそれ自体からしても、こうした能力のなかで視覚はより重要なものである。しかし、精神（ヌース）にとって、および、間接的に（カタ・シュンベーコス）は、聴覚の方が重要だ。……聴覚は、賢さにとっていちばん貢献するところ大きい。なぜなら、話というのは学習の原因をなすが、耳に聞こえるからである。ただし、それ自体で聞こえるというのではなく間接的にである。なぜなら、話は言葉からできており、一つ一つの言葉は合理的な記号だからである。したがって、生まれつき何らかの器官を欠いた人のなかで盲人は聾唖者よりも聡明である。」肝心な点は、彼が哲学書を書いたときにはこの見解を記憶していたようには見えないということである。アリストテレス『感覚と感覚対象』、437a4-17.

（87）前掲書、p. 152.

（88）Hans Jonas の Von der Mythologie zur mystischen Philosophie, Göttingen, 1954, のなかのアレクサンドリアのピロンについての第3章、特に、pp. 94-97 を見よ。これは Gnosis und spätantiker Geist, Göttingen, 1934, の第二部である。

（89）The Phenomenon of Life, pp. 136-147. Von der Mythologie, pp. 138-152 を参照せよ。

（90）Bonn, 1960, pp. 200f.

（91）『テアイテトス』155d.（邦訳、二二〇ページ）。

（92）982b11-22.（邦訳出隆訳、岩波文庫(上)、二八ページ）。

（93）983a14-20.（同、三〇ページ）。

（94）たとえば、『ニコマコス倫理学』、VI, 8 を見よ。そこではヌースとは、それにふさわしい「ロゴスが存在しない」「不変の第一あるいは最終概念」を精神的に知覚する（アイステーシス）ことなのである（1142a25-27）（邦訳、一三二―一三三ページ）。

（95）『第七書簡』、341b-343a.（邦訳長坂公一訳、プラトン全集第14巻、岩波書店、一四六―一五一ページ）。

（96）一八八五年七月二日。

（97）No. 160.（邦訳木場深定訳、岩波文庫、一二四ページ）。

（98）Nietzsche『ニーチェ』、Pfullingen, 1961, vol. II, p. 484.

（99）Philosophische Untersuchungen『哲学探求』、Nr. 119, 38, 109.（邦訳藤本隆志訳、ウィトゲンシュタイン全集8、大修館書店、四五―四六、九九、一〇二ページ）。

（100）『パイドロス』、274e-277c.（邦訳、二五五―二六二ページ）。

(101)『自然学』、209b15.（邦訳、一二五ページ）。
(102) 286a, b.（『ポリティコス（政治家）』）（邦訳水野有庸訳、プラトン全集第3巻、岩波書店、二八六ページ）。
(103) 275d-277a.（『パイドロス』）（邦訳、二五七―二六〇ページ）。
(104)『ピレボス』、38e-39b.（邦訳、二五〇―二五二ページ）。
(105) 同書、39b-c.（邦訳、二五二ページ）。
(106) 342.（邦訳、一四八―一五〇ページ）。
(107) 同書、344b.（同、一五四ページ）。
(108) 同書、343b.（同、一五一ページ）。
(109) 同書、341e.〔Dの誤りと思われる〕（同、一四七―一四八ページ）。
(110)『純粋理性批判』、B33.（邦訳、六三ページ）というのも、「私は単に思考するだけで何かある対象を認識するのではなく、私が与えられた直観を……規定していくことによって、私はある対象を認識することができるのだ」からである。（B406）
(111) 私が引用しているのはハイデガーの初期のプラトン『ソピステス』に関する講義の筆記録、pp. 8, 155, 160 からである。また、Cornford の Plato's Theory of Knowledge における『ソピステス』への注釈、p. 189 も見よ。また、n. 1 では、ノエインは「論証的推論なしで……直接見えるものの直観の」行為を表すものとされている。
(112) 38c-e.（『ピレボス』）（邦訳、二四九―二五一ページ）。
(113) この巻の第I章（7）、59ページ。
(114) アリストテレス『形而上学』、1003a21.（邦訳、岩波文庫版(上)、一一二ページ）。
(115) 同書、984b10.（同、三五ページ）。
(116) Thomas Aquinas, De Veritate, qu. I, art. I.
(117)『純粋理性批判』、B82, B83.（邦訳、八八―八九ページ）。
(118)『存在と時間』、Tübingen, 1949, no. 44(a), p. 217.（邦訳、三六四ページ）。
(119) アリストテレス『分析論後書』、100b5-17.（邦訳加藤信朗訳、アリストテレス全集1、岩波書店、七七一―七七二ページ)。

(120) Bergson, Œuvres, Paris, 1963, La pensée et le mouvant.〔二〇六ページの間違い〕『思想と動くもの』(邦訳矢内原伊作訳、ベルグソン全集7、白水社、二三四ページ)。

(121) 同上。

(122) 『純粋理性批判』、B84(邦訳、八九ページ)とB191.(邦訳、一五六ページ)。

(123) ベルクソン、前掲書、p.146.〔邦訳、二三四ページ〕。

(124) 『プロトレプティコス』、B87.(邦訳、五八四ページ)。

(125) 1072B27.(『形而上学』)(邦訳、岩波文庫版(下)、一五四ページ)。

(126) 1072A21.(『形而上学』)(同、一五〇ページ)。

(127) この誤訳は、W. D. Ross の Aristotle, Meridian Books, New York, 1959, を傷つけている。ただし、Richard McKeon, The Basic Works of Aristotle のなかの『形而上学』翻訳ではこの誤訳を免れている。

(128) 『歴史哲学』、グロックナー版、Bd. II, S. 35.(邦訳、六三ページ)。

(129) ヘーゲル『法の哲学』、no. 2, 補遺。(邦訳、一八〇—一八七ページ)。

(130) 『道標』、第I版、p. 19.(邦訳、一四九ページ)。

(131) 『ニコマコス倫理学』、1175a12.(邦訳、二一八ページ)。

(132) 『論考』、401.(邦訳、三五二—三五三ページ)私には明らかに思えるのだが、ヴィトゲンシュタインの初期の言語理論は、古くからの真理についての形而上学的公理である、「ものと知性の一致」をしっかりと原則にしている。この定義によると起きる問題は、いつでもこの等式が可能になるのは直観として、すなわち、感覚的に与えられる視覚対象を模倣する内的イメージとしてだけだということである。「事実の論理的な像」がヴィトゲンシュタインによれば「思想」なのだ(ラッセルは独英二カ国語版の『論考』、London, 1961, p. xii への序言でそう述べている)が、このことは、「像」という表現を比喩だと捉えないと自己矛盾を含んでいる。たしかに、「言語と世界の間に関係がある」が、この関係がどうであれ、それが「模像的」なものでないことは確かだ。もしそれが模像的関係だとすれば、各命題は感覚知覚における偶然的誤り(木のように見えたが、近づいて調べてみたら人間だった)を再現し繰り返すのでなければ、真だということになるだろう。しかしながら、私は必然的に真であるわけではないがきわめて有意味なことをいう「事実」についてきわめて多数の命題を作ることができる。たとえば、「太陽は地球のまわりを回る」とか「一九三九年九月にポーランドがドイツに侵入した」といったもので、前者は誤りだし、後者は嘘である。他方、たとえば「三角形が笑う」といったような本来受け入れられない命題があって、それは本文で引用された。これは真でも偽でもない言明で、無意味な言明である。言語的にただ一つ内的な基準になるのは、意味があるかないかということだけである。

このようなどちらかと言えばはっきりした困難や、ヴィトゲンシュタイン自身が後に「命題の模像理論」を否定したということからして、興味深いのはそもそもどうしてこんな考えが浮かんだのかを見つけることである。私の考えでは、これについて二つの場合が考えられる。彼は「雑誌を読んでいて、そのなかで交通事故で起きることの流れを図式的に描いた像があった。この場合、像が命題として働いた、すなわち、事件の可能的な事態の叙述である。こういう機能をはたしたのは、像の諸部分と実際のものに対応があったからである。そこでヴィトゲンシュタインが思いついたのは、この類推を逆転して命題の諸部分と世界の間には類似した対応があるということからして、命題は像として働くと述べてもよかろうということである。命題の諸部分が結合される仕方――命題の構造――は現実における諸要素の可能的結合を描いている」。(Norman Malcolm の『ルートヴィッヒ・ヴィトゲンシュタイン：回想』, London, 1958, p. 7-8 のなかの G. H. von Wright の「伝記的スケッチ」を見よ。) ここで決定的だと思えるのは、彼が現実から出発するのではなく、事態の図式的な再構成から出発しているということである。ところがこれ自体がすでに一定の思考過程にしたがっていた、すなわち、思想の図示から出発したのである。『哲学探求』(663)においては、この理論に反駁しているように読める見解がある。「私がもし「彼のつもりだった」といえば、一つの像が思い浮かぶということもおおいにあるかもしれない。……しかしながら、模像は話に対する例示にすぎない。そこからだけ何か結論づけようというのはほとんど不可能だろう。ただ、話を知っている場合にだけ、模像の意味が分かるだろう」。

「命題の模像理論」の起源についての第二の説は、『論考』(4.0311)そのもののなかにあって、こっちの方がもっともらしく聞こえる。ヴィトゲンシュタインは初期の理論を言語ゲーム理論で置き換えたわけだが、もう一つ、その時代に社会ではやっていた活人画(**tableau vivant**)ゲームから影響を受けていたようである。このルールというのは、何人かで行った活人画を見てそれがどういうことを言い表しているか【どういう言明であるか】をあてなければならないというものである。「ある名前は一つのものを表すし、別の名前は別のことを言い表す。これが互いに結び付けられる。こうして活人画のようにそうした一まとまり全体がある事態を表す」。こうして実際に一定の言明が示されると見なされるのである。

こういうことを述べるのは、ヴィトゲンシュタインの思考様式を示すためである。これらのことは「彼の後期哲学の驚くべき点は……徐々にできていった」のであって「基本からしっかりしたプランがあるわけではない」ということを説明するのに役に立つかもしれない。(David Pears, Ludwig Wittgenstein, New York, 1970, pp. 4f. の優れた叙述を見よ)。『論考』もひょんな偶然の出来事を見たことから出発しているのであるが、そこから首尾一貫した理論を発展させることができて、偶然的な観察にそれ以上留まることなく、系統的な著作に向かうことができるようになったのである。しばしば唐突なところがあるが、『論考』はまったく首尾一貫したものである。『哲学探究』によって、単純な仮定、たとえば、「文の構造と事実の構造の間にはなんらかの共通点が……なければならない」(ラッセルは上掲書 p. X, で「ヴィトゲンシュタイン理論のもっとも基本的テーゼ」といっているが、正しい)といったテーゼに、ほとんど偶然とはいえ、導かれることがなければ、このたゆみない活動的精神が実際にいかに働くかが分かる。『哲学探究』のもっとも著しい点は、息もつかせぬような所である。それはまるで、だれかが思考に固有な〈立ち止まって考える〉というのを実現して、思考過程全体を止めてしまい、自分に退きこもることによる思考の連鎖を中断してしまったかのようである。英語版は、くりかえし出てくる「考えてみたまえ」(Denk dir)というのを「かりにこうしよう」(suppose)とか「と想定しよう」(imagine)といったさまざまな言葉を使って、このことを少し穏健にしている。

(133)『哲学探究』、no. 466-471.(邦訳、二六六—二六八ページ)。

第Ⅲ章

(1)『ティマイオス』、90c.(邦訳、一七四ページ)を見よ。(下記注35も参照せよ)。

(2) Nicholas Lobkowicz, Theory and Practice, p. 7n を見よ。この著作にはたいへん教えられるところが多い。

(3)『饗宴』、204a.(邦訳鈴木照雄訳、プラトン全集第5巻、岩波書店、八〇ページ)を見よ。

（4） Pindar, Nemea, 6. 英訳では、Richmond Lattimore, The Odes of Pindar, Chicago, 1947, p. 111.
（5） I, 131.
（6） 『ソピステス』、219b.（邦訳、一二ページ）。
（7） 『国家』、518c.（邦訳、五〇一ページ）。
（8） The Discourses, bk. II, Introduction.
（9） Bruno Snell, 前掲書、pp. 77-79.
（10） Nemea, 4. Isthmia, 4.
（11） Isthmia, 4.
（12） ツキディデス、II, 41.（邦訳、二二九－二三〇ページ）。
（13） 『プロトレプティコス』、B19, B110.（邦訳、五六九ページ）。なお、『エウデモス倫理学』1216a11も参照。
（14） 『プロトレプティコス』、B109.
（15） De Finibus Bonorum et Malorum, II, 13.
（16） ヘラクレイトス、B29.
（17） 『饗宴』、208c.（邦訳、九二ページ）。
（18） 『饗宴』、208d.（同、九二ページ）。
（19） アナクシマンドロスは、神的なものをアペイロン「無限定」と同一視した最初の人であり、「無限定」の本性は永遠的である――年をとらず、不死であり、廃れることがないということである。
（20） 断片、8°（邦訳『初期ギリシア哲学者断片集』、四〇－四二ページ）。
（21） Chales H. Kahn は The Greek Verb 'to be' and the Concept of Being という魅力的な論文で、「ギリシアにおける存在の概念を表現するのに役立つ……この動詞の前哲学的使用」を吟味している。Foundations of Language, vol. 2, 1966, p. 255.
（22） B30.（邦訳『初期ギリシア哲学者断片集』、三三ページ）。
（23） Snell, 前掲書、p. 40.

（24）Kahn, 前掲書, p. 260.
（25）断片、3.（邦訳『初期ギリシア哲学者断片集』、三九ページ）。
（26）『プロトレプティコス』、B110.（邦訳、五六九ページ）。
（27）『ピレボス』、28c.（邦訳、二一八ページ）。
（28）『饗宴』、212a.（邦訳、九八ページ）。
（29）『ニコマコス倫理学』、1178b3, 1178b22, 1177b33.（邦訳、二三六ページ）。
（30）『ティマイオス』、90d, a.（邦訳、一七三―一七四ページ）。
（31）Jeremy Bernstein, "The Secrets of the Old One—II", The New Yorker, March 17, 1973より引用。
（32）Francis MacDonald Cornford, Plato and Parmenides, New York, 1957, Introduction, p. 27.
（33）『プロトレプティコス』、B65.
（34）Cornford, Plato's Theory of Knowledge, p. 189.
（35）『ティマイオス』、90c.（邦訳、一七四ページ）。
（36）『ピレボス』、59b, c.（邦訳、三一二―三一三ページ）。
（37）"Philosophie der Weltgeschichte" Hegel Studienausgabe, vol. I, p. 291.
（38）"De Rerum Natura", 第二巻冒頭。『事物の本性について』（邦訳藤沢令夫・岩田義一訳、世界古典文学全集21、筑摩書房、三一三ページ）。
（39）ヘルダーとゲーテの引用については、航海や難破や見る人を「存在論的比喩」と考える次の興味深い研究に依拠している。Hans Blumenberg, "Beobachtungen an Metaphern," in Archiv für Begriffsgeschichte, vol. XV, Heft 2, 1971, pp. 171. ヴォルテールについては、彼の Dictionnaire Philosophique『哲学事典』における Curiosité の項目を参照。その他、ヘルダーについては、Briefe zur Beförderung der Humanität, 1792, 17th Letter. ゲーテについては、Goethes Gespräche, Artemis ed., Zürich, 1949, vol. 22, no. 725, p. 454.
（40）『ニコマコス倫理学』1177b27-33.（邦訳、二二四ページ）。

（41）『テアイテトス』、155d.（邦訳、二二〇ページ）。

（42）『クラテュロス』、408b.（邦訳水地宗明訳、プラトン全集第2巻、岩波書店、七九ページ）。

（43）B21a.（邦訳、六九ページ）。

（44）B54.（邦訳、三三ページ）。

（45）B123.

（46）B93.（邦訳、三一ページ）。

（47）B107.（邦訳、三五ページ）。

（48）B32.（邦訳、三四ページ）。

（49）B108.（邦訳、同ページ）。

（50）The Friend, III, 192. Herbert Read, Coleridge as Critic, London, 1949, p. 30の引用による。

（51）現在ではその後の二つの説明、はしがき、あとがきとともにWegmarken『道標』、pp. 19, 210.（邦訳、一四九ページ）。

（52）1714, no. 7.

（53）『純粋理性批判』、B641.（邦訳、四一一ページ）。

（54）Werke 6, Ergänzungsband, hrsg, v. M. Schröter, München, 1954, p. 242.

（55）前掲書、p. 7.

（56）死後出版された一八〇四年のSystem der gesamten Philosophieを参照せよ。これは以下のものに所収。Sämtliche Werke, Abt. I, Stuttgart and Augsburg, 1860, vol. VI, p. 155.

（57）Sämtliche Werke, Abt. I, vol. VII, p. 174.

（58）前掲書、Abt. II, vol. III, p. 163. 次も参照、Karl Jaspers, Schelling『シェリング』、München, 1955, pp. 124-130.

（59）Paris, 1958, pp. 161-171.

（60）以下を参照。Preisschrift "Über die Deutlichkeit der Grundsätze der natürlichen Theologie und der Moral" 懸賞論文『自然神学と道徳学との原則の判明性』(1764), 第四考案 Akademie Ausgabe Bd. 2, S. 297.（邦訳川戸好武訳、カント全集第

三巻、理想社、一〇四ページ)。
(61) "Über den Optimismus,"『オプティミズム試論』、Akademie Ausgabe Bd. 2, S. 35.(邦訳山下正男訳、カント全集第三巻、理想社、七六ページ)。
(62)『この人を見よ』中の「ツァラトゥストラはこう言った」、第一部。
(63)『悦ばしき知識』、4巻 341.(邦訳、三一〇ページ)。
(64)『パルメニデス』130d, e.(邦訳、一四一一五ページ)。
(65) Tusculanae Disputationes, III, iii, 6.
(66) 同上 III, xiv, 30. さらに、Horace, Epistolae, I, vi, 1. プルタークは(De recta Ratione, 13)、ストア派の格言を話題にして、それ(ギリシア語で言えば me thaumaaien)をピタゴラスに帰している。デモクリトスは驚かないこと(athaumastia, athambia)をストア派の叡知として称揚していると考えられるが、彼が考えていたのは、「賢者の」非動揺性・恐怖知らず程度のことであったようだ。
(67)『法の哲学』、序言。(邦訳、一七四ページ)。
(68)『パンセ』Œuvres complètes de Pascal, Bruges, 1954, 294, p. 1163.
(69) Differenz des Fichte'schen und Schelling'schen Systems der Philosophie『フィヒテとシェリングの哲学体系の差異』(1801), Meiner ed., 1962, pp. 12ff. グロックナー版、Bd. I, S. 46.(邦訳戸田洋樹訳、公論社、一五ページ)(なお最後の文は原文にない。)
(70)『歴史哲学』、グロックナー版、Bd. II, S. 408.(邦訳武市健人訳、ヘーゲル全集106、岩波書店、一三六ページ)。
(71) 同書、S. 56.(邦訳、岩波文庫(上)、九一一二ページ)。
(72) ギリシア哲学からの借用がとくに明白なときに、この変化はとりわけ著しい。たとえば、キケロが人間は「観想的世界へ」(ad mundum contemplandum)と運命づけられていると述べ、すぐに続けて「模倣されるべき世界」へ(et imitandum)とつけ加えている場合である。(De Natura Deorum, II, xiv, 37) ここでの彼の理解の仕方は厳密な意味で道徳哲学的であり、後のフランシス・ベーコンが以下のように語ったときのような科学的な意味ではない。「自然を支配するためには、自然に従わなくてはならない。観察において原因として現象するものは、行為においては規則なのである」(『ノブム・オルガヌム』、Oxford ed., 1889, p. 192)。

(73) 『事物の本性について』bk. II, 1174.（邦訳、『初期ギリシア哲学者断片集』三三五ページ）。

(74) Discourses, bk. I, chap. 17. エピクテートス『語録』(邦訳『人生談義』鹿野治助訳、岩波文庫㊤、七三ページ)。

(75) 同書、bk. I, chap. 15.（邦訳㊤、六七ページ）。

(76) The Manual, 49. エピクテートス『提要』(邦訳『人生談義』鹿野治助訳、岩波文庫㊦、二八一ページ)。

(77) 『語録』bk. I, chap. 1.（邦訳㊤、一七―八ページ）。

(78) 『提要』8.（邦訳㊦、二五六ページ）。Fragments, 8. 『断片』(邦訳同上書、二三四ページ)。

(79) 『事物の本性について』V, 7ff. アーレント訳。（邦訳、三八〇ページ）。

(80) De Repbulica, I, 7.

(81) 同書, III, 23.

(82) 同書、V, 1.

(83) もちろん、モデルとなっているのは、プラトンの『国家』の掉尾を飾っているエルの神話である。重要な相違点については、ドイツの文献学者、故 Richard Harder の次の論文を参照せよ。Kleine Schriften, München, 1960, pp. 354-395 所収 Über Ciceronis Somnium Scipionis.

(84) "Discourses on Davila" The Works of John Adams, ed. Charles Francis Adams, Boston, 1850-1856, vol. VI, p. 242.

(85) Œdipus at Colonnus. 『コロノスのオイディプス』。（ギリシア悲劇全集第二巻、呉茂一他編集、人文書院、三六七ページ）。

(86) 『政治学』、1267a12.（邦訳、九二ページ）。

(87) 『ニコマコス倫理学』、1178a29-30.（邦訳、二二五ページ）。

(88) 断片、146.（邦訳『初期ギリシア哲学者断片集』、七九ページ）。

(89) The Decline and Fall of the Roman Empire『ローマ帝国の衰退』, Modern Library, New York, n. d., vol. II, p. 471.

(90) I, 30; hōs philosopheōn gēn pollēn theōriēs heineken epelēlythas のアーレント訳。

(91) I, 32.

(92) この言葉の思想内容を十分解明しうるのは、『存在と時間』におけるハイデガーによる死の分析だけである。その方法論的な鍵となっているのは、（完成され終了された時点で現世的な存在を開始する「事物」とは異なって）人生が完成されるのはそれがもはや存在しなくなってからのことであるという事実である。それゆえ、それが全体として「見え」、分析可能となるには、死を想定に入れなくてはならないのである。

(93) E. Diehl, ed., Anthologia Lyrica Graeca, Leipzig, 1936, frag. 16.

(94) 同書、断片13, ll. 63-70.

(95) 同書、断片14.

(96) 『カルミデス』、175b.（邦訳山野耕治訳、プラトン全集第7巻、岩波書店、一〇二ページ）。

(97) ヘーゲル『エンチュクロペディー』、Nr. 23.（邦訳松村一人訳、『小論理学』(上)、岩波文庫、一一五ページ）。

(98) 文献を調べてみると、中には学識豊かなものも多いのに、このような知識が人間の理解に資することのいかに少ないか、呆然とする。私が発掘できた唯一の例外は、古典学者・哲学者であるGregory Vlastosによる見事な分析、The Paradox of Socrates である。これは行き届いた論文集である。The Philosophy of Socrates: A Collection of Critical Essays, Anchor Books, New York, 1971. への序文参照。

(99) 『テアイテトス』、173d.（邦訳、二七五ページ）。

(100) ソクラテス問題についての短くて筋のとおった説明は、Laszlo Versenyi: Socratic Humanism, New Haven, London, 1963 の序文。

(101) Dante et la philosophie, E. Gilson, Paris, 1953, p. 266.

(102) 同書、p. 271.

(103) 『テアイテトス』や『カルミデス』においてそうである。

(104) 『メノン』、80e.（邦訳藤沢令夫訳、プラトン全集第9巻、岩波書店、二七六ページ）。

（105）ソクラテスは、ちょうど巧みな教授が学生に対するように問答を使うことによって、すでに自分が確信している結果へと対話相手を導こうとしていたのだという、しばしば見受けられる考えは、私にはまったく見当違いに思われる。そういう考えが上述のヴラストス（Vlastos）の論文のように認められていることもあるが、その場合は、巧みな処理がされている。ヴラストスが言うには、『メノン』の場合（これは論争的対話ではない）のように、相手が「自分を発見すること」をソクラテスは望んでいたというのである（p. 13）。せいぜい言えることは、相手が自分と同じくらい困惑することをソクラテスは望んでいたのだということである。自分は何も教えないのだ、と彼は本気で言っていたのである。だから、『カルミデス』において彼はクリティアスに対して次のように言ったのである。「クリティアス、君はまるで私が自分で出した問いに対する答えを知っていて、その気になれば答えを与えることができるかのようだね。しかし違うのだよ。私自身が知を持っていないので……一緒に探求しているのだ」（165b. 邦訳七一ページ；cf. 166c-d. 邦訳七四―七五ページ）。

（106）Diehl, 断片、16.

（107）『メノン』、80c.（邦訳、八〇ページ）。さらに注105の箇所も参照。

（108）Memorabilia, IV, vi, 15: IV, iv, 9. クセノフォン『ソクラテスの思い出』（邦訳佐々木理訳、岩波文庫、二〇二ページ以下、二一七ページ以下）。

（109）『ソピステス』、226-231.（邦訳、三二―四九ページ）。

（110）『ソクラテスの弁明』、23b.（邦訳田中美知太郎訳、プラトン全集第1巻、岩波書店、六六ページ）。

（111）同書、30a.（邦訳、八四ページ）。

（112）Xenophon, Memorabilia, IV, iii, 14.（邦訳、二〇一ページ）。

（113）『アンティゴネー』、353.（邦訳呉茂一訳、ギリシア悲劇全集第二巻、人文書院、一三九ページ）。

（114）元のドイツ語の表現は以下のとおり。（Was heisst Denken?, Tübingen, 1954, p. 52）

Sokrates hat zeit seines Lebens, bis in seinen Tod hinein, nichts anderes getan, als sich in den Zugwind dieses Zuges zu stellen und darin sich zu halten. Darum ist er der reinste Denker des Abendlandes. Deshalb hat er nichts geschrieben. Denn wer aus dem Denken zu schreiben beginnt, muss unweigerlich den Menschen gleichen, die vor allzu starkem

Zugwind in den Windschatten flüchten. Es bleibt das Geheimnis einer noch verborgenen Geschichte, dass alle Denker des Abendlandes nach Sokrates, unbeschadet ihrer Grösse, solche Flüchtlinge sein mussten. Das Denken ging in die Literatur ein.

(115) G. Humphrey, Thinking: An Introduction to Its Experimental Psychology, London and New York, 1951, p. 312.

(116) ツキディデス、II, 40.（邦訳、二二八ページ）。

(117) 『リュシス』、204b-c.（邦訳生島幹三訳、プラトン全集第7巻、岩波書店、一七一―一七二ページ）。

(118) 断片、145, 190.

(119) 『ゴルギアス』、474b, 483a, b.（邦訳、八四・一一三ページ）。

(120) 同書、482c.（邦訳、一一一ページ）。

(121) 同書、482c, 484c, d.（邦訳、一一一・一一八ページ）。

(122) アリストテレスはしばしば以下のように言う。思考は幸福を「生む」が、その場合には、薬が健康を生むようにではなく、健康が人を健康にするようにである、と。『ニコマコス倫理学』、1144a.（邦訳、一三七ページ）。

(123) デモクリトス Diels and Kranz, B45.（邦訳、『初期ギリシア哲学者断片集』、八二ページ）。

(124) 『ソピステス』、254d.（邦訳、一二三ページ）。

(125) Identität und Differenz, Pfullingen, 1969, pp. 24-25. 『同一性と差異』（邦訳大江精志郎訳、ハイデッガー選集X、理想社、六―七ページ）。

(126) 『ソピステス』、255d.（邦訳、一二六ページ）。

(127) 『ソピステス』、255e.（邦訳、一二七ページ）。Cornford, Plato's Theory of Knowledge, p. 282.

(128) ハイデガー、（第Ⅱ章、注111を参照）S. 382.

(129) 『テアイテトス』、189e.（邦訳、三三〇ページ）『ソピステス』、263e.（邦訳、一五三ページ）。

(130) 『ソピステス』、253b.（邦訳、一一八ページ）。

(131) 『プロタゴラス』、339c.（邦訳藤沢令夫訳、プラトン全集第8巻、岩波書店、一七九ページ）。

(132) 同書、339b.（邦訳、一七八ページ）、340b.（邦訳、一八〇ページ）。

(133) 『分析論後書』、76b22-25.（邦訳、六四六ページ）。

(134) 『形而上学』、1005b23-1008a2.（邦訳、岩波文庫(上)、一二二―一三二ページ）。

(135) No. 39.（邦訳山下太郎訳、カント全集第十四巻、理想社、一三〇ページ）。

(136) No. 59.（邦訳、一八四ページ）。

(137) 『人倫の形而上学の基礎づけ』、Akademie Ausgabe, Bd. 4, S. 421.（邦訳野田又夫訳、中央公論社、世界の名著32、二六五ページ）。

(138) 『ヒッピアス(大)』、304d.（邦訳北嶋美雪訳、プラトン全集第10巻、岩波書店、七一ページ）。

(139) 『ニコマコス倫理学』、1166a30.（邦訳、一九五ページ）。

(140) 同書、1166b5-25.（邦訳、一九六ページ）。

(141) 『エチカ』、IV, 52; III, 25.（邦訳畠中尚志訳、岩波文庫(下)、六三ページ）。

(142) Philosophie,『哲学』(1932), Göttingen, Heidelberg, Buch 2, Kap. 7.

第IV章

(1) 『饗宴』、174-175.（邦訳、八一―一四ページ）。

(2) Merleau-Ponty, Signes, p. 220.

(3) Sebastian de Grazia "About Chuang Tzu", Dalhousie Review, Summer, 1974.

(4) ヘーゲル『エンチュクロペディー』、Nr. 465.（邦訳船山信一訳『精神哲学』、岩波文庫(下)、一五三ページ）。

(5) Ross, Aristotle, p. 14.

(6) 『プロトレプティコス』、B56.

(7) 『自然学』、189a5.（邦訳、二六ページ）。

(8) 『ニコマコス倫理学』、1141b24-1142a30.（邦訳、一三一―一三三ページ）参照せよ。1147a1-10.（邦訳、一四五ページ）。

(9)『純粋理性批判』、B49f.（邦訳、七二ページ以下）。

(10) Gesammelte Werke, hrsg. v. Max Brod, S. Fischer, o. J., Band (o. Nr.) m. d. Titel ≫Beschreibung eines Kampfes; Novellen, Skizzen, Aphorismen≪, S. 300.（邦訳前田敬作訳、カフカ全集2、新潮社、二三九ページ）。

(11) 第3部、『幻影と謎』、第2章。（邦訳、岩波文庫版(下)、二〇ページ）。

(12) Nietzsche,『ニーチェ』, Pfullingen, 1961, Bd. I, S. 311f.

(13) Duns Scotus, Opus Oxoniese, I, dist., 40, q. I, n. 3. Walter Hoeres, Der Wille als reine Vollkomenheit nach Duns Scotus, München, 1962, S. 111, Anm. 72.

(14)『純粋理性批判』、B 294f.（邦訳、二〇八ページ）。

(15) "As I Walked Out One Evening," Collected Poems, p. 115.

(16) W. H. Auden, The Dyer's Hand and Other Essays, Vintage Books, New York, 1968.

(17)『時間と自由』、Alcan, Paris, 7. Aufl., 1909, S. 121, 128, 184.

(18) ローマの信徒への手紙、7, 15.

(19)『エンチュクロペディー』、Nr. 12.（邦訳松村一人訳、『小論理学』(上)、岩波文庫、八一ページ）。

(20)『人間的自由の本質』、S. 350.（邦訳、四五ページ）。

(21)『純粋理性批判』、B172f.（邦訳、一四八ページ）。

訳　注

六ページ

＊　旧約聖書創世記四――一―一六の話では、アダムとエヴァの間にカインとアベルという二人の兄弟が生まれ、アベルは羊飼い、カインは農夫になった。二人が神に捧げ物をしたが、神はアベルとその捧げ物には目を留めたが、カインにはしなかったので、カインは激しく怒ってアベルを襲って殺したという。

メルヴィルの作品『ビリー・バッド』はアーレントの『革命について』でも扱われており(**Penguin Books, p. 82f.** 邦訳八五ページ以下)、善悪に関する重要な議論として紹介されている。(また、『暴力について』のなかでも軽く論究されている。**On Violence, A Harvest/HBJ Book, P. 64**)アーレントによれば、メルヴィルはフランス革命の時の思想、人間は自然には善良だが、社会のなかで邪悪になるという考え方に反論している。『ビリー・バッド』で扱われているのは徳を超えた善であり、悪徳を超えた悪である。前者は、自然からする善であり、後者は「汚らしく肉欲的なところをなんら持た」ない悪、「自然からする邪悪」である。未開人の無垢さと善良さだけを携えた捨て子、いいかえれば社会の枠の外で生まれた「自然人」であるビリー・バッドは天性の悪人とも言える軍艦警備下士官クラッガートに妬まれ、非難されたが、吃っていたのでそれに対して弁護できず、クラッガートを殺してしまった。いわば、自然からする善が自然の堕落である悪を暴力によって取り除いたのである。この自然による善と悪の争いに対して、ヴィア船長は法という人間の世界の方の立場から判断して、根源的善を代表するビリー・バッドをも罰し、彼を死刑に宣告した。たとえ、根源的な善が悪の堕落した力に対抗するために暴力を使うしかなかったにしても、徳の人ヴィア船長はこの根源的善に対しても殺人という暴力をなしたのだから処罰をせざるを得なかったわけである。アーレントによれば、このように悪徳によらない悪という問題を考える必要があるが、フランス革命の思想にはそうした観点がなかったという。

『リチャード三世』、『マクベス』はいうまでもなくシェイクスピアの作品、イアーゴも『オセロ』のなかでオセロに嫉妬心を駆り立てさせて妻の殺害をそそのかした黒人である。

一〇ページ

＊　ここで、アーレントは『人間の条件』における人間の行動についての三つの区分、労働（labor）、仕事（work）、政治的協同活動（action）を示している。すぐ後でマルクスに触れているように、アーレントはマルクスの思想のなかにどうして全体主義的な要素が生まれているのかをめぐって、この区別の重要さに気がついた。とりわけて、政治的協同活動こそが人間をきわだった意味で人間的にするのに対して、このような空間こそが近代社会のなかで次第に消失してくる過程そのものが問題だとしたのである。その意味で、マルクスは近代社会の正当な産物だったという。アーレントは、人間の協同活動においてこそ、人間が輝くことができ、そこでこそ思考と実践の本来の統一が可能だと考えていたのである。Canovan, M., Hannah Arendt, Cambridge University Press, 1992, pp. 63 ff. 参照。

二六ページ

＊『革命について』では、dokei moi が it appears to me とも翻訳されているが、本書では it-seems-to-me と翻訳されている（On Revolution, p. 103）。「それは私に現れている」と日本語に翻訳されているように、この章全体が現象という哲学用語にたいして、そもそも現象とはこの世に人々のなかに「出現」することだということが意味されている。人々にさまざまな形であるものが見えるということこそが、この世界の現象的性格をなしている。人々にさまざまに見えるからこそ世界の存在は保障されるというのである。本書、概要を参照のこと。

四一ページ

＊　アーレントのここでの近代心理学の批判は興味深い。人間の心理を外側に現れたものから分析しようとするかぎり、そこに現れたものが一定の姿を示そうとする積極的な自己提示の意志の結果なのか、それともたんに現れたものにすぎないかは大きな違いである。人間の性格には生まれつきの才能なり欠陥があるが、人間はどのような自分を見せたいのか、現象させたいのかを慎重に選んでいるからそこで人格というものの固有性が生まれてくるのである。恋愛を性衝動に還元してしまえば、人間たちを惹きつけてやまない恋愛の多様な姿が消えてしまうだろう。愛はそのようにさまざまな現象形態で現れるからこそ人を惹きつけるのだが、それはその各〻の形を人間が選ぶからであって、それを性衝動に還元しても何の意味も明らかにならない。また、

勇気ある人は、なにか特別な人ではなく、臆病で弱気な側面も持った人間なのだが、他の人よりも自分が勇気ある人間であることを示そうとする選択への意志の持ち主なのである。その意味で人間は自分を作り上げていくという側面があるのだが、しかし、この自己提示への意志によって作り上げられるものは生まれつきのものにつけ加えられるのであって、けっして人間は自分の存在を自分で産み出すわけではない。

四六ページ

＊　アーサー王と血を分けた妖女、モーガンルフェイの魔法で蜃気楼が現れるとの言い伝えから蜃気楼の意味がある。特にイタリア半島とシシリー島のあいだのメッシナ海に現れるものをいう。

五一ページ

＊　カントなどの思考に慣れた人なら理解しやすいことかも知れないが、思考する自我と自己との区別は、アーレントの思想の構造の中核を占める事柄であろう。カントにおいては超越論的な自我は経験的な自我から区別されることによって、個々の具体的な個人から離れて、認識を可能にする根拠を構成するものとなった。それにたいしてアーレントの場合、思考しているかぎりの自分は、純粋な活動であり、現象の世界から退きこもるのだと主張する。こうした思考の退きこもりによる活動は他の人たちに現象するこの世界と別のもう一つの世界を作るのではなく、むしろ、他の人々と協同で生きるときに、この現象の世界で一人一人がかけがえのない個性を持った人物となるために不可欠な営みである。協同の世界から退きこもってたった一人で思考という沈黙の対話をすることが、逆に、この互いに生きる現象世界での活動に意味を問わせるのである。

五九ページ

＊　アーレントは、『人間の条件』のなかで近代の危機をデカルト批判の形で行っている。デカルトのコギトの思想は「客観的実在を精神の主観的状態、あるいはむしろ、主観的精神過程に解消してしまっている」(**Human Condition, p. 282**)。そもそも共通感覚とは単に私的な感覚にすぎないものを共通世界にふさわしいものとするものだったのだが、その能力が世界と関係を持たない内的な能力にされてしまったという。アーレントによれば、「この感覚が共通と呼ばれたのは、たまたま万人に開かれたものであるからにすぎなかった」(*op. cit.* **p. 283**)からである。晩年のカントの政治哲学に関する講義においては、このセンス・コムニスが主題的に論じられている。コモン・センス、共通感覚という観念がアリストテレスからはじまってさまざまな形

で論じられていることについては中村雄二郎氏の『共通感覚論』(岩波書店)に詳細に論じられているが、一八世紀スコットランド啓蒙派のみならず、カントにとっても『判断力批判』における中心的概念であることは重要であろう。アーレントにおいて積極的に展開されてくる議論の大きな特質は、たんに五官を統合していくような感覚という意味だけでなく、それを通じて他の人々との共同的関係が保障されていくものとして意味づけられていることだろう。違った見え方や感覚の仕方をする他者がお互いに同じものを認めあっていることにこそ世界の実在性の根拠があるというのは、きわめて重要な哲学的論点であろう。アーレントはアリストテレスの『ニコマコス倫理学』(1172b35ff.)を引用してこう述べている。「というのも、万人に現象しているものを我々は存在と呼ぶのだから」(*op. cit.*, p. 199)。だからこそ、哲学は政治哲学と結びつかなければならないのである。

七三ページ

＊　ドイツ語版ではこの個所はヘーゲルではなくて、ラッソンだとしている。ヘーゲルの『歴史哲学』は彼の講義を基礎にしているため、編集上の問題が生じている。ガンス以来さまざまな版が行われているが、現状ではラッソンによる編集には問題が多いとされている。そのため、ここではヘーゲルではなく、ラッソンとされたのであろう。ズールカンプ版ヘーゲル著作集一二巻、五六二ページ以下を参照のこと。

八一ページ

＊　カントは判断力を、規定的判断力と反省的判断力とに分けている。前者は、普遍的なものがあらかじめ与えられていて、特殊なものをそこに包摂する能力であるが、後者は単に特殊なものが与えられているだけでそこから判断力によって普遍的なものを求めていく能力である。アーレントが注目したのはこの反省的判断力であって、一人一人がかけがえのない個人でありながら、協同できる政治的活動の空間はどのように可能かという問いは、政治哲学の根本をなすものである。もしあらかじめ定められた法律や規則のもとに個人を包摂するだけならば、個人はそこで自由になり得ないが、特殊を出発点にして普遍的協同を求めるのは政治の根本的理念である。たとえば、無限に多様な生活形態や欲求を持った労働者に対して、労働者階級としては客観的にはこれこれの共通な利害を持っているが、それ以外の要求は普遍的ではないとされたとき、一人一人の個人としての労働者は自分のなかに湧き出る欲求を特殊なものとして押さえつけるしかない。しかし、一人一人の要求を承認した上でどのような協同を形成できるかと問えば、政治は自由の実現の協同の場となる。

八三ページ

＊　一〇ページの訳注を参照せよ。

八七ページ

＊　ファラリスはイタリアのシシリーのアグリジェントの専制王。彼は、処刑の際に、青銅製の牛のなかにいれて火あぶりにしたと言われている。

＊＊　1248/8-98. フランス語名は Pierre Jean Olivi. 教団改革派「霊性派」を率いた。霊の理性的部分は、それ自体では肉体の形相ではなく、感覚的部分を通じてのみそうであるとし、それが異端と考えられた。

＊＊＊　アーレントは『人間の条件』のなかで(*op. cit.*, p. 7f.)、政治的活動の共同的性格を論ずるに当たって、このローマ人の発言を引用して、これこそがすべての政治的活動の根本的条件をなす複数性を示すものとしている。また、『過去と未来の間で』(Penguin Books, p. 73)も参照せよ。

＊＊＊＊　この区別はアーレントが膨大な『全体主義の起源』にかんする結論として論じたものである。孤立(loneliness)は人々を容易に全体主義に走らせるようになるものだが、「一人でいること」、「単独」(solitude)こそは逆に真に人間的であり続けるための根本的条件なのである。おそらく、この一見きわめて類似した、内容的には反対の状態の区別こそは、アーレントの思想の根底をなすものだろう。解説を参照のこと。

一〇九ページ

＊　『人間の条件』(*op. cit.*, pp. 126ff.)及び『過去と未来の間で』(*op. cit.*, pp. 197ff.)においてアーレントはこの余暇の議論をしている。近代社会において生産労働が支配的な地位を占め、消費社会が進展するにつれ、社会はもはや動物的生命活動の次元でしか余暇というものを考えられなくなる。余暇とは物質的必要に縛られた消費であるか、さもなければ、体力回復のための休養でしかない。本来の余暇とは、自由な活動であって、それは消費文化とはレベルを異にするものである。

一一三ページ

＊　この世界史の事件に対する観察者(観客)としての関与については、ここでも論じられているようにカントやヘーゲルの大きな関心事であり、アーレントにとっても中心的な意味を持つ。たとえば、フランス革命の現実の進行は血で血を洗うような悲

惨な事態を引き起こすものであったし、反革命も一時的には進行する。にもかかわらず、ここの状況に左右されない全体の意味をつかむのは観察者なのである。ヘーゲルのような歴史観においては、世界精神のようなものが実体化されて、客観的必然性が個々の歴史的現象にもかかわらず貫かれるという説明がなされるが、アーレントはこのような視点とは断固として決別する。歴史の意味を探り明らかにしていくのは一人一人の人間であり、とりわけて歴史の進行から一歩退いて観客の立場に立つ人々である。歴史の過去を未来と結び付けて現代を生きようとする人々の思索こそが歴史を作っていくのである。たとえば、一九八九年の東欧の民主化の過程はその象徴であろう。民主的な社会主義をという形で始まった運動はあっという間にそれとは別な方向に進み、消費文化と資本主義を求める動きとして展開していった。しかし、それがどれほど短期間であったにせよ自由と共同を求める運動があったことは事実だし、その経験をくみ取るという営みは、直接的実践の課題というよりは歴史の意味を追求する観察者の課題であろう。これこそが人間の消え去るさまざまな営みを「不滅のものにする」ものなのである。アーレントの評議会運動やソヴィエトへの評価もそれと同じ事である。『革命について』(On Revolution, Penguin Books, pp. 249ff.)、および、『過去と未来の間に』(Between Past and Future, Penguin Books, pp. 75ff.)を見よ。後者の「歴史の概念」という論文はアーレントの多くの論文のなかでも際だったものである。

一三〇ページ

＊　B. C. 13 or 20-A. D. 54 or 45. ユダヤ人哲学者として有名。ユダヤ教の神学とキリスト教とを結び付けていった思想家として有名。彼の新プラトン主義的思考と聖書の寓意的解釈は教父哲学にも影響が少なくなかった。

一五〇ページ

＊　一一九ページ以下を参照。

一七二ページ

＊　第2部第Ⅳ章一九九ページ以下参照。

一八二ページ

＊八七ページ注を参照。

一九五ページ

＊　1235-1281. パリ大学教授。彼のアヴェロエス解釈およびアリストテレス解釈はパリの司教たちを怒らせ、彼は非難を受けた。一二八二年頃オルヴィエートで自分の秘書の手にひっかかって悲惨な最期をとげた。

＊＊　ダンテ『神曲』「天国編」第十歌ではこう書かれている（邦訳平川祐弘訳、世界文学全集Ⅲの3、河出書房、三九四ページ）。

さて君の視線が私に戻る前にひとり残されている光は
深刻な想いの中で死の到来の
遅さを感じた魂の光だ、
それはシジェール〔シゲルス〕の永遠の光だ。
彼はフフール街で講義中に三段論法で真理を証し、嫉みを買った。

二〇三ページ

＊　本書序論七ページを参照のこと。このことの意味を問うのがこの巻全体の中心課題の一つである。アーレントはこの追求を市井で市民と対話しながら思考にふけったソクラテスの分析という形で行っているわけである。

二〇六ページ

＊　日本での侵略戦争への無反省についてはよく論じられる事であるが、このことは実はドイツのナチズムへの反省やスターリン主義の批判においても同じ形であることは注意すべきである。「考える」ことなしにあっさりと過去を整理してすましてしまい、まるで悪かったのは一部の悪人たちだけであるという非難がくり返される。アイヒマン裁判をめぐる論争はこれ抜きには論じ得ない。ユダヤ人もドイツ人もナチズム登場に深く考えることなく、黙認していったということこそ重要だとアーレントは主張する。すくなくとも、ナチズムやスターリン主義の実態がまったく隠されていたとか、民衆が単にだまされていたのではないのだという事がアーレントには問題なのである。立ち止まって考えることの欠如こそが巨悪の原因なのだというアーレントの批判はここにある。『全体主義の起源』（The Origines of Totalitarianism, A Harvest/HBJ Book, 1979, xxiii）および『イェルサレムのアイヒマン』を参照。

二三三ページ

＊　この比喩についてはすでに『過去と未来の間に』の序文のなかで（*op. cit.*, p. 7）一度取り上げられている。アーレントの時間論は、おそらくその出発点にはハイデガーの影響も考えられるであろうが、アウグスティヌスとの対話のなかで生まれ、思考の本質を問うものとして彼女の哲学的思考の出発点をなす重要なものであろう。なお、池明観『現代に生きる思想　ハンナ・アレントと共に』新教出版社、一八六ページ以下参照。

二三八ページ

＊　いうまでもなく、マルセル・プルーストの長編小説のタイトルである。

二四五ページ

＊　和田勇一氏の訳によった。

二五〇ページ

＊　アーレントはこの言葉をすでに一九三三年に書いた『ラーヘル・ファルンハーゲン』（Rahel Varnhagen, A Harvest/HBJ Book, p. 84）に用いている。そこではラーヘルの知り合いのフリードリヒ・ゲンツが現実の政治的進行に対してどういう態度をとったかを締めくくるものとして引用したものだとしている。

アグネス・ヘラーはこの言葉にきわめて興味深い解釈を加えている（Agnes Heller, Hannah Arendt on 'Vita Contemplativa' in Hannah Arendt Thinking, Judging, Freedom, edited by G. T, Kaplan and C. L. Kessler, Allen & Unwin, p. 150）。彼女によれば勝利に喜ぶ神々は支配者たちであり、彼らは政治的勝利者として複数においてある。敗者の側に喜ぶのは単独の一個人たるカトーだが、この文は端的な意味で「観察者の言」として読まなければならないという。歴史は勝利者においてのみ存在してはならず、敗者の側も人間の記憶におくことによって永遠のものとせねばならない。異なった視点から世界が眺められ語られる事によってこそ世界が実在性を持ち得るのであり、そこにおいてこそ判断が意味を求める事と結びつくのである。困難な「暗い時代に生きる人々」（彼女の著作の題名）にとって考えることの意味をあたかも希望の光のように鮮やかに示している。

なお、このテキストの出典は、マルクス・アンナエウス・ルカヌス（Marcus Annaeus Lucanus, ad. 39-65）の叙事詩『内乱（De bello civili）』第一巻一二八行目である（石井正人氏の御教示による）。この叙事詩は、ポンペーユスとカエサルの戦いから、カエサルの独裁成立と、最後の共和派カトーの自殺までを扱っている。ルカヌスは、共和制擁護、反独裁の立場からこの叙事詩を作り、カトーを称揚しているという。

解説

I　著者ハンナ・アーレントについて

ハンナ・アーレント(Hannah Arendt)は一九〇六年一〇月一四日、ドイツのハノーヴァー近郊のリンデンで生まれ、一九七五年一二月四日、アメリカ合州国のニューヨークで亡くなった哲学者である。彼女は、通常、政治哲学者だと紹介されているが、本書を読めば、彼女が疑いの余地のない哲学者であることが分かろう。しかし、彼女自身はこの著作の最初で述べているように、職業的哲学者ではないし、これまでの哲学の形而上学的問題設定には基本的な誤謬があると考えている。とはいっても、彼女が生涯、哲学的な思考に没頭し、そのこと自体を生きていることとほとんど同義だと考えていたことは、この『精神の生活』という著作そのものが雄弁に証明し、主張している。彼女がこの著作でもっとも徹底した哲学的思考をする人物としてソクラテスをあげたように、彼女にとって思考とか哲学というものは、権力者や一定の党派のイデオロギーとなるものではなく、市井で普通の市民が日常生活を営むなかで、同時に問題になるものなのである。思考の営みこそは、一見現実からもっとも退きこもったもののように見えるが、それが生きることとの内容を形成し、そのように退きこもるという性格が人間の協同的行動と深く結びついているのだというのが、彼女の思想の中核である。したがって、哲学者であることは、人間の協同をめぐる政治についての思想的考察と深く係わっているのだということが重要なのである。彼女の哲学観については別に述べるとして、この著作が彼女の生涯の総決算のような仕事であることは、読み進めば理解されよう。

アーレントが生まれたのはハノーヴァーの近くであったが、彼女の両親の家系は、カントで有名なケーニヒスベルク(ちなみに、アーレントは一四歳にしてカントの『純粋理性批判』と『単なる理性の限界内の宗教』とヤスパースの『世界観の心理学』、およびキルケゴールを読んだという。ホイアー、p. 15 ff.)の豊かなユダヤ系のドイツ人であったし、まもなくケーニヒスベルクに引っ越して大学入学までの時代を過ごしたのである。教養豊かで社会主義者であった両親に非宗教的な雰囲気の家庭で育てられたアーレントは、ユダヤ人であることについては子どもの頃強い意識は持っていなかったし、そのことを意識してからもそれにコンプレックスを持つことはなかったという(ヤング＝ブリュール、p. 11)。

一九二四年から二九年までのワイマール時代の絶頂期に、彼女はマールブルグ、フライブルグ、ハイデルベルグで、それぞれハイデガー、フッサール、ヤスパースに学んだ。当時大学には保守的な傾向が強く支配していたなかで、マールブルグで非政治的な形であったが、きわめて強い新しい哲学革新の傾向が現れ、その中心にいたのがハイデガーであった。まだ、主著『存在と時間』を出版していなかったにもかかわらず、ハイデガーはすでに「思想界に君臨する隠れた王」となっていた。当時三五歳で妻子あるハイデガーであったが、二人は恋愛関係に入った(アーレントはハイデガーに政治的にも思想的にも強い批判を持っていたが、これ以降もハイデガーの晩年まで接触を保った。しかし、常に、ハイデガーの妻エルフリーデが不快に感じ邪魔をした)。彼女との恋愛関係が『存在と時間』や『カントと形而上学の問題』といった著作に駆り立てる思考の情熱を生みだしたのだと、ハイデガー自身がアーレントに二〇年後に語っている(ヤング＝ブリュール、p. 50)。しかし、この恋愛関係はまもなくおわり、アーレントは博士論文をヤスパースのもとで書くことになった。アーレント自身はハイデガーのとりまきに対してあまり好感を抱かなかったが、ハンス・ヨナス(**Hans Jonas**)とはそれ以来終生の親友関係を持つことになったし、ギュンター・シュテルン(**Günter Stern**)とも知り合った。シュテルンは、ギュンター・アンデルスの名でヨーロッパにおける最も著名なジャーナリストの一人であり、反核運動の理論家としても重要な存在であった(一九九二年まで生存)が、アーレントと一九二九年に結婚した。このアンデルスにせよ、生涯連れそったハインリッヒ・ブリュヒャー(Heinrich Blücher)にせよ、彼女のパートナーが社会主義やマルクス主義に強い関係を持っていたことは、アーレントの政治思想形成に影響があったと思われる。

ヤング＝ブリュールが伝えるところでは(p. 80 ff.)、アーレントは、アンデルスを媒介として、このころアドルノを初めとするフランクフルト学派の人々とも接触したし、マンハイムについては『イデオロギーとユートピア』の書評も書いたりして、マルクス主義に近い人々との接触も持ったが、彼女はそうした思想家に影響は受けていない(とりわけて、アドルノにたいしては強い反発を感じたようで、彼は家に来ないで欲しいとまで言明している)。アーレントは、マルクスに対しては『人間の条件』のなかではっきり表明しているように強い尊敬(と反発)の気持ちを持っていたが、マルクス主義的な他の思想家には一見奇妙とも思えるほど関心を示していないし、影響を受けていない。

ヤスパースのもとで書いた博士論文は『アウグスティヌスにおける愛の概念』というものであったが、高い評価を受けるものではなかった(この著作は、今日では手に入れるのが困難なものであるが、ヤング＝ブリュールの『ハンナ・アーレント』四九〇ページ以下に要約が書かれている)。むしろ、この頃友人のアンネ・メンデルスゾーンによって偶然知ることになった、ユダヤ人女性ラーヘル・ファルンハーゲンについての著作に没頭することになった。彼女は一〇〇年以上前のこの女性を「自分のもっとも親しい友人」と考えるほど共感を示した。しかし、この著作が完成される前に、アーレントはユダヤ人への迫害から一九三三年八月にはドイツを離れた。プラハ、ジェノバ、ジュネーヴを経てパリに達したアーレントは、これ以降、一九五一年アメリカ合州国の市民権を得るまで一八年間にわたって「無国籍者」として暮らすことになったわけである。

この逃亡中には、ユダヤ人組織のなかでアーレントはさまざまな活動をした。ユダヤ人組織には必ずしも共感を寄せたわけではなかったこともあったが、彼女はこの生活を通じて有無を言わさず政治の問題に引き込まれていくことになった。この頃の亡命者組織で知り合った人々のなかでもっとも重要であったのは、ベンヤミンであり、なにより も一九七〇年の彼の死に到るまで連れそうことになった、ブリュヒャーであった。一九四〇年にはアーレント自身も収容所生活を経験することになったし、ベンヤミンの自殺に象徴されるような厳しい経験をしていくことになった。一九四一年五月、夫たちと一緒にアメリカにわたったアーレントは、ユダヤ人組織で活動をし、さまざまな文章を書いてきたが、一九五一年の『全体主義の起源』出版までは、比較的知られることのない人物にとどまった。四五、四六年から書き始め四九年に完成するまで四年間をかけて、夫ブリュヒャーの密接な協力のもとに書き上げたこの著作は、当時の厳しい東西冷戦体制の対立のなかできわめて大きな反響を呼び、アーレントは一躍第一級の政治思想家としてみとめられることになった。

これ以降のアーレントの思想や生涯については、基本的には日本でもほとんど翻訳されている彼女の著書を通じて理解できるものである。著作以外の点で紹介すれば、一九五九年にはレッシング賞を、一九六七年にはジークムント・フロイト賞、一九七五年にはコペンハーゲン大学からゾンニッヒ賞を受け、一〇校から名誉博士号を受け、バークリー、プリンストン、シカゴ大学で教鞭をとった。一九六七年からはニューヨークのニュー・スクール・フォー・ソーシャルリサーチで教えたが、一九七五年一二月四日に、バロン氏らと夕食を共にした後、前からわずらっていた心臓発作によって急逝した。『精神の生活』の第Ⅲ部をなす「判断」についての表題だけがタイプライターに打たれていたという。

五〇年代以降の彼女の著作によって彼女の経験そのものが多く分かる。彼女のいったん読み始めたら読者を虜にさせてしまう深い思索力を感じさせるものを多少紹介しよう。『全体主義の起源』以降、彼女の著作が大きな波紋を引き起こしたものとしては、アイヒマン裁判の傍聴記として大きな議論を引き起こした『イェルサレムのアイヒマン』を挙げなければなるまい。彼女は、この著作によって一方ではユダヤ人の側から反発をかい、他方では、ドイツ人側のナチス反対の運動への過小評価だという批判を受けた。また、これを通じて『精神の生活』に中心的に論じられている事柄への問題意識が生まれたことについては序文に示されている。『革命について』は革命についてアメリカ独立革命とフランス革命を比較して、自由の創出という点で前者こそが革命にふさわしいと論じたきわめて独創的なものである。この著作も、やはり、ハンガリー革命（動乱）への彼女の関心の一つの表明であろう。また、『暴力について』という本に論じられた問題はとりわけ六〇年代のアメリカの公民権運動、世界を吹き荒れた学生運動の嵐、さらにはウォーターゲート事件、ヴェトナム戦争といった事態への彼女の積極的なコミットメントの表明である。とりわけて、ダニエル・コーン・ベンディットへの具体的な援助を初めとして非暴力の可能性を議論し、暴力と権威との区別を論じたこの著作は興味深い。

彼女の思想がもっとも深く表明されたものとしては、『人間の条件』、『革命について』、そして本書『精神の生活』を挙げなければなるまいが、彼女がけっして体系的哲学書を望んだわけではなかったという点からすれば、『過去と未来の間に』という著作こそは彼女の個人的資質がもっともよく現れているということができるし、『暗い時代の人々』に表現された彼女の関心を持った人々への論集は、彼女の友愛の表明としてきわめて興味深い。

なお今日、欧米でのハンナ・アーレント評価は非常に高まっていて、ほとんどブームといってよいほどの「ハンナ・アーレント・ルネッサンス」(Friederike Hausmann, Freitag, 4, Juni, 1993, Nr. 23)である。そこには、大きく分けて三つの理由がある。一つは、フェミニズム運動からのもので、家事労働を中心として彼女の労働の分析、公的領域と私的領域の区分などが、大きな影響を与えている。もう一つは、日本のみならず、ヨーロッパ全土を深く襲っている政治への絶望と転換である。政党政治が従来の形では、ほとんど人びとの希望を奪ってしまっているなかで、新しい政治のあり方が、しきりに模索されている。アーレントは旧来の政治概念をのりこえるためにもっとも根本的な思想家なのである。第三は、哲学にかかわるものである。およそ、一人ひとりの生きる営みと離れた「職業的」哲学者、政治と哲学の関連に対する徹底した無関心や禁欲に対して哲学の生きたあり方を模索する人びとがアーレントに注目している。特に、これまでアーレントに対して比較的冷淡であったドイツ語文化圏のブームは驚くほどである。一九九二年から九三年にかけて、フランス、ドイツ、英語圏で出版されたものだけでも左にかかげる。彼女への関心の高さが知られよう。

① Hannah Arendt, Was ist Politik? Aus dem Nachlaß, hrsg. von Ursula Lutz. Piper Verlag, 1993.
② Wolfgang Heuer, Citizen, Persönliche Integrität und politisches Handeln. Eine Rekonstruktion des politischen Humanismus Hannah Arendts. Akademie Verlag, 1993.
③ (hrsg. von) Peter Kemper, Die Zukunft des Politischen, Ausblicke auf Hannah Arendt. Fischer Verlag, 1993.
④ Karl-Heinz Breier, Hannah Arendt, Zur Einführung, Junius Verlag, 1992.
⑤ Margaret Canovan, Hannah Arendt, a reinterpretation of her political thought. Cambridge University Press, 1992.
⑥ Maurizio Passerin D'Entrèves, The Political Philosophy of Hannah Arendt. Routledge, 1994.
⑦ Phillip Hansen, Hannah Arendt, Politics, History and Citizenship. Polity Press, 1993.
⑧ A.-M. Roviello et M. Weyembergh, Hannah Arendt et la Modernité. Librairie Philosophique. J. Vrin, 1992.
⑨ Édouard Delruelle, Le Consensus Impossible, Éditions Ousia S.C., 1993.
⑩ A. Hubeny, L'Action dans l'oeuvre de Hannah Arendt : du politque à l'éthique, Larousse, 1993.

以下に日本で翻訳された彼女の著作を紹介する。

①『イェルサレムのアイヒマン』大久保和郎訳、みすず書房、一九六九年。
②『過去と未来の間で』（邦訳として『歴史の意味』『文化の危機』の二分冊で出版）志水速雄訳、合同出版、一九七〇年。
③『暗い時代の人々』阿部斉訳、河出書房新社、一九七二年。
④『全体主義の起源』大久保和郎訳、みすず書房、一九七二―七四年。
⑤『暴力について』高野フミ訳、みすず書房、一九七三年。
⑥『人間の条件』志水速雄訳、中央公論社、一九七三年。
⑦『革命について』志水速雄訳、中央公論社、一九七五年。
⑧『ラーヘル・ファルンハーゲン』寺島俊穂訳、未来社、一九八五年。
⑨『カント政治哲学の講義』浜田義文監訳、法政大学出版局、一九八七年。
⑩『パーリアとしてのユダヤ人』寺島俊穂・藤原隆裕宜訳、未来社、一九八九年。

Ⅱ　アーレント思想の現代的意義

(1)　二〇世紀の歴史をどのように総括するのかという問題は、一九八九年以降の激変によって大きな課題として我々に提起されている。これまでほとんどの歴史学者や政治学者は、二〇世紀政治史のもっとも大きな事件として、一九一七年のロシア革命をあげることに躊躇しなかったろう。米ソの対立は、キューバ危機に代表されるように、人類滅亡の核戦争の直前まで深刻化したし、第二次大戦後の世界は、この二大超大国を中心とする資本主義体制対社会主義体制の冷戦対立の過程として考えられてきた。しかし、ベルリンの壁の開放、ソ連の消滅に象徴される、八九年以降の大きな歴史の流れは、社会主義体制という概念そのものを無意味にさせ、二〇世紀とは何であったのかという問い直しを求めるような状況にある。

そのような状況であるにもかかわらず、二〇世紀は、この二つの体制において等しくおそるべき政治的現象を生みだした。一方は、ナチズムの登場とユダヤ人六〇〇万人の虐殺という事実であり、他方は、犠牲者が一〇〇〇万人にのぼるかもしれないとまで言われたスターリン主義下の独裁であった。あるいは、さらに中国の文化大革命や（一定の留保が必要だが）カンボジアのポルポト政権の大虐殺をあげてもよいかもしれない。その正確な実態の把握と原因の分析は、歴史学や政治学の課題かもしれないが、今日の時点からみるならば、この二つには想像以上に多くの類似点があるといってもよい。反対派への徹底した粛清と虐殺、神格化された独裁者、秘密警察、強制収容所、といった個々の共通点を通じて、それを一般的に全体主義的傾向と名づけても疑問を呈する人はあまり多くないだろう。そして、このような想像を絶するような大量虐殺がなぜ生まれたのかを説明することは、二〇世紀に課せられたもっとも深刻な課題の一つであろう。少なくともこのような現象を遅れた野蛮な国々での過去の悲劇と片づけてしまうわけにいかないことだけは確かだ。現代ヨーロッパの深刻な現状、フランス、オーストリア、ドイツ、ベルギー、イタリアといった国々でいずれも急速な極右勢力の進出があり、選挙によって二〇％を上回る得票率を獲得しているような地域も珍しくない。ファシズム、全体主義は過去の問題ではない。ことによったら、近代民主主義そのものと深くかかわった問題かも知れないのだ。

ハンナ・アーレントは、戦後政治思想史のなかでもっとも早期に、ナチズムとスターリン主義に共通するものとして全体主義を指摘し、詳細に分析したのみならず、それを現代の思想的課題として徹底的に考え抜いた思想家であった。全体主義という言葉そのものは彼女に発するものではない（一九二六年にイタリアで最初に使われた）が、一九四九年にはほぼ完成し、一九五一年に出版されるや否や、一挙にアーレントの名声を高めた著作『全体主義の起源』によって、完全に定着したものである。この著作が圧倒的な影響力を持った理由は、その詳細なナチズムを中心とする全体主義の歴史的過程についての資料に基づく研究にもよるが、なによりも、全体主義の登場が近代ヨーロッパ社会の発展全体と深く結びついた必然的なものであることへの深い思想的洞察と結びついていたことにあると思われる。つまり、ナチズムに代表される全体主義的傾向がけっして二〇世紀の例外的突発的事件ではなく、むしろ、二〇世紀という時代全体にもっとも深く結びついた現象だということを捉えて分析した点にあると思われる。もしそうなら、全体主義への傾向は民主主義を掲げる社会そのもののなかにも当然可能性があるということになるからだ。実際、この著作は、自由主義、民主主義を掲げるアメリカで吹き荒れたマッカーシー旋風に対して、その全体主義的傾向を指摘する人々から支持された著作ともなったのである（コーザー、p. 213）。この点については後に触れるが、もう一つそれと結びついて決定的に重要な点を指摘しなければならない。

それは、アーレントが分析の対象としたもう一つの全体主義の現象であるスターリン主義に対する彼女の姿勢である。彼女がこの著作の執筆をすすめていく時期はまさに東西の冷戦体制の成立によって大きな政治的緊張が生まれ、出版されたときには朝鮮戦争が再び深刻な世界戦争への危険性を生み出しつつあるときであった。したがって、アメリカ合州国に住むアーレントがある種の反共主義的な流れに加わっても不思議はなかったかも知れないが、彼女自身は自分を常にパーリア（賤民あるいは非人）と位置づけており、いかなる党派にも加わることなく、また主流派に参加することなく、一貫して批判派の位置を取り続けた。むしろ、彼女の冷静なスターリン主義分析は、その冷静さと思想的深みによって、八九年以降の今日でも大きな示唆を与えるものである。アーレントとスターリン主義については一定の解説が必要である。第一に、彼女は社会主義全体を全体主義だと述べてはいない。スターリン批判以降の雪解けのなかで、アーレントはすでにソ連における非全体主義化の傾向について論じているし、ユーゴスラヴィアについてもその違いを明確にしている。したがって、彼女の批判が社会主義への単なる反共主義によるものでないことは明らかだ。

しかし、さらに決定的に重要なことが、彼女がスターリン主義とかかわった経過そのものに示されている。彼女が『全体主義の起源』の著作を最初にプランしたとき、彼女が立てたタイトルは『恥の要素――反ユダヤ主義・帝国主義・人種主義』(そのほかに彼女が考えていたものは『地獄の三つの柱』『全体主義の歴史』『我らの時代の重荷』があるが、彼女の方法を的確に特徴づけるものではなかったという)というものであった(ヤング＝ブリュール、p. 200)。完成された著作の構成が、人種主義の代わりに全体主義という章が立てられ完成されたことを考えるならば、彼女が当初その分析を主としてナチズムにおいていたことは明らかだ。ところが、朝鮮戦争の勃発に代表される深刻な危機を前にして彼女は次第にその分析の力点を、単にナチズムだけではなくて、スターリン主義の分析に移す必要を感じた。ヤング＝ブリュールの詳細な分析によれば(前掲書、p. 203 f.)、アーレントは『全体主義の起源』の第Ⅰ部と第Ⅱ部をなす反ユダヤ主義と帝国主義の章の基本的な素材を一九四六年までにとりまとめていたのだが、その当時まではナチズムの基本的性格を「人種帝国主義」(これはフランツ・ノイマンの『ビヒモス』に由来する名前である)と捉えていた。その頃には、まだスターリン主義ロシアについてはあまり関心を持っていなかった。

アーレントは、『全体主義の起源』を執筆中の一九四七年九月四日づけのカール・ヤスパース(アーレントの恩師であり晩年の親友であった)あての手紙のなかで、著作の進行状況についてこんなふうに述べている。「私が執筆中のものについてのご質問の件についていえば、題名がきまっていないので示唆できるだけです。第一部はすでにできあがっていて、一八世紀中ごろ以来のユダヤ人の歴史を政治的社会的に叙述したものです。その際、ユダヤ人は二〇世紀の政治的イデオロギーを決定的に結晶するものとしてふさわしいという視点がもっぱら取られています。第二部は、今執筆中ですが、帝国主義(私の用語で言えば、八〇年代以降始まった純粋拡張政策)と国民国家の崩壊との関連を分析しています。これはすべて順調なら、今年中には終わるでしょう。結論をなす第三部は全体主義的国家構造が中心になるでしょう。これはまったく新たに書かねばなりません。と言いますのも、事柄が、とりわけてロシアとの関連で今になってやっと本質的な重要なことだと見えてきたからです」(書簡、p. 134)。つまり、アーレントにとってスターリン主義の問題が本当に大きな主題となってきたのは、『全体主義の起源』の構成の三分の二がほぼできあがった時点でのことであった。したがって、この著作の基本的な部分がナチズムの研究によって生まれていたことは、明らかで、カノヴァンを初めとして何人かの研究者からこの点については指摘されている(カノヴァン、1974, 邦訳p. 74, 75)。

少なくとも、ナチズムの成立と支配がスターリン主義のそれと本質的な共通性を持つと言うにはさまざまな前提条件が必要であることは明らかだろう。たとえば、第一部の反ユダヤ主義の問題は、ナチズムの本質的前提かもしれないが、ロシアにおける全体主義の発生の問題を考えるに際しては、その一要素にすぎないだろう。第二部のテーマである帝国主義の問題を考えれば、いっそう事態は明らかだろう。二〇世紀の現象としてのファシズムを問題にするかぎり、帝国主義はその成立の絶対的条件であろうが、それがスターリン主義の成立と不可分なものであったかどうかは大いに議論が必要だろう。少なくとも、ソ連社会主義の成立が名目的には帝国主義戦争への反対を通じてのものであったという歴史的な事実を前にすれば、スターリン主義成立の内的要因として帝国主義をあげることはむずかしいだろうし、むしろ別の事柄による説明の方が学問的誠実さをもつものだろう。したがって、歴史評価としてみるならば、それがとりわけて政治経済構造の分析と結び付けて議論されるかぎり、両者を共通のタームにくくるのが適切ではないというのは自然のように見える。その上、当時のアメリカ合州国における冷戦体制下の反共的雰囲気のなかで全体主義という用語が広範に普及しつつあったという経過をふまえるならば、このような用語の使用についてはもっと注意深い態度が必要だという意見が出てくるのは当然のように見える。

しかし、今日からみてアーレントの全体主義に対する態度はきわめて的確であったというのが、私の見解である。

その最大の理由は、彼女が全体主義の問題を資本主義と社会主義の対立より重視していたからである。「民主主義的国家と全体主義的国家の間の」相違から生まれる対立は「社会主義と資本主義、あるいは国家資本主義と自由企業、あるいは階級隠蔽社会と無階級社会との闘争にあるのではない。市民的自由に基づく政府と強制収容所に基づいて成り立っている政府の間の闘争なのだ」(ヤング＝ブリュール、p. 206)という視点を彼女が貫いていたことにあるのだと思われる。たとえば、ヒューズのアーレントへの評価を見ると、今日からすると少し奇妙な感じがする。というのも、ヒューズはアーレントがソ連における経済的発展の合理性を見ていないと言って、社会主義の経済システムとしての有効性をもっときちんと評価するように求めているからだ(ヒューズ、p. 94)。経済体制として社会主義がその経済組織を有効に働かせる合理性を持っていたかといえば、オイルショック以降の失敗については今日一般に認められている。社会主義全体の歴史的評価をどうするかについてはもう少し長い射程でものを考える必要があるかと思われるが、少なくともそのもっとも大きな問題点が全体主義的な統治形態にあることは大方の一致を得られるだろう。彼女が人間の協同についてそれを中心問題に据え、そこからスターリン主義を全体主義と捉えた点こそが彼女の射程の広さを保障した。その意味で言えば、彼女は経済制度としての資本主義を肯定することなど関心がなかったのである。彼女の関心は人間の自由と協同を保障する視点からのスターリン主義研究にあった。

より正確に言えば、彼女の全体主義評価をめぐっての哲学的基礎がそれほど徹底してマルクスおよび西欧思想全体の伝統への本格的検討と結びついていたという点こそもっとも重要な点である。くりかえすが、アーレントは『全体主義の起源』執筆の終わり頃になって、スターリン主義の問題の深刻さに自覚的になっていったのである。彼女はこの著作の完成の後、今度は『マルクス主義における全体主義的要素』という著作の完成に一九五二年と五三年を使おうと考えていた。ところがこの仕事は彼女が考えていた以上に深刻な影響を及ぼした。これ以降の彼女の研究はいっさいここに起源があるといってよいほどである。カノヴァンはこのことを次のように伝えている。「人種差別思想と違って、マルクスの理論は西欧の哲学的伝統の中心から生まれ育ってきたものである。そこでアーレントは、スターリンがマルクス主義から全体主義イデオロギーへと変容させた要因のいくつかは西欧思想に深く根付いたものではないかと思ったのである。このマルクス論は結局完成されなかった。というのも、彼女が仕事をすすめていくにつれこれまでの哲学伝統の分析にのめり込んでいき、マルクスにそうした伝統から脱しようとさせた(成功しなかったが)近代社会の発展の分析に没頭していったからだ」(カノヴァン、1991, p. 76)。

このことは彼女に根本的な方向転換をさせることになった。それ以前には、ユダヤ人の大量虐殺をも導くに至った全体主義の生成の過程と起源を探ることに興味を持っていたアーレントだったが、この問題を追求していくうちに、彼女がもう一方で研究を続けてきたヨーロッパ哲学思想の中心問題と深く関係しているということに次第に気づいていったのである。マルクスは周知のように資本主義の根底的批判を目指したが、フランス唯物論からユートピア社会主義にいたる流れとイギリスを中心とする古典経済学、ヘーゲルを頂点とするドイツ観念論とその継承者たちとの三つを大きな源泉として、その思想を形成していったといわれている。これを言いかえれば、ヨーロッパの当時のもっとも影響力の強かった思想をそのまま栄養にしてそこからの脱却を目指したといえよう。なかでもマルクスの思想的中核をなすものが、有名なフォイエルバッハ・テーゼ「哲学者たちは世界をいろいろに解釈してきたにすぎない。肝心なのはそれを変革することだ」に象徴されるものであったことが重要である。アーレントによれば、このテーゼに代表されるような観想への徹底的批判と実践的唯物論の強調こそは、一方ではこれまでのヘーゲルに代表されるような観想的哲学の問題点そのものの反映であったし、他方では、近代化の過程の反映でもあったというのである。そのことの正否は問わないとしても、彼女のマルクス研究がこのような方向性を持って捉えられるかぎり、マルクスとの対話はヨーロッパ思想全体との対決をはらまざるを得ないことになるし、近代化の過程全体を問題にせざるを得ない。こうして、これ以降、彼女は「マルクスとの継続的な対話」(カノヴァン、1974, 邦訳 p. 32)を続けることになり、近代社会を全体としてどう捉えていくのかという問題を考えるようになった。この点で、アーレントにとってのマルクスの役割を、彼女自身こう語っている。「私は遅れてマルクスの重要性を理解するようになったが、それは若いときに私が歴史にも政治にも関心を持たなかったからだった。もし私が『どこかからやってきた』と言われうるとすれば、それはドイツ哲学の伝統からである」(ジェイ、邦訳、p. 410)。つまり、彼女が今日政治哲学者と言われるような仕事に本格的に没頭することになったのは、まさしく彼女がマルクスの思想を全体主義との関連で探求するようになったからである。彼女自身は、どちらかと言えば、政治理論に興味を持たない思想家だったといってもよいのだろうが、マルクスとの対決が彼女を政治哲学者としたのである。

ウォーリンは、彼女の根本的なラディカルさを指摘して、彼女の独自さが「当代のたいていの人が政治だと考えているものは少しも政治などではない」(ウォーリン、p. 94)と考えていた点にあると述べたが、このことこそは彼女の特質を示すものであるといえよう。その上重要なのはこのことがけっして彼女の勝手な思いつきによるのではなく、ヨーロッパ政治思想の正当な継承の上によっているということも言わなければなるまい。したがって、ウォーリンが「アーレントにとってはマルクスは魅惑と反発の両方から深く魅入られた思想家」(同、p. 101)と指摘したように、彼女は近代ヨーロッパ社会思想の最大の対決の相手としてマルクスを意識していたのである。一九八九年以降の世界史の大きな構造転換を前にして、アーレントのようなマルクスへの態度のとり方はきわめて参考になることの多いものであろう。マルクスをたんに過去のものとして片づけることはおよそ現代世界に対するまじめな対応とは思われない。近代に関する、もっとも本格的な批判者でもあったマルクスが見えなかったものは何であったのかを真剣に考えて、マルクスを改めて検討してみることは今日なお大きな課題であろう。少なくともスターリン主義の深刻な全体主義的側面をたんにスターリン個人の特質に求めたり、社会主義運動だけに固有なものとしてしまうのでなく、ことによれば二〇世紀の政治的文化的運動が全体としてはらんでいる危険性かもしれないとして考えることは現代の深刻な事態を考えればきわめて重要な視点であろう。

⑵　ソ連東欧社会主義体制の崩壊による冷戦体制の崩壊は、必ずしも人々を解放にもたらしたわけではなく、むしろ、発達した資本主義国を深刻な閉塞状況に追い込みつつあるというのが、現状であろう。近代化、資本主義の高度化が生みだしたことは、人々の深刻な疎外現象であった。人々は商品生産による物質的富の蓄積と消費に駆り立てられ、ますます快適な生活を目指していくが、人間が協同で生きていくことの意味を失い、自分が存在していることが根本的に無意味ではないのかという虚無感にとらわれている。

『全体主義の起源』の最後をなす「イデオロギーとテロル」という章を読むと、二〇世紀のもっともおそるべき現実としての全体主義を成立させたものに対するアーレントの問題意識が明確にうかがえて興味深い。それは近代社会がつきすすめてきたものが何であるかの問題と深く係わっている。あえてこのことを三つの点にまとめれば次のようになろう。第一に、近代国家が進展していくにつれ、人々はこれまでの共同体的な規制から解放されるが、それと同時に自分のアイデンティティーの場所を奪われることでもある。商品経済の全面的浸透は個々人を自由にするが、それは彼らをバラバラにし孤独の恐怖へともたらす。アーレントは、「イデオロギーとテロル」のなかで全体主義を構成するイデオロギーとして、一定の法則や規則を絶対的に貫徹するものと捉え、現実そのものをその法則の実現に向けた運動として組織していくという考え方をあげている。その際、現実にそのような法則ないしは規則に合わない現象や人間がいた場合には、そのような現実そのものが抹殺され、人間そのものまで抹消される。たとえば、純粋なるドイツ民族という理念を立て、それが人種的にみても一定の根拠があるとされれば、金髪長身の人々の人為的な結婚生殖が奨励され、それに反する人々の抹殺が図られる。そこに不可欠の機能をはたしたのが強制収容所の存在であり、それと深く結びついたテロルだという。ところが、そのような全体主義は、それ以前の独裁とは根本的に異なって、大衆自身の支持によって成立したという側面を持っている。「全体主義的支配は……最後の最後まで『大衆の支持を要求しそれに依拠する』のである」(『全体主義の起源』英語版、p. 306)。二〇世紀という時代が、これまで市民社会とその政治的権利から排除されていた広範な民衆を政治という公共的世界に登場せしめたことに質的に新たな次元を形成したとすれば、全体主義が民衆の支持を何らかの形で勝ち得た上で成立したということ自体は、我々の時代の根本的問題が全体主義と深く結びついていることを示しているのであろう。

アーレントは、このような大衆の側の全体主義への何らかの形での支持というものが生まれた条件を探求して、「一人でいること」(solitude)と「孤立」(loneliness)の区別に至った。この区別は、以降彼女の中心概念を形成し、『人間の条件』および本書『精神の生活』などで重要なキーワードとなっている。英語ではしばしば混同されかねないこの二つの概念の区別が彼女にとって重要なのは、それが一方では全体主義の思想的文化的基礎をなすからであり、他方では科学や芸術さらには哲学的な思考の営みそのものの本質に係わる条件であるからだ。すなわち、自らが積極的に依拠すべき協同、他人とのつながりの基盤を奪われ、自分がこの世界で何者でもない見捨てられた(verlassen)存在であるという恐怖を経験したとき、人間の絶望は全体主義的支配を認める。なぜなら、自らのネットワーク作りを通じての協同の可能性を奪われた人間にとっては、個々の個性や状況を超えた、超越的支配による一元化はむしろ人々を安心させる。仲間を失った人間は自分のアイデンティティーを仲間をつうじて確証できないのだから、現実を無理矢理に一元化してしまって矛盾を抹殺する全体主義支配は望ましいものとなる。他方、芸術創作のみならず、理論的創造においても、人はいったん政治的協同の場から退きこもってたった一人になる必要がある。それはけっして見捨てられる経験ではなく、このように退きこもって一人になることが逆にその人に協同的世界で自分を確証することになるために必要なのである。そのような時間と空間の存在によってこそ個人は個性として輝くことができるのであり、また、このような「一人になる」経験によってこそ協同することのかけがえのなさを感じさせ、友愛を求めさせるものである。

ところが、この二つはこのように根本的に反対の中身を持っているにも係わらず、じつは「一人になる」ことが見捨てられた「孤立」へと転化する危険を常に持っている。「一人になる」ことがなぜ必要かといえば、それは一人になることによって、自分のなかのもう一人の自己とじっくりと徹底して対話するため(＝思考する)に他ならない。この思考の営みは〈一者のなかの二者〉という構造をとるのだから、その営みそのものがきわめて危ういものである。すべての安定した地盤を破壊して営まれるのだから、孤立や不安と隣り合わせである。もしこのもう一人の自分との対話が途切れてしまえば、それは直ちに孤立した見捨てられた感覚を持ち得る。その意味では、エリートたちも容易に全体主義運動へと加わり得るのであり、アーレントは一節を設けて(モブとエリートの一時的同盟)、アヴァンギャルドの芸術家たちが全体主義運動に積極的に共感していった時期が存在したことを論じている(同書、p. 326以下)。

しかし、一般的に言えば、自立的で「一人になる」ことを求める知識人の思考や運動が全体主義運動にとって敵対的であることは明かである。なぜなら、彼らは自分の思考や分析による見解を持とうとし、自分の個性を問題にするから、全体主義的に上から一定のプランに基づいたプランを貫徹しようとする意図にとって知識人は妨害的あるいは攪乱的要因以外のものでありえないからである。とりわけて、これまでの社会主義や共産主義運動が理念としては知識人との積極的連携を持つべきものとされたのに、現実には知識人の存在を常に邪魔者扱いしてきたということは忘れるわけにいかない。そのいちばん極端な形がポルポト派による教員、医者、知識人らの皆殺し政策であった。ファシズムもスターリン主義も自分の運動に役立つ限りのイデオロギーや芸術しか必要としてこなかったのである。そのことを正当化するために、これまでの共産主義運動では個人が「一人になる」傾向を個人主義的でエゴイスティックなものと批判する傾向が根強く、結局の所、個人の個人としての自己実現の要求に対して協同に結びつかないものはすべて問題視されることになりかねなかった。これが、近代社会を乗り越えるものではなく、むしろ、一種の野蛮への後退であることは明らかであろう。しかしながら、近代社会が生みだした、この根無し草のアトム化、共同の喪失という事態を現代社会は何も解決しておらず、今の所際限もない深刻な事態の深化だけが我々の前に存在しているように見える。

第二には、消費文化による公的世界の消失と親密圏の侵害である。このことが第一の状況と深く結びついたものであることは明らかだろう。アーレントが『全体主義の起源』の研究の後、マルクスの研究に集中したことはすでに述べたが、その成果は『人間の条件』として結実した。この著作が活動的生活（vita activa）についての研究を主題としていることは明らかだが、それは近代社会がこの「活動的生活」を中心にして動いているからに他ならない。もちろん、ここで意識されているのはマルクスの労働に対する位置づけだが、この思想そのものがヨーロッパ近代思想の正当的な継承の産物であることが重要なのである。ロックに始まった労働への賛美はアダム・スミスに引き継がれ、近代ブルジョワジーの生産による進歩が正当化された。ヘーゲルは当初そうした近代生活の傾向を批判しようとしたが、結局の所、労働の解放的契機を承認することによって近代社会の歴史的発展を承認した。マルクスは労働による人間の自己実現という思想を中核にすえ、資本主義批判に新たな視点をつけ加えたが、ここにはいくつかの問題の隠蔽やずらかし、曖昧化が含まれていたというのが、アーレントの見解であった。活動といっても、古代中世にまでたちかえってこの問題を考えたとき、近代では見えないいくつかのことが示されてくる。活動的生活というとき、それは観想的生活に対置されるべきものとして存在するものだが、そこにはいくつかの区別が必要である。まず、古代ギリシアでは、政治的実践としてポリスにおいて市民が言論を通じておこなう共同の活動こそが人間を固有な意味で人間たらしめるものであった。だからこそ、アリストテレスは人間をポリス的動物（ゾーン・ポリティコーン）と名づけたのであり、この活動（プラクシス）は大工が家を建てたり（ポイエーシス）、家事労働によって生命再生産に従事するのとは根本的に異なるものであった。アーレントはこの著作のなかで、人間の活動を政治的活動（action）、仕事（work）、労働（labour）の三つに分けた。古代ギリシアに代表される政治的活動の衰退にともなって、活動という空間が人間同士の共同のための活動という次元から引き離され、そのことによってもはや現代人にとっては政治的空間が人間を人間たらしめる共同的活動の場としては一般的には消失してしまった。しかし、固有な意味で人間の自由が語られるとすれば、このような政治的共同の空間こそが不可欠なのである。アーレントのいわゆる政治哲学の議論はすべてこの活動概念から始まっている。人間はこのような共同の経験によってこそ、死すべき定めにありながらも自己充実を実現できたのであった。なぜなら、このポリスにおいては人々は自分の考えを言論を通じて表し、他の市民はそのように現象した人を市民として承認したからである。つまり、個人はポリスにおいて自分を認められたのであり、個人は共同的存在として承認されたのである。アーレントによれば、このように人間が「言論と政治的活動の共有」によってお互いを認め合うことこそ、人間を人間としてもっとも輝かせるものなのである。このような人間相互のコミュニケーションの欲求を人間再考の価値と認めるような視点が、ハーバーマスのコミュニケーション理論の形成に強い影響を与えたことはよく知られている。アーレントは、こうした政治的活動の空間の消失が近代世界のもっとも大きな危機を生み出していると考えている。これは別の表現で言うならば、公的世界の消失である。今日、政治は権力と利権配分のための争いの場となってしまい、政治と倫理が結びついていたことすら忘れつつある。個人は政治的共同の空間を自分のアイデンティティーの実現の場とはしえなくなってしまったのである。

しかし、近代社会の危機はこのポリス的公的世界における人間の活動の輝きの消失に尽きるわけではない。近代世界における社会的なものの勃興という事態が他の二つの活動のあり方にすら深刻な影響を与え、人間を「工作人」（homo faber）でもありえなくして、「労働する動物」（animal laborans）にしてしまった。仕事においては、人間はたんに生命体としての有限な活動をするだけでなく、たとえば一つの椅子を作ることによって自分の死後にも残るようなものを生産することができる。つまり、たんに与えられた自然環境に追従するのではなく、人間の目的に則した「人工的世界」を形成する。それはマルクスの言う意味での労働による人間の自己形成ということを意味している。ところが、アーレントによれば、ここには重要な点が見逃されている。第一に、人間は生命ある存在として生物としての再生産活動をせざるを得ない。どんなことをしても食料の確保をしなければならないし、子どもの養育を初めとして家庭のために働かざるを得ない。それはどうしても避けることのできない活動として自由と対立する必然性に迫られた活動である。古代ギリシアではこのような活動は市民としての人間のする活動ではなく、女や奴隷のような市民でないもののする活動であった。そこでは、公的な領域としてのポリスでの活動と私的な領域としての家族内部での労働活動とが峻別され、そのことによって固有に人間的なものとしての自由の空間が保障されていたのであった。しかし、近代社会になるにしたがって私有財産の蓄積増大が(そして資本の自己増殖が)肯定されるようになり、それが結果的には労働の持っていた奴隷的要素すら肯定させるようになったのである。言いかえれば、人間が生きていくためにやむを得ず従わざるを得ない必然性の空間があたかも固有の人間的空間のようにされていってしまったのである。古代ギリシアにおいては、人間は生命再生産のために労働せざるを得ないという必然性の故にこそ、ポリスという自由の空間が求められたのだが、近代社会ではそうした公的空間そのものが消失して、人々は自分を確証する道を私有財産の増大や消費文化、さらには全体主義へと向かう方向においてしか見いだしえなくなっていったのである。

アーレントのマルクスへの深い尊敬にもかかわらず、彼女がマルクスへの批判を常に意識せざるを得なかったのは、マルクスが近代社会の原理の克服を目指していたなかに問題のすり替えないしごまかしがあったと考えたからである。それは労働と仕事の関係にはらまれていた事柄である。マルクスにとっても自由こそはもっとも重要なものとしてあったけれども、真の自由の獲得のためには「自由と貧困とは両立し得ないものだ」(『革命について』原著、p. 62)という現実を解決せざるを得ないと考えた。そして、そのような貧困の問題の解決に係わる問題が「社会問題」と名づけられるものである。アーレントは『革命について』というきわめて独創的な著作のなかで、フランス革命とアメリカ独立革命とは基本的性格において大きな違いを持っていると指摘している。それは、フランス革命が「社会問題」を問題としたことにある。これまでの革命がたんなる支配者の交代の問題であったのに対し、フランス革命の進展は、貧しい人々のパンや豊かさを求める必然性(必要性)の領域の問題を解決することを革命の課題としていくことになった。しかし、本質的に経済的問題である貧困の問題を政治だけによって解決することは不可能であるから、ここにフランス革命は矛盾をはらむことになった。人類の宿命として理解されてきた絶対的な貧困の問題が克服され、人民の幸福を追求する「貧困なき社会」の実現が求められたのがフランス革命であった。アーレントによれば、マルクスは「大衆の貧困という必要の切迫は、政治的にみれば、たんにパンや豊かさを求めてだけではなく、同時に自由のため反乱なのだと解釈した」(同書、p. 62)ことに際だった点があるという。フランス革命を通じて明らかになったのは、「貧困が政治的な力」になるということである。こうして「社会問題」が政治的な権力の問題へと移し変えられていったのだが、このような経済と政治、必然と自由をめぐる複雑な関係、微妙な問題こそはフランス革命にはらまれていた問題であった。フランス革命においては、一方で圧制からの解放(liberation)が問題となったし、それは政治的課題であった。しかし、他方では、疑いもなくこうした圧制への反対は多くの民衆の貧困からの解決の要求でもあり、彼らは革命の主体的な担い手の重要な部分として登場した。前者の側面から考えるなら、たしかに、革命の過程を通じて専制と抑圧に対する闘いが行われ、人民の権利が主張されたが、実際には支配者と被支配者、政府と国民という関係全体が変化したわけではなく、解放によって専制から脱したのは少数の人々にすぎない。

ここには二つの問題がある。一つは貧困からの脱却は革命によって直ちに解決できる問題ではないということであり、もう一つは圧制から解放されることと自由な共同空間を積極的に創ることとは別のことだという点である。「社会問題」の解決は技術的発展や生産体制の長期的再編成などによって徐々に解決される問題であるから、革命を担った集団が革命そのものによってそのような経済的問題の解決を早急に求める限り、矛盾が生まれ対立が生じる。「社会問題」を政治によって解決しようとすれば、直ちに実現できない状況をつくろってウソで固めるか、さもなければ、それを批判する人々を沈黙させるべく、テロルの導入によって暴力的な状況打破が目指されることになってしまう。また、革命が引き起こす抑圧からの解放そのものは旧来のものの廃止やそれからの解放という消極的なものに留まるが、それが新たな自由の空間にすすむかどうかは、解放されたからといって決着がつくわけではない別の課題であり、多くのこれまでの革命においては結局の所、旧来のものの復古という形でしか問題が処理されなかった。

しかし、アメリカ革命の革命として際だった性格は、こうした社会問題の解決という課題を主たるものとせず、これまでの旧体制からのまったき断絶のなかから新たなものを共同で作り出すところにあった。アメリカにおいて存在した奴隷制度の解決の問題は独立革命においては問題になり得ず、革命を担ったのは自立的な市民だったという。

こうしたアーレントのアメリカ独立革命への高い評価が、自由の創設を絶対の要求としてみたものの故に生まれたのだという点からすれば納得のいくものである。しかしそれは同時に、アメリカにおけるそれ以降の深刻な消費文化の問題を説明しはしない。なぜなら、アーレントそのものは「社会問題」の解決についていっさい積極的な意味で議論していないからである。彼女にとって、問題は自由の経験とその創出であり、「社会問題」の解決を提起すること、したがって経済的問題が政治の次元に登場することへの本質的な拒否がある。そのことは一方でアーレントに対してエリート主義的だという非難を投げかけることになり得る要因だが、他面からみれば、問題をまったく別様に考えることができる。近代化の究極的な目的自体が物質的生産力の際限もない上昇とそれに対応する消費欲望の肯定にあるとすれば、今日の我々にはもう一度このとどまることを知らない自然破壊を伴う資本主義的消費文化のあり方を近代化の過程全体の必然的な帰結と捉えて、それを今日乗り越えることが求められているように思われるからだ。すでに述べたように今日、政治は経済的利害の配分をめぐる手段に成り下がっており、政治を協同による自由の実現の場と考える思想はほとんど消滅してしまっている。特に、八九年以降の世界史の動向が基本的にはアメリカの横暴を軸にした経済的支配関係の再編成のありかたをめぐるものになっていることを考えるなら、多くの示唆を与えられる。

アーレントは、マルクスの思想のなかに含まれているもっとも深刻な問題を、労働そのものへの捉え方にまでさかのぼって批判している。仕事(work)あるいはポイエーシスに本質的な特徴は、人間が立てたモデルに基づきそれを自然物のなかで実現するという目的実現活動である。この活動は、人間の根源的な有限性、はかなさに比して永続性をもたらす。たとえば人間によって作られた椅子や机、建物などは人間の日々の消耗活動のなかでは、はるかに耐久性を持ったものである。しかも、仕事においてはこうして人間の目的に応じて形成されたことが決定的である。ポイエーシスにあっては制作者がプランや設計図を作り、それに基づいてものが完成されれば、そこで活動は充実され終了する。「きまった始まりがあり、きまった、予見できる終わりを持っているということが制作の印である」(『人間の条件』p. 143)。マルクスは労働のなかのこのようなポイエーシス的性格を強調したが、現実の資本主義における労働ではこのような性格が保持されるわけではない。資本主義においては利潤増大が絶対目的であるから、生産そのものは目的ではなく、より多くのものが消費され、それによってより多くがさらに生産されるという際限のないサイクルが目的となる。制作そのものが人間にとっての目的ではなくなり、生産—消費の拡大循環による利潤の増大のためにそうした人間の制作の活動そのものが手段化され圧殺されていく。こうして「仕事」の領域は圧殺されて、「労働」の世界が近代社会の進展につれて支配的になる。もはや現代においては、「工作人」(homo faber)ではなく、「労働する動物」(animal laborans)としての人間が支配的にならざるを得ない。問題は、この両者の違いである。「『工作人』は実際に支配者であり主人であるが、それは人間が全自然の主人であり、またそうあるべく自分で打ち立てたからであるだけではない。自分自身と自分の行為についても主人であるからなのだ。ところが、このことは自分の生命の必要に従属している『労働する動物』にも、仲間に依存したままになっている政治的活動家たちにも言えないことである。自分がこれから作るもののイメージを持って『工作人』だけが自由に生産する」(同書、p. 144)。

マルクスが以上のような事態を「疎外」と名づけ、このような状況の根本的原因が資本主義にあることを鋭く見て取ったことは周知のことである。それにもかかわらず、今日から見てアーレントの指摘が一定の説得力を持つように思われるのは、現代世界の危機の深刻さ故にであろう。マルクスは大工業の生産過程を通じて、労働者の側に主体的能力が形成されることを指摘した。しかしながら、今日の資本主義の発展を見る限り、現代資本主義は労働者をむしろ消費文化による快適な生活の方向に誘導し、政治的協同への志向よりは便利でリッチな生活を優先しているように見える。現代社会の危機は資本主義の暴力的な自然資源の濫用と向こう見ずな利用によって地球環境の根本的危機を招いており、人類が生存し続けるにふさわしい環境を維持できるかどうかがきわめて疑わしくなりつつある。もはや、物質的生産の際限もない拡大を前提してその上での労働者の主体的能力の形成というプログラムは二重の意味で困難になっている。第一に、資本主義生産の発展によって労働者はけっして政治的批判能力や自治能力を自動的に獲得するわけではないので、このような政治的能力の積極的形成を経済的発展にいかなる意味でも待つことができない。第二に、現代資本主義の生産においては、労働者は他人に支配されない『工作人』としての喜びを奪われ、その代償として消費文化に組み込まれているので、労働者自身が生産のシステムのなかから自動的にエコロジー問題に向かって、資本主義の仕組みそのものを変革すると安直に期待することはできない。つまり、このままでは資本主義による地球環境の破壊に手をうつすべを持ち得ない。少なくとも、労働者は、生産と消費のシステムそのものを超えて、それを超越した視点からの変革の可能性を求め始めなければならない。つまり、現代社会はもはや生産の担い手だけに依存していては、もはや危機を乗り越える時間的余裕を持ち得ない。近代社会が全体としては一八世紀以降、つねに生産による文明化作用、解放的役割を期待してきたのだが、今日、生産システムの合理性にしたがっている限り、快適な生活を守りたいというエゴイズム、保守主義と、環境破壊、人間破壊との絶対的な対立を克服する道はなさそうに見える。これは、人類が克服しがたい危機に陥っているというよりは、近代社会の生産至上主義的なあり方、経済が他の一切の人間的活動に優越するというあり方そのものが根本的に限界にぶつかっていることを示すのだろう。アーレントの公的世界の消失の指摘が重要なのは、人間が再び社会的規模で非経済的空間を復活していくことができるのかどうかを提起しているからである。人間は物質的存在としていつでも経済的貧困の克服を重視せざるを得ないだろうが、今日の日本やアメリカ、ヨーロッパのような社会で、絶対的貧困に苦しんでいるとはいえない少なからぬ民衆が消費文化に閉じこめられたままでいるのは、けっして物質的必然性に拘束されてのことではない。人間的解放が経済的貧困からの脱出とは区別された次元でどのように可能なのかを、これまでの経済的欲求の野放図な肯定とは違った意味で模索し始めなければならないことを示唆しているのではないだろうか。もしそうだとすれば、アーレントの近代批判、すなわち、公的な領域の消失と社会的なものの支配へのラディカルな批判が示す射程は実に大きなものと言えるのではないだろうか。それを古代ギリシアのようなポリス的政治の復活と考えたり、ソヴィエトやレーテ運動とだけ捉えるならばあまりに狭い政治概念においてアーレントを理解することになろう。それは、さまざまな市民運動によるコミュニケーション欲求の実現であったり、ことによれば市民的談話や自由時間の復活かもしれない。少なくとも、公的空間の復活によってふたたび人間たちが輝きを取り戻すこと、言いかえれば「世界」を取り戻すことは、ほとんど生存そのものの意味の復興と結びついている。アーレントが晩年にこの『精神の生活』という著作に全力を傾けたことは、彼女にとって、この精神の生活の空間の確保こそがこの問題の解決に決定的に重要だと考えていたからではないだろうか。

以上のことからすでに明らかなように、アーレントが第三に指摘したのは、思考の衰退であり、人間の自由の危機の問題である。現代社会における思考の衰退についてあらためて指摘する必要はないだろう。現代世界が思考を疎遠なものとしてしまった最大の原因は近代における観想的生活と活動的生活のヒエラルキーの転倒にある。周知のように、古代ギリシアを初めとしてほとんど世界中の国々で労働はさげすまれ、観想こそ最高だという思想が支配的であった。ところが、近代社会へと進むにつれ、資本主義の発展は人間を次第にものの生産とその消費へと向かわせることになった。今日の社会がフォード主義に代表されるような大量生産と大量消費を前提として、あらゆる人間的関係をものの関係へと還元していく強い傾向があることについては、マルクス以来くりかえして指摘されるところだが、アーレントはこのことを文化の危機として捉えていた。ここで文化の危機とは、人間たちがお互いの個人としての輝きを保ちながら人間として協同で生きることの空間が大事にされる空間の消失を意味する。アーレントはこうした人間的空間を政治的協同の場として表現したのだが、ここで前提とされているのは、諸個人が消費文化におけるようにものの消費に自分のアイデンティティーを見いだすのではなく、自由な存在として自分の頭で考え、そこでの考えを他の人に表明しながら、お互いの見方や考え方の違いそのものを確認することによってお互いの個性が尊重されるような文化であった。個人はけっして自分のなかに閉じ込もっていることによって輝くのではなく、お互いの違いを認めあった上での協同において輝く。そして、人間が思考することによってあらゆるイデオロギーや制度に対しても吟味を加え、その上で自分なりの現実への係わり方を「判断」することこそがもっとも高い意味で人間的なのである。こうした考えの上で、一方で、アーレントはアメリカの消費だけへと人間を導く大衆社会状況にたいして強い危機感を持ちつづけ、他方では、「判断力」という人間の能力に強い興味を集中していくことになった。彼女はこの『精神の生活』において判断力についての巻を書こうとして未刊に終わったが、彼女の晩年の判断力への強い関心は、アメリカ合州国に代表されるような思考の危機の文化のなかで、下からの協同の可能性の原理を示そうとしたことにあると思われる。

現代において、全体主義的な文化状況を突破するためにはヨーロッパ思想そのものが陥ってきた前提を根底的に覆す必要がある。それにはなによりも人間が「人類」とか大文字の人間という形でくくられるような平板で一元的な存在としてではなく、お互いの個性と差異を認めあうことを前提とした人間観と社会観を確立しなければならない。つまり、思想そのものが全体主義的要素を根底から克服していかなければならないのだが、その可能性をアーレントは判断の能力に求めようとした。おそらく、『精神の生活』という著作の究極の目標はこの点にあったように思われる。

Ⅲ　『精神の生活』の概要(上)――第一部　思考

『精神の生活』は一九七二年頃から直接の集中的な研究と執筆の対象となった。ヤング＝ブリュールによれば、最初のきっかけになったのはアーレントが一九七二年の四月、プリンストンでフランスの小説家、ナタリー・サロートの講演を聞いたことから始まっているという。彼女の『黄金の実』という本をアーレントは書評したのだが、この本のなかでサロートは心の見えない世界のことを見えるようにさせる魔法じかけをして、言語として記述できる現象の「表面世界」の一部にしたのだという。そのことに興味を持ったアーレントは、プリンストンでのサロートの講義の後、こう聞いたという。「あなたが見えないものを捉えて言葉にしたとき、それは『現象』の世界にあるんですの?」。これにたいして、サロートはちょっとほほえんで「正確にはそうじゃないですわ」と答えたという。アーレントは、「思考空間」を比喩で表現しようとして同じ様な問題にぶつかっていたわけで、「無時間の今」を空間的に表現するという矛盾を犯さなければならなかった。

しかし、サロートの書評は一九六四年三月に発表されたものだからそのような問題意識はすでに六〇年代に深く存在していたことは間違いない。もちろん、彼女の最初の哲学的主著である『人間の条件』が、すでに述べたように、近代における活動的生活の絶対的優位に対して観想的生活の問題を提起していたのであるから、五〇年代にそうした問題意識があったことはいうまでもない。

さらにいえば、この問題意識は彼女の哲学的出発点から存在していたようである。ヤング＝ブリュールはそのことについてのきわめて興味深いエピソードを紹介している（前掲書、pp. 83-85）。一九二九年、カール・マンハイムの『イデオロギーとユートピア』が出版されて大きな反響を引き起こした。従来の「正統派」マルクス主義からすれば大きなずれがあるこの著作に対して、『社会』（Die Gesellschaft）という社会主義者の雑誌が批判的な紹介を加えようとした。アーレントの母親マルタの知り合いのルドルフ・ヒルファーディングが彼女にそうした役割を期待して書評を依頼した。ところが、アーレントはこの著作を読んでまったく別の反応を示したのであった。マンハイムのように、思想が存在によって拘束されており、思想の役割が行為に資することにのみあるとすれば、哲学と思考の危機だと、彼女は考えた。思考が現実を無視できる力があるとすれば、それは思考が現実とは別のところにあることを示しており、思考はけっしてたんなる行為の奴隷ではないというのである。彼女は自分のアウグスティヌスの研究のなかでおこなったような友愛や隣人愛の例を挙げて、これらの愛は現実世界の状況を超える超越的な存在であることを述べ、人間の思考には世界に還元されないものがあることを強調したのであった。また、『ラーヘル・ファルンハーゲン』を読むと、ラーヘルの厳しい現実経験にもかかわらず、彼女を支えたものが思考という「対象から自由」な営みであり、それがいかに重要であるかが論じられている。こうした点からすれば、すでに彼女の知的活動の最初期に、実質的に『精神の生活』の問題設定が現れている。よく言われるように生涯の集大成の著作は出発点の問題意識と結びついているのである。それはそれとして、この著作の序論ではもうすこし直接的なきっかけが述べられる。

序　論

この序論はアーレントが一九七三年にスコットランドのアバーディーン大学で行った講義の挨拶の形をとっている。アーレントは一九七二年の夏、七三年春にギフォード講座で講義をしてくれないかというエドワード・ライトからの手紙を受け取った。この講座は本文にもある通り、マックス・ミュラーに始まり、ロイス、ジェイムズ、ベルクソン、ホワイトヘッド、デューイ、ジルソン、マルセルといったそうそうたるメンバーが講義をしたものであったが、当時アーレント自身はこの伝統を知らなくて助手に素性を調べてもらったほどであった。アーレントはこの申し出を「わくわくさせる提案」だとして引き受けた。第一部の「思考」は、こうして一九七三年の春に講義された。

アーレントがハイデガーやヤスパースの直接の指導を受け、アウグスティヌスに関する哲学論文で博士号をとったにもかかわらず、彼女自身は自分が職業的哲学者でもないし、そうありたくもないと述べた上で、彼女は自分が「精神の生活」というテーマを選んだのには二つの理由があると述べている。第一は、アイヒマン裁判の経験からである。ユダヤ人大量虐殺の責任者、アドルフ・アイヒマンがアルゼンチンで捕まった後、その裁判がイスラエルで行われることがきまるや、アーレントはすすんで『ニューヨーカー』に裁判傍聴のレポートを書きたいと申し出た(そして、この傍聴記は『イェルサレムのアイヒマン』として刊行されている)。ところが、アーレントはこの裁判をイェルサレムで傍聴し、アイヒマンを「生身で」見たときに、ひどくショックを受けた。それは、アイヒマンがなんら大悪人でもなく、「少しも不気味なところがない」ということだった。彼女が受けたショックは、アイヒマンがつまらないただの人間で、深い思想の持ち主ということがまったくなかったことであった。普通考えられてきた悪についての起源や条件とはまったく違って、アイヒマンがこれほどの巨悪をすることができたのは、ことによれば、アイヒマンが無思想であったこと、なにも考えていなかったことによるのではないかと考え始めた。悪行には悪をしようという意志があるのではなく、逆に、なにも考えないということが悪の原因なのではないか。逆に言えば、「立ち止まって考える」という思考の習慣があるなら、それはことによれば、悪行を抑える条件になるのではないかとも考えられる。こうして「悪の陳腐さ」という問題にぶつかって、思考とは何かという問題に進んでいったというわけである。

第二の理由は、その内容に係わるし、さらには、伝統的哲学との対決を含んでいる。ものを考えないということが悪を引き起こすとすれば、思考の意味付けが従来とはまったく異なることになる。一方では、思考の目標が終局的には観想に終わるのだという考えがプラトンから中世哲学を経て一貫して存在してきた。それが最終的には神の直観に帰着するのだという形で位置づけられる限り、「形而上学」の衰退に伴って哲学的思考が不人気になってくる過程はある意味で当然であろう。

しかし、もっと深刻なのは、近代における思考の位置づけだという。そこでは、「自分が作ったものについてのみ知りうる」という確信を中核とする近代科学知識との係わりでのみ思考が考えられ、それと結びついて「形而上学」的問題が無意味とされたり、そこで扱おうとしていたことが何であったのかということを考え直すことさえも止まってしまう危険が増大してきた。フッサールの「事象そのものへ」というスローガンにもそうした反形而上学的な意味が含まれていたし、ハイデガーでさえも形而上学の克服を目指していた。しかし、アーレントによれば、問題はこれまでの伝統的な考え方が終わっただけで、形而上学が目指そうとしてきたことのなかには人間生活の不可欠の課題が含まれ続けている。

従来の形而上学の問題設定でいちばん基本的な誤りは、感覚的なものと超感覚的なものを硬直的に対立させて、後者の方が前者を超越しており、価値的にも上だという考えである。ヨーロッパ哲学の伝統にあっては、現象よりも本質の方が重要で上だという考え方は根強いものであった。これはアーレントによれば基本的な誤りだが、このように二つの境域が分けられることには一定の根拠が存在していたのである。その中核を端的に述べるならば、人間は感覚知覚の経験のみに留まって現象の世界に住まうだけではないということである。人間は世界がどうなっているかという事実についての知識を求めるだけではなく、そもそもそれはどういう意味があるのかという思考をせずにはいられない。この存在の意味を求める営みこそが思考の中核をなしているのであり、それは物事の認識によって知識を得るということとは区別される次元のことなのである。しかも、この意味を求める思考の営みをするとき、人間は感覚的現象の世界からは退きこもっているのである。こうして、人間は現象世界から退きこもることによって意味を問い、それによってふたたび現象の世界に戻ることができる。このような過程にこそ、人間が現象世界とそれを越える世界との二世界的な考えを持ってきたことの根拠があるというのである。

アーレントは一方ではこれまでの伝統的哲学のあり方に対する基本的な批判を行いながら、それによって同時にものを考えるという営みこそが人間を人間たらしめるものであり、しかも、このような思考の営みは人間のなかでももっとも「活動的」なものであるという大胆な問題提起をしたのである。人間が現象の世界で自分の行う意味を探る思考をするとき、じつは、もっとも根源的な意味での政治的共同の空間が生まれてくるのであり、その時、初めて「観想的生活」と「活動的生活」との新しい意味での統一が生まれてくるというのがアーレントの主張である。この一見途方もないような議論の故にこそ、アーレントは、これまで行ってきた政治哲学の領域での研究の帰結として、この『精神の生活』へのほとんどとりつかれたように行われた研究の没頭が存在したのである。

第I章 現象

アーレントはこの巨大な著作の最初を現象についての研究から始める。そこには、アーレントの問題意識がはっきり表明されている。一つには、これまでのヨーロッパ哲学が前提としてきたことへの根本的な批判である。プラトン以来、ヨーロッパ哲学の主流は感覚的なもの、現象に対して、超感覚的なもの、本質的なものを重視してきた。プラトンの洞窟の比喩に始まり、デカルトの懐疑のなかでの感覚的なものの否定、ヘーゲルの『精神現象学』の感覚的確信に至るまで、ヨーロッパの本流を形成してきた哲学は、感覚的なものを一時的なもの、はかないもの、あざむくものとして低く位置づけてきた。現象という言葉自身が、本質的なもの、内的なものが外に現れ出ることを想定した言葉である。「本質が現象する」という言い方をされる限り、現象が本質に対して従属的な位置を占めるのは言葉そのものからして当然であろう。

ところが、アーレントは現象の問題を人称不明のあり様として扱うのでなく、誰か(他の生命体も含む)が誰かに現れ出るという問題として扱う(その意味では「現れ」と翻訳した方がよい)。この世界に現れ知覚され反応されてこそ存在ということも意味があるのであり、その意味で言えば、「存在と現象は一致する」。現象とはそのように認めてくれる他者、観察者を必要とするものであり、世界とはこのように複数の人々がお互いを必要としあっていることによって成立しているものである。こうして互いを見せ合い、現象し合うことこそ人間の生活の楽しみであるのだが、この時、自分がどういう存在として現れるかは予めきまっていることではなく、他人にどう見せるか、世界にどういう姿を示すかは一人一人の決めていくことである。その上、同じ一人の人間の同じ行為が複数の人からみれば別様に見え、「私にはこう見える」というかたちで一人一人皆違っているということこそがこの世界の根本的なあり方である。重要なのは、そのように現象するかどうかを決める活動は当然現象世界の活動ではないことである。この精神活動は、現象世界から退きこもることによってのみ働くものである。だから、我々は世界に属しているものでありながら、その世界から退きこもる存在でもある。【1】

ところがこのような関係を、哲学の議論のなかでは(真の)存在と(単なる)現象という二つの世界があるかのように位置づけてきた。哲学の伝統においては存在と真理こそが単なる現象よりも優位に立つのだという考えが一般的であった。いいかえれば、これまでの哲学的議論は大抵の場合、ある議論が他の議論よりも真理であることを争う形で存在した。となれば、必然的に一つの議論が真であり、他は偽とか仮象とされてしまう。ここには、複数性は存在しない。また、科学においても現象からは見えないものを暴き出すという過程を通じて、現象が犠牲にされるのだが、日常生活からすれば、現象の方が重視されていることは自明のことである。【2】

これまで現象世界には錯覚や誤謬が避けられないといわれてきたが、錯覚や誤謬を乗り越えたからとしても新しいもの自体も現象であることに変わりはない。これに対して、スイスの動物学者ポルトマンはこれまでの価値秩序を逆転した考え方を提起した。諸科学の研究においてさまざまな現象を生命過程の維持発展、個体と種の保存のための機能の発現として見るという考え方がよくあるが、逆に、「現象世界に生きているのだから、この我々の世界で意味あるものは表面にある」と考えられないだろうか。たとえば、鳥の羽毛を暖をとったり自己防衛のためだと説明するが、色のついた羽毛自身は見えることそのものが目的で、それだからこそ、あのように多様な変化が存在しているのだという考え方をとり、そこからポルトマンは「形態学」を提起している。外的な現象こそが生命体の目指しているものであり、生命には「現象への衝動」が存在する。こう考えたとき、表面的な現象の奥にある真の存在という発想そのものが間違っているということになる。内面的なものが外面に現象するというのではなく、「真正な」現象と「真正でない」現象という区分をする必要がある。外部に現象するものは見られたり触れられたりすることを自分の強い要求としているのであり、それに比して内臓器官のようなものは「真正でない」現象として見られたり触れられたりすることを目指していない。こうして外面の現象として自己自身の表現が目指されるものの価値が重視されることによって、これまでの価値序列が転倒されることになるが、ただ転倒だけではすまない問題が出てくる。【3】

日常の言語の使い方で、内的なものと外的なものとの関係が言い表されるのは、じつは、精神に係わるものではなく、人間の魂および魂と身体との関係について言われるものなのである。つまり、感情や情念といったものはまなざしやしぐさなどを通じて表現されるものだ。その場合、こうした感情という魂の状態は、身体との結びつきでのみありうる。ところが、精神というのは、このような魂とは根本的に違うものである。精神というのは、言語記号という精神そのものとは直接に関係ないいわば比喩的なものによって成り立つ。この精神の活動は、魂が直接身体に現れるのに対し、どれが現象するにふさわしくどれがふさわしくないのか、どれは見られてよいかどれは隠すべきかを自ら決定する。このことを捨象して、近代の心理学が「内面はみな同一である」と想定して出発するかぎり、人間の多様な現象に対し単調な分析に陥るのは当然である。たとえば、恋愛を生殖器官から生まれる性衝動の昇華物だという説明をした場合、そのことによって、無限に多様な恋愛のさまざまな相が画一化されてしまう。どんな相手を自分の恋人にするか、誰を愛するかという人生にとって中核的な問題がこうした近代心理学では抜け落ちてしまう。つねに精神の選択と決定が恋愛のなかで大きな位置を占め、その決断を通じて一つ一つの恋愛がみな個性的なものとなっていく。人間が精神の働きによってどのような側面を選んでいくのかというこうした営みの重みを考慮にいれない心理学の分析の退屈さは世間的には知られている。

アーレントはさらに興味深い例として勇気ある人間というものを取り上げている。勇気ある人間というのは恐怖の感情を持っていない人間ではないし、この恐怖の感情を一挙に克服できてしまうような人間でもない。そうではなく、勇気ある人とは「恐怖の感情を自分で示したくないと決断した人間なのである」。精神活動というのはこのように自分が提示したい像を自分で意識して選ぶ営みである。つまり、どう現象するのかを選ぶ。こういう精神の自由な選択があってこそ、性格というようなものも大きな問題になり得るのである。［4］

しかし、このようにどれを自分として提示しようとするかという選択が人間の現象には本質的であるとすれば、それは同時にいつでも現象が仮象になる可能性をはらんでいる。たとえば、勇気ある人たろうとする人は、恐怖を隠して抑え込み勇気を表そうとするわけだが、何かの拍子に弱気が出たり、恐怖心が出てしまえば、勇気ある人というのは仮象だったということになる。その意味で現象には仮象がつきものであって、さまざまな状況のなかでさまざまな人の前で現れるのだから、ある人にはそうした姿が仮象に見えることも不可避的に含まれている。たとえば、世紀の大芸術家や政治家も召使いや妻の前ではただの人として現れるといった具合である。その意味で言えば、地球に暮らしている人間には地球が太陽のまわりに回っているのではなく、太陽が地球のまわりを回っているように見えるという仮象はけっして個人の思いこみといった仮象ではない。［5］

カントこそは、その点で現象が重要な役割をはたした人物である。カントは「物自体」の存在を認め、それを現象を引き起こすものとして考えてきた。カントはそこからさらに現象の根拠となる存在として、神的な存在の可能性を開いているが、このように二つの世界を立てる必要性はなく、事実として存在しているのは現象を超えるという経験であって、それはむしろ思考する自我というものが日常の経験から超越した非日常的経験に属するものであるということを示しているのである。カントは思考する自我の特殊な活動と性格について記述しているが、そこから「物自体」が現象世界とは別な叡知的世界のものだと考える必要はない。思考するとき精神は世界から離脱も超越もするのでなくて、世界から退きこもるのである。【6】

現象世界のいちばん基本的な特徴は、その現象を受けとめてくれる相手に現象するということである。この現象に対する考え方こそはアーレントの哲学の基本的な特質をなすものである。これまでのヨーロッパ哲学にあっては、現象が議論にされるときには、現象の根拠をなす本質や存在が常に問題にされ、それが現象する相手について問題にすることはほとんどなかったのに対し、アーレントはこのような人間相互の関係を捨象した神学的な問題設定を基本的に拒絶している。現象の根拠としてあるのは神や超越的存在ではない。人間が思考するときにはどうしても他の人間たちや感覚世界の前からいったんは退きこもらなければならないために、そうした仮象が生ずるというのである。その意味から言えば、自我の存在だけを主張するような独我論は大きな誤りである。我々は現象するからこそ存在するのである。ところが、思考にふけっているとき、人間は現象としては他人との関係を断ち切ってたった一人でいるような姿をとるので、人々の間にある存在という性格が見えにくくなってしまう。デカルトは感覚的知覚の錯覚や不確実さを避けるために思考する自我に確実な実在の根拠を求めたが、これでは世界そのものの実在性が回復されない。

知覚されたものの実在性は、すでに述べたように、現象の仕方に違いはあっても自分だけでなく他の人にも知覚されて現象するという経験によって保障されるのだし、もう一つには相互に異なる五官が同じ対象を共有していて、それが世界の実在を感じさせる共通感覚、センスス・コムニスを形成している。こうして保障される知覚世界の実在性は、しかし、思考そのものとは決定的に異なっている。思考するときには、常識からも実在の感覚からも、現象の世界からも退きこもり、そのことによって他者との協同の空間から隔離されるのである。この思考の退きこもりは誰でも考えるときには起きるものだが、逆に言えば、職業的思索者としての哲学者といえども、こうした退きこもりは一時的なものにすぎない。【7】

科学というのは現象により有効に接近してその世界を認識することに目標があるから、日常生活にさまざまに生まれる仮象そのものをたえず訂正していく。けれども、それは現象の世界のより正確な認識が目的なのだから、科学の目指すところはけっして常識からの離脱にあるのではなく、常識的推論の精密化にすぎない。科学そのものは常にこれまでの仮象や錯覚を克服していこうとする営みであるから、この過程はたえざる革新の過程として存在し、それが「無限の進歩」という観念を生みだしている。しかし、そのことから真理の観念が正しさの観念へと変化させられてしまうことになり、認識の営みは人間が世界を統制し操作できるように現象世界を実験室のような人工的世界で強制する働きとなるのである。

カントは、Verstand（知性）とVernunft（理性）とを区別しているが、知性は感覚に与えられたものの把握を現象世界の基準によって行おうとするのである。ところが思考は、ものがそもそも存在していることがどのような意味があるのかを問う。このように真理を捉えることとその意味を捉えることの間には違いがあり、この区別に対応して知性と理性の区別が行われるのである。科学とは錯覚や誤謬のたえざる矯正を感覚経験による証拠によって行っていこうとするものである。科学的真理というものは、ライプニッツの「事実の真理」と「理性の真理」という二つの区別でいうならば、すべて事実の真理である。

カントは理性と知性の区別を強調し、認識に到達し得ないものに係わって理性を論じたが、思考の最終目標が真理と認識にあるという確信はまったく変えなかった。しかし、意味を問うという理性の機能はほんらい認識とは別の働きである（もちろん、意味を求める働きと真理を求める働きに関係がないということではない）。しかし、理性は認識のためのものではなく、認識と真理のためのアプリオリな条件なのである。理性が意味を求めることによって、問いが生まれ、芸術的活動も行われるのである。［8］

以上が第Ⅰ章の概要である。これまでの伝統的哲学の教育を受けた人間なら、アーレントの問題提起がきわめてラディカルなものであることが分かろう。ヨーロッパの形而上学が、意識的にせよ無意識にせよ受け入れてきた伝統（そのなかにはキリスト教の神学の発想、あるいは古代ギリシア的発想が深く反映している）の根底をなすカテゴリー、存在（本質）と現象、理性と知性（悟性）、理論と実践、自我と世界（他者）などについて、それらを単に拒絶するのでなく、そこには人間の根源的なあり方が反映されているとして、徹底した読み変えを行っているのである。なかでも重要なのは、彼女が人間のもっとも基本的な条件を、お互いに異なっている人々が多数（複数）存在しており、お互いがそこでどのように自分を示し、現象し合うかということにおいた点にある。たとえば、きわめて卑近な例としていえば、通常の日常生活を営む人々のほとんどがファッションや住居、人間関係といった現象世界にきわめて多くのエネルギーと関心を寄せているのに、そうした現象世界での人間のありようを仮象だと扱ったり軽視する哲学が、世間離れして一般民衆に関係ないものという扱いを受けてきたのは当然といえる。アーレントはこのような関係を根本的にひっくり返して、人間が互いに協同して生きるあり方を前提した上での議論を進めるわけである。したがって、この現実の世界と人間の営みとの緊張が維持された考察のために、アーレントの叙述にはしばしば人生論風にみてもおもわずはっとさせられるような含蓄の深い考察が随所に散らばっている。勇気ある人に関する叙述などはその典型だろう。

また、一般にアーレントは政治哲学者といわれているが、この場合の「政治」という意味が、現代の政治概念というよりは古代ギリシアやハンガリー革命を初めとする評議会運動に依拠した自由の共同的経験を基礎としており、したがって単なる制度や法律に係わる政治ではなかった。むしろ、彼女からすれば、人間にとって政治的協同の意味をどう位置づけるかが問題であった。その点からすれば、政治という物象化されたものに力点があるのではなく、哲学の方に力点のある哲学者であった。しかし、彼女が現象世界を重視したように、彼女の著作においても、「全体主義」の分析やアイヒマン裁判、革命や暴力といった一定の歴史的素材を分析の基礎にしたが故に、彼女はしばしばたんなる政治学者と扱われがちであった。しかし、『全体主義の起源』以来、一貫して彼女の著作の根底を流れるのは哲学的思考の問題であった。この『精神の生活』においてアーレントは初めて思考とは何であるか、思考は何のためにあるか、思考するとき人間はどこにいるのかといった哲学と思考についての根源的な問いを投げかけた。そして、彼女がこれまでの哲学的理解に対して提起した答は、人間は思考しているとき、現象世界から「退きこもる」のだという性格付けであった。この退きこもりという性格によって、思考する人は現象世界には見えない営みをするが、それは人間が現象世界をどう意味づけるのか、それにどう係わっていくかを根源的に規定していくものなのである。こうしてアーレントは第Ⅰ章において、人間にとっての現象の意味の復権と思考することの意味付けとをおこなったわけである。

第Ⅱ章　現象世界の中での精神活動

第Ⅱ章では現象世界での精神の活動がどのようなものであるかが問われる。アーレントによれば、思考も意志や判断の働きも、それ自体である自律的な精神の能力である。こうした精神の営みの主題となる事柄そのものは現象世界から持ってくるものだが、これらの精神の働き自体はそれからまるで制約を受けていない。

そしてこれらの精神の活動の一番の特徴は、それが見えないことにある。思考したり意志したりしている本人には明らかでも、他人から見れば何もしないでぼっとして休んでいるのか、それとも思考にふけっているのかを区別できない。

この場合、注意しなければならないのは、精神と魂との区別である。魂の場合、そこから情念や感情が生まれてくるものだが、それらは基本的に外から及ぼされるものに受動的に反応するところから生まれるものである。ところが精神の活動は純粋の積極的活動であり、せいぜい考えているときにうわの空になっていることに気がつく程度のことである。哲学の歴史のなかではしばしば両者が混同されてきた。精神の活動の場合、どんな対象も与えられたままに満足することはなく、感覚に与えられたものを変えて、感覚に現前しなくなっても自分には現前させることができるものにする。この再現能力は想像力と呼ばれるが、これによって精神は感覚的制約から退きこもることができるようになる。これは二つの段階を経るものである。感覚に与えられたものは、それがたんに記憶に残っている像と、さらにそれを不可視なものに変えて思考の対象となっていくものである。こうした操作によって、今度は物体を思い浮かべてから無限数のものを考えたり、無限に小さく分割するといったことも想像できるようになる。

こうして思考する際には、日常の現象の世界で一度立ち止まって考え、仲間と共有している日常の経験から退きこもることが必要である。したがって、思考しているとき、人間はまるで現象の生ある世界から離れてしまったかのようであり、それでも身体の方はこの世界に留まるのだからここに二世界説が生まれてくる原因がある。また、死と哲学が近しいものだという考えも哲学的思考が生ある世界と離れていることから生まれてきた観念である。【9】

こうして思考の世界、理性の世界と常識の世界とは常に内輪争いをしてきたのだが、世間の多くの人が哲学者の孤独な思考の営みにたいして向けるのは敵意というよりは現実の世界を知らないことへの嘲笑である。しかし、哲学が感覚には直接現前しないものを思考への没頭によって現前させようとしている以上、今度は現象としての感覚世界がある意味で遠ざけられてしまうのは当然である。その意味で生と死の転倒が思考と常識との間で起きているといってよい。思考しているとき、哲学者からはもっとも本来的意味で生きているが、逆に、現象の日常世界からすれば、哲学者の思考した状態は死に等しいのである。思考においては時間と空間の制約も飛び越えて動き回る。しかし、それから日常世界に戻るやいなや、そこでの経験はまったく別のものとなる。

そのような思考の営みは意味を求める営みだが、それ自体ではなにも役立つことではない。しかも、思考はたえず現象の常識的世界から退きこもり、そこに生まれる結果をたえず破壊していく純粋の活動である。カントにおいてもそのことははっきりと捉えられていたが、ヘーゲルは常識と思考との内輪争いについて強く意識していた思想家だった。思考の否定的な力を断固として認めてヘーゲルは思考の自立的活動を主張したのだが、哲学的思考が現実的実在性を持つことを正当化するために、常識の断片的知識に対抗してじつは体系的思考のみが現実的だとしたのである。体系として示されるならば、見えないものとしての精神の営みが一定の持続性を持つものとして示されるからである。しかし、思考そのものはけっして実在性を保障しはしないのであり、実在は人々が現象を一緒に知覚するなかで生まれるものである。その意味では、人間の協同的活動と思考とは両立し得ない。思考は本来、たった一人になって自分のなかで自分と対話するという営みだからである。[10]

精神が退きこもるということの積極的意義が認められたのは、歴史的には生活の必要に迫られないでものごとを眺める観客(観察者)の立場こそが、全体を捉えることができるという経験に基づいている。状況に巻き込まれ参加している人(演劇の俳優もそれだ)は、そこで世間からどう評価されるのかどういう名声を得るのかということに関心を持ってしまうし、状況に巻き込まれてしまっているものには事柄の究極的判定のための条件は欠けている。

ただし、観客の判定(判断)というものは、参加者(上演者)のように利益や名声からは離れているけれど、他人の考えを積極的に考慮にいれなければならない。ところが、哲学者の思考における退きこもりはこのようなものとは違って仲間から離れて自分一人になって世間の見解(ドクサ)から離れるのである。この違いに注目して判断と思考の区別に気づいたのは、カントだけであった。カントによれば理性がなす「私は何をなすべきか」という問いへの答がまったく自立した個人としての個人にとって行われることであるのに対し、現実の事件に対する観察者の判断はそれとは異なっている。カントのフランス革命への熱中にみられるように、彼は人類史的大事件と考えたフランス革命へ熱狂しながらもそれには直接関与しないまま判断を積極的にしていった。人間の営みは、その参加者から感じられるものとその観客の判断とはずれるのが常である。事件の参加者が意図するのとは別なそれ以上の帰結が生まれていくのが人間の所行である。個別な行為を超えて生まれてくる全体の意味を明らかにするのは観想である。ただし、この観察、観想の主体が誰であるかということについていえば、ヘーゲルにおいては究極的にヘーゲル本人に帰せられる個人になってしまう。カントは人間が複数であるという根源的事実をここでも認めているが、世代による変化までは考慮にいれていない。そしてさらに、この退きこもりをしているとき、我々はどこにいるのかという問題が出てくるのである。【11】

さて、精神の活動は目に見えないものだから、これは言語によってのみ現れてくる。思考は言語化されなければならない。言表されるものに必要なことは首尾一貫していることだが、そこでは必ずしも真偽が求められるのではなく、意味が問題である。その際、言語は精神活動を表現するには十全なものではない。そこで精神の活動を表すのに必要な場合には、日常生活の他の経験から借用してくる。この言葉の借用は勝手に行われるのではなく、物事の関係を基礎にこれまで考えられていなかったものの関係を類比化することによって、思考の内容に一定の現象形態を与える。たとえば、日没と老齢には関係がないが、人生の日没という比喩によって、そこに類比的関係が生まれてくる。人生と老年との関係が一日の長さと日没に類比的にとらえられるわけだ。哲学用語というのはすべてこのような意味で類比化されて生まれてきたのである。魂を表すプシュケは死んでいく人間が吐き出していく「生命の息」から生まれた。生命の息が死んでいく身体に対して持つ関係が、魂と生命ある身体に対して類比的に捉えられるわけである。このようにして、ヌース（理性）、エネルゲイア（現実態）、カテーゴリアといった哲学の基本用語も形成されてきた。

このような類比による比喩的表現は本来詩の世界においてより行われてきた。たとえば、人間の魂に恐れや悲しみが引き裂くように激しく襲ってくることを、ホメロスは海上で嵐が一挙に襲ってくることに比喩している。ここで嵐の比喩からは何が起きるかは想像できるから、悲しみや恐れが生み出すものを想像できる。しかし、悲しみや怒りの急襲から海や嵐についての想像はしない。こうして不可視な精神の活動は可視なものの比喩から一方的に類比されるのであるが、こうした関係によって生み出されるものからも詩と思考の親近性が見えてくる。

現象しないものである精神が類比や比喩、象徴といったものによって、現象世界との接触を保障しているという事態そのものが、身体と精神、思考と感覚経験、見えるものと見えないものが一緒のものに属していることを示しており、二つの世界があるのではないことを証拠づけているといってもよい。思考が本質的に比喩的だとすれば、思考する自我が現象の世界からまるごと離れてしまうことなどありえない。比喩があって感覚経験が思考に転移されるのだから、二世界があるのではない。【12】

精神の活動は感覚的なものから比喩を借りてくるということについてはすでに述べたが、哲学の場合は基本的には視覚、見ることとの関連で考えられてきた。そのようにして精神の活動が比喩によって表現されることについて気をつけなければならないのは、このやり方が科学的な推論についても使われて事実による検証なしにもっともらしさを主張してくる場合である。精神分析で意識と無意識との関係が氷山にたとえられるのはその代表であるが、これは証明されてもいないし、そもそも証明できないものである。哲学的思考の場合においても注意しなければならないのは、文章に書かれたものの背後には「言い表し得ないもの」があるということである。人間の知識をすり抜けてしまうものがあって、哲学者はいつもそれを求めていくのだが、その過程で多くの認識可能なことが明らかになったのでいつか思考と認識との区別を曖昧にしていったのである。プラトンやニーチェなどは、言表されたものが言われ得ないものに規定されたものである以上、言語の限界を指摘してきた。

哲学的真理へと誘導することになる直観というものを考えてみれば分かるように、真理は自明さに頼るものである。「壁に絵が傾いてかかっている」という発言が確証されるのは、その人が壁に向いて絵が傾いてかかっているのを見たときである。これが「認識と対象との合致」と言われた見た対象と見ることとの一致という意味での真理観である。この認識が科学的知識の基本に立てられるわけだが、かつてこの営みと思考の意味を求める活動とは同じもののように混同されていた。しかし、認識活動は思考を自分の道具の一つとして利用するかもしれないが、思考の方が言語を必要とするのは自分を現実化しようとするときだけである。思考の終わりが直観であることはない。思考そのものは終わりのない成果としての結果を生み出さない活動であるのであるから、円環的な運動としてイメージされてきた。しかし、こういう比喩的な表現も空虚なままであり、なぜ我々は生きるのかという問いに答がありえないのと同じように、なぜ我々は考えるのかということに答はない自己目的的な営みなのである。【13】

第Ⅲ章　我々が思考するのは何によってであるか

この章で問われるのは思考という営みがなにか外側のものによって引き起こされるものなのだろうかという問いである。もしそうならそこに何らかの意味での因果関係がなりたつが、じつは哲学的な思考は人間のそれ自体からの要求から生まれるものである。

この問いとの係わりでアーレントが最初に探るのは、古代ギリシアの哲学のなかに前提とされているものである。彼らが考えていたのは、哲学によって人間という生命に限りのある存在が不死の世界を経験できるということであった。ギリシアの神々は世界を劇場の見せ物のように考えて、それを見おろして楽しんでいたが、人間の観想にもそのような能力が等しくある。存在するものはすべて見られ眺められることを求めており、それはすべての人の根源的経験である。

しかし、行為によって生まれたものを見る喜びがあったにしても、それは記憶に保存され、言葉によって物語られることによって、永続化される。記憶によって精神に対してもはや存在せず過去のものとなったもの、不可視となったものが見えるようにさせられる。ペリクレスのようにアテナイの栄光の偉大さに不滅性を誇った場合にせよ、あるいは、哲学や詩によるものにせよ、古代のギリシア人が共通に求めていたのは、不死性であった。

ところが、ギリシアの神々は生まれたものであり、生まれたものである以上、姿を消す危険性を持っているが、パルメニデスに代表される「存在」こそは、不死性を代表し得るものであるという考えが生まれ、ここに哲学が宗教にとって代わる原因があった。このような神に対応する不死を携えた「存在」に対応するものがヌースであり、この能力によって「思考と存在の同一」ということが可能になる。

このように永続するものを観想するヌースの活動だけではなく、つぎにその観想されたものを言語化するものとして、ロゴスがある。ロゴスによって包み隠さず、必然的なあり方で言い表されることとしてアレーテウエイン（aletheuein）の営みがあり、そこからアレーテイア（真理）が結びついてくる。ヌースによって見られ直観されたものと、それを言語化することとにはずれが当然出てくる。ヌースの求めるものは不死なものであるが、すくなくともアリストテレスにおいて形而上学として問われていたものには、それと同じものが求められていた。死すべき人間が不死を求める機会として哲学が求められたのだが、古代ギリシアの没落以降、それは同じく衰退し、それに代わって、純粋な知が求めるべきものは、偶然的で変化するものではなく、同一に留まるものであるべきだとされた。この極限的表現がヘーゲルであって、彼は不死という目標に代わって必然性を求めたのである。それと同時に、観想についても変化が生じた。ルクレティウスに代表されるように、哲学者の観想は事態の観想こそが最高の活動だというのではなく、単なる野次馬的な好奇心の充足としての傍観者的態度が観想とされるにいたる。こうして近代に近づくにつれ、不死とそれを求める観想への追求がしだいに背景に退いていくことになる。【14】

ところで、「我々が思考するのは何によってであるか」という問いに対しては、不死を求めるという古代ギリシアの前提になることとは区別されて、哲学としてプラトンの答がある。彼によれば、哲学の初めには驚きがあるというのだが、これはなじみはあっても通常は見えないものを見て目を見張るということに対して使われる賞賛するという意味でのことである。それは個々の感覚的知覚の集合体ではなく、むしろすべてのものの内に認められている「存在」という形で捉えられている。

この「存在」についての問いで重要なのは、ライプニッツ以来問われている「なぜ無ではなくて、何かが存在しているのか」というものであり、これはシェリングからハイデガーにまでくりかえして問われている。これに対して、シェリングは思考にとってはそもそも存在がなければ思考が不可能であるという点で存在の絶対的承認を認め、それを支える神の存在によって無を絶対的に否定していった。しかし、こうした信仰が薄れた後には、サルトルに代表されるように無の絶対的否定は成り立たなくなり、深い困惑にはいることになる。

ハイデガーが思考(think)と感謝(thank)との結びつきを強調して述べたことは、プラトン以来の存在の驚異への賞賛との結びつきがある。プラトンにとっては、驚異に値しない「毛髪、泥、汚物」に代表されるものはつまらないものであるということで無視される。ここに流れていることは、哲学的思考においては単なる感覚的現象ではなく、不可視でありながら現象に現れるようなものが問題なのだという伝統である。【15】

ローマ時代にはいると、その共和制の末期の時代になって哲学についての通俗的な考え方が形成されてきた。これまでの不死を求める活動に代わって、思考は現実世界からの退却、逃亡による心の癒しの為のものとなったのである。ヘーゲルはその意味でのローマの伝統の影響を強く受けたものである。彼によれば、哲学への欲求が生ずるのは現実生活のなかで生き生きとした連関と統一が引き裂かれ分裂が生まれてきたときだという。ここでは哲学が耐えがたくなった現実からの逃亡の衝動と結びついて求められている。エピクテトスにいたると、古代ギリシアの政治的生活のような積極的活動としての生き方ではなく、誰とも一緒にではなく感情に押し流されず、心の平静を保って（アパテイアとアタラクシア）すべての出来事は今あるようにしかありえないという洞察によって生を導くことが問題となる。

こうすると、エピクテトスにとっては、人間に影響を与える結果得られる「印象」の処理が問題となり、対象そのものから見られ知覚された対象の「印象」へと、意識の主題、思考の対象が移されていくことになる。こうすれば、対象に拘束されることなく、世界は意識のなかに取り込まれ、私の自我の内部で世界経験が成立することになる。

こうした同様な例をアーレントはさらに、キケロとボエティウスを論じながら紹介している。キケロについてもっとも興味深い例は「スキピオの夢」についての叙述だという。キケロは当初、哲学を公共生活から引退した者にふさわしいと考えていたという。ローマの政治的共同体は不死のものであるが、個人の死は不可避であるだけでなく望ましいものと考えられていた。これはギリシアの時代の不死を求めるものとは大きく異なっている。ところが、キケロが『国家論』の最終章でカルタゴの征服者スキピオの見た夢について語るとき、そこでは公共的な事柄に係わることが無条件の事柄、栄光、賞賛の対象とされず、むしろ、現世での人間の事柄は忘却されることにすぎない小さなことである。こうして哲学の営みは現在の生を超えて、現在の生の持つ不備を補うために要請されるものとなったのである。ローマ貴族出身のボエティウスにいたると、哲学はそうした機能としての極限に達する。ボエティウスは何の弁明の機会も与えられぬまま牢獄で死刑を待っているが、その彼に慰めとなるのは神でもキリストでもなくて哲学なのである。スキピオの場合には実在の生は小さなことだと相対化されたにすぎないが、ボエティウスの場合には、現実で与えられるものは富であれ名声であれ、いつか運命によって失われるのではないかという不安を避けられない。そう考えればすべての快楽は無化されてしまう。そこでボエティウスは悪の問題を考える。我々が悪いものではないかと考えるものは、じつはその究極的原因がない以上そもそも存在しない。悪い面だと考えたものは感覚の生んだ錯覚にすぎないのだから、思考によって否定し除去できるものだというわけである。こうしたボエティウス的な考えは明らかに意志による態度の選択である。そう考えようと意志することによって自分に働きかけているからである。

以上に取り上げてきた、古代ギリシアの議論とローマ時代の議論には大きな対立があることは明らかだが、この両者共に共通することがある。それは思考によって現象の世界から退きこもるということである。思考によって逃避するというかたちもあるが、思考によって純粋な活動に入ることができるとも考えられる。思考に熱中しているとき、人は現実の身体や生活の不幸や不運すら忘れてしまう。現実の人間の一生の生活には浮き沈みもあるのだから死を前にするまでそれが幸福だったかどうかなどということは言えない。しかし、見たもの、人間の世界の事柄を考察することとしての哲学することこそが幸福だとソロンは述べている。【16】

ところで「我々が思考するのは何によってか」という問いは職業的哲学者が外側からたてた問題であることが多い。この問題の厄介さがどこにあるかといえば、思考している自我がすでに述べたように現象世界に姿を現さないということにあるので、この自我が隠れ家から引きずり出される必要がある。そのためのいちばんよい方法はアーレントによれば、非職業的な思想家で社会のなかでの実践にも係わりながら思考する欲求を失うことのない人物で、日常の市井に身をおいて支配や権力とも関係を持たずにいられる人である。これにあてはまるのがソクラテスであることは容易に想像されるだろう。

さてソクラテスの対話で特徴的なのは、議論が行き場を失ったり堂々めぐりになるといった困難に陥ることである。正義とか幸福とかいった概念は実は一定の思考の末に冷凍化されたものであって、それのもともとの意味を知ろうとすれば、もう一度思考によって解凍しなければならない。家とか机という言葉一つをとっても一定の見えない尺度を持っていて、どれかはそれに当てはまるが、他の場合にはその言葉を当てはめるのはふさわしくないといったことが起きるが、そこには一定の思考が働いていたからそのような基準が働いていたのである。思考が行われるとその冷凍された状態が解凍されるわけである。

ソクラテス自身は、自分の果たしていることから自分をあぶ、助産婦と特徴付け、また、しびれエイとも言われた。ここであぶと言うのは、普通の人が日常の生活では特に思考することなく、いわば「安眠」にふけっているところへあぶとしてチクリと刺しにいって、人生が生きるに値するものなのかどうかという意味を問わせるという役割である。助産婦は自分では何も産まないが、それだからこそ妊婦が生み出すものが、こどもなのかそれとも胞状奇胎のような有害なものかについての知識と判断を持っているという。こうして人々の俗説的思いこみを正し、悪を取り除く手助けはするが、真理を与えるというわけではない。しびれエイは一見あぶとは反対に見える。あぶは刺して目を醒まさせるのに、しびれエイは人をしびれさせるからだ。しかし、外側から現象としてはしびれているように見えるものが、最高の活動の形態として考えられるのである。思考によって、あらゆる他の活動は中断され、しかもそれによって、これまで考えていなかったときには疑問の余地のないように見えたことが不確かに思えてくる。こうして、事態が問題含みにいたるものとして捉えられるようになるのが、思考であり、その意味で思考そのものがニヒリズムの性格を持っており、思考そのものが危険なのである。

しかし、注意しなければならないのは、このように思考による吟味を危険だとするのは、吟味されない人生など意味がないというソクラテス的な考えではない。反対に、ものごとをこれ以上考えなくて済むようにしてしまおうとする欲求だということである。この考えないということは、いつでも吟味しないで一定の規則を持ってきてそれに現実の個々のものを当てはめるだけということになり、それがどういう意味を持っているかを考えないことになる。こうしたことがもっとも顕著にみられたのが、ナチ時代のドイツ、戦後のその清算の過程であり、また、スターリン時代のソ連である。

さて、ソクラテスは思考によって人々が賢くなることはないが、思考なしの人生は無意味だと考えていた。生きている間、人は正義や幸福などについて考えその意味を問うが、それはエロスとしての愛、自分が持っていないものを欲求する営みである。このような営みは求められ欲求されるのであるから、美とか知慧、正義のように愛するに値するものである。その意味で、醜と悪は思考の対象ではない。醜は美の欠如であり、悪は善の欠如である。悪とは欠如であり、存在しないものなのだと。【17】

ここでアーレントが最初にたてた問題、つまり、アイヒマン裁判にあらわれた「悪の陳腐さ」に係わる問題が明確に提示される。アイヒマンは考えていなかったから、あの巨悪を果たすことができたのであり、十分考えたからではない。たちどまって考えるという思考はなにか人々を改善するようなことはないが、どんな巨悪に対しても、それについて考え始めれば突然意味が浮かび上がってくる。つまり、これはどういう意味があるのかと問われる。思考しないで済ましてしまおうとする欲求は人間のなかで根強いものだが、意味を問う思考があってこそ、人間が生きることが成り立つのだと、アーレントは主張する。これまで、悪の問題は主としてキリスト教の神学の問題として提起されてきた。その影響はライプニッツの『弁神論』やカントなどにまで強く残っている。神の弁護のために立てられた悪は欠如態だという思想が人間生活の中心に入り込んできたわけである。しかも、神学とはいかなる関連もなしに論じられたのである。

さて、思考そのものに悪事をしないようにさせるものがあるとしたら、それは対象と無関係に活動そのものに含まれている性質があると考えられる。

ソクラテスが積極的な主張をすることはほとんどしなかったが、二つの積極的主張がある。第一は、「悪をするよりはされる方がましだ」というものであり、第二には、「世の大多数の人たちが私に同意しないで反対するとしても、その方が、一人なのだから、私が私自身と不調和であったり、自分に矛盾したことを言うよりもまだましなのだ」というものである。第一の発言は共同体を問題とする市民としての発言としてではなく、知恵と哲学を愛するという視点から、つまり、思考をする人間として見たらということである。それは、第二の発言の必要条件をなしていると考えられる。第二の発言は「一人なのだから」、それゆえに自分と不調和ではいられないという一見逆説的な発言だが、意識（consciousness）とか良心（conscience）ということを考えてみると分かってくる。私という人間は他人に対して向かっていると同時に、自分に対しても向かっている。私の同一性というのは、私自身のなかでのもう一つの私との間に同一ということが求められるのである。私のなかにじつは差異、区別が入り込んでいるからこそ、そこに同一性が問題になるのである。プラトンやハイデガーによれば、差異や区別の根源は他者が外にいるということから出てくるのではなく、自分が自分に対して関係を持つという内在的関係だけが問題である。しかし、そうした内在的同一性から他者性や差異性が出てくることはない。

アーレントによれば、思考の内部にいるときには、〈一者のなかの二者〉という状態において、自分がもう一人の自分と対話をしているのである。ところが、現象の世界においては、人間は一人の統一した人物として現れ見られるのであって、外部世界によって、思考が中断されたときに〈一者のなかの二者〉が現象としては消えていく。つまり、思考しているときには、人は単独者としてありながら自分をもう一人の対話の仲間としている。こうして思考活動において問う私と答える私と二者性もっていることは、実に人間が本質的に複数において存在していることのもっとも雄弁な証拠なのである。

この場合明らかなことは、精神の内部で行われる対話の基準は真理でなく、自分自身で首尾一貫していることなのである。もう一人の自分から問われることに矛盾して思考を続けることは不可能である。意識の場合には、認識し対象を知ることに向かっていれば志向的な性格を持ち真理を求めることになるが、思考は声を出さないままでの対話をするのである。ソクラテスが言った言葉、悪事をするよりはされる方がましだというのは、悪をすれば、内なるもう一人の自分からその理由を問われてしまうからである。思考は自分で積極的と考えるものを選ぼうとして行われるのだから、悪をしたり殺人をすることを、思考でよいことか悪いことかと考えることはできない。アーレントの言葉で言えば、殺人者だって他の殺人者の友でいることは望まない。やった殺人は自分でいろいろ合理化して正当化するだろうけれど、悪だと分かっていてそれを選ぶようにするということは損得の問題なら可能だろうけれど、思考の問題としては不可能だからである。思考による対話は、もう一人に自分も含めた友人のなかで行われるのだが、この対話で自分自身とかみ合わないままでいることほど苦痛に満ちたことはない。だから、本当の悪人というのはじつは自己矛盾に対して無関心な人物なのであって、彼らの場合には、首尾一貫性が問題にならないから、「後悔の念」で一杯になるということはないのである。

さて、ここで重要なことは、このような意味での思考は少数者の特権ではなくて原則的には誰にも開かれているが、逆に言えば学者のような精神的営為の専門家でも必ずしも常に思考するのではなく、むしろこうした思考の対話を避けたくなったり面倒になったりすることが頻繁だということである。しかし、この思考を欠いた生は意味がなく、そもそも生きているということさえも言えないかも知れない。

このような思考は、社会的な承認を求めるものでも評判を求めるものでもないが、全体主義の社会や消費文化の社会のなかで人々が思考することをやめて体制にただ追随しているにすぎないときには、突然政治的意味あいを持つことになってしまうことがある。一般的規則に自分を単に適応させるだけでなく、個々の出来事を自分の頭で吟味するということを通じて、個別なものを判断するという判断力の空間が開けてくる。思考そのものは自己矛盾しないようにとすることだけであるが、そこから副産物として良心というものが生まれ、他の人が世間や政府の決めたものにたんに従っているだけの時に、思考が問題を提起してしまうことが出てくる。思考は自己破滅だけは避けたいと思うからであり、良心の声を聞こうとするからである。【18】

こうして思考が何によって引き起こされるものでもなく、それ自体を目的とする活動だということによって逆に一定の時代のイデオロギーなどに対して批判的になることもできる。しかし、この思考の営みは専門的な学者や研究者といえどもけっして常に行うものではなく、むしろ、それ自体が非日常的なことである。特に、近代世界が進展するにしたがって、人間の活動が物質的生産活動に次第に収斂し、意味を問う思考の活動の空間が対象を支配するための認識活動と混同されていくことになる。この思考の空間の衰退こそが現代の多くの問題と結びつく。

この章でアーレントのとりわけて注目すべき主張は、思考の本質と政治哲学との結びつきだと思われる。ヨーロッパ哲学においては、自我の同一性を問題にし始めると、そこから政治哲学が抜け落ちてしまうのが少なくない。アーレントによれば、思考はそもそも沈黙のうちに行われる対話であり、しかも思考活動においては一人の人間のなかに二人の自己が存在する〈一者のなかの二者〉という性格を持っている。そうした一人で単独に営む思考自体が二者性を持っていることは、人間が複数で存在していることの表現である。自分が自分であるということにおいて他者が対話のなかに入り込んでいる。しかも、この営みがたんに対話に留まらず、一人の人間のなかでのことなのだということを確証するのは、常に自分とは異なる人々に自分を一人のまとまりのある人格として自分を現象させなければならないということによる。よく自分のなかの思考の営みを見れば分かるように、対話をしているとき人はどちらかの自己に明確に定位しているわけではない。むしろ自分のアイデンティティーは存在しないといってもよいほどの曖昧なものである。そこに自分としてのアイデンティティーを形成させるのは、友人や他者のなかに自分を示すことによってであるし、自分とはそうした世界のなかでの活動によってこそ存在し得るものである。自己のアイデンティティーは他者がこの現象の世界において存在することによって成り立つのであって、〈私にはこう見える〉という形で一人一人がさまざまな世界経験を示すことにこそ、一つの世界に多様な形で経験されているものの提示としてその人のリアリティーが目に見えるものとして確認されるのである。

このようなアーレントの主張は独創的であろう。世界は一人一人異なった形で知覚され経験されて〈私にはこう見える〉という形で表明されることによってこそ、逆に一人一人の経験そのものがかけがえのないものとして分かるのだということ、世界とはそもそものような人間の多様性が経験され複数で存在していることが確認されることによってこそ存在するのだという観点こそが、アーレントのような実存哲学的な思考を元来持った思想家を政治哲学者として登場させることになるのである。人間が多様な経験を維持したままに一緒に協同の経験をしていくことによって、人間としての意味と輝きを得るという思想は、たんに支配権力と経済的利害配分の手段に成り下がってしまっているような現代政治の現実とは大きく異なるものである。人は自由な個性を前提として一緒に協同することによって、自分としてのかけがえのなさを得るのだという主張が今日抽象的に響くとすれば、現代世界がそれだけ世界を喪失してしまっていること(Weltlosigkeit)の証拠なのかも知れない。二〇世紀の経験が彼女が全体主義と言い表していることの拡大だとすれば、つまり、人々が自分で考えることによって世界とつながっているという経験を持つことができず、思考を停止して消費文化に身を委ねたり、政治的協同に対する経験を忘れるとすれば、それは人間が人間であることの意味を失うことなのだとアーレントは主張している。

第Ⅳ章　思考するとき、我々はどこにいるか

これまでの考察を最初に要約すれば三点になる。第一は、思考というものは日常の営みとは異なった常ならぬものであり、その意味で言えば、日常活動とは互いに邪魔し合うものだといってよい。思考にふければ日常生活は止まってしまう。

第二に、思考する自我の経験は哲学者によってさまざまな形で表明されてきているが、思考と現実の対比が大きなものなので、それが逆に転倒されて、思考したものの方が現実的で、単に存在しているものはたんに一時的にしか存在しないものであるかのように考えられることもある。第三に、思考によって、個別的なものから離れ一般的なものに向かうことによって、思考は居場所を失うといってもよい。思考は空間的に言えば「どこにもない」とも言える。

このことを強く意識していたのはアリストテレスであった。こうした個物に限定されることなく普遍的なものに係わる思考の営みは心地のよいものだし、それが哲学にコスモポリタン的性格を与えてきた。ヴァレリーは「我々が思考しているときには我々は存在しない」とか「時に私は思考し、時に私は存在する」と言った表現をしているが、これは我々の実在の感覚がまったく空間的にのみ限定されて考えられているときに成立することである。

しかし、我々は時間のなかにもある存在であり、今はもうないものを思い出したり、まだないものを予測したりすることによって、現象としては存在していないものを現前させることを精神の営みとしている。「思考するとき我々はどこにいるか」という空間的な問いは、カントの「時間は内官の形式」という発言を忘れてしまったかのような議論といわざるを得ない。精神の営みにおいては、経験は脱感覚化され、空間的限定から自由になり、時間的に思考の流れの継起に再構成される。【19】

では、思考する自我が時間のなかのどこに位置するのかという問いのために、カフカの『彼』という詩の譬え話をとってみる。「彼」は背後から攻められる敵と正面から攻めて前を遮る敵を持っている。前の敵も後ろの敵もお互いが「彼」を支援して動かそうとするが、彼自身の夢は、そうした前線から抜け出して敵同士が互いに戦うのを判定する立場に立つことである。これが思考する自我の時間感覚を描いている譬えだとすれば、過去の「もはやない」という状態は空間的に我々の背後に、また、未来の「まだない」は前方にイメージされる。この時間においては、あいだに人間がいて、そこが現在と呼ばれるものである。同じように、ニーチェの『ツァラトゥストラはこう語った』のなかではもっと分かりやすく寓意的表現がなされている。ツァラトゥストラが到着した門には「今」という字が書かれており、そこには永遠に続く二つの道が合流している。ハイデガーの解釈にある通り、この考えは傍観者のものではない。傍観者からすれば今がたんに次々に継起していくことでしかないので合流地はない。衝突が起きるのは自分自身が今のなかにいる人だけであって、そこにいる人は過去と未来の両方に向かっているという。両方が現在の彼を作り上げているものに向かっているわけである。

カフカの譬えに代表される考えは、日常の仕事をする人間について当てはまるのではなく、思考する自我が日常生活から退きこもるかぎりで生まれるものである。過去と未来の間に溝ができてくるのは反省によってのことである。反省によって不在の領域が精神に現前するようになる。「彼」の譬えの最後で、彼が判定者の立場にたち、ヌンク・スタンス、動かない現在としての平静さを得ようとするが、これこそ、ヨーロッパ哲学でパルメニデスからヘーゲルまで願われていた夢、思想の領域で時計やカレンダーを超えてある永遠の現在のあこがれへの表現である。

背後にある過去と前方にある未来という二つの力のなかに限界づけられて、人間が思考しつつ存在する現在はその両者の流れの戦いのなかにあり、この戦いの嵐のなかの静けさのような形である。この「今」は中世哲学では静止する今、ヌンク・スタンスとして表現されてきたが、ここで人間は無限の過去と無限の未来の道のなかにいわば見えないほど小さな非‐存在の道を作り、それが精神の領域なのである。ここでは、「もはやない」時間と「まだない」時間という不在の時間が思考によって現前させられ、そこで人間生活の意味の全体が持続して現れてくるのである。

〔20〕

以上が、第一部の概要であるが、アーレントは第一部を終えるにあたって、第二部の意志と判断についての概略を素描している。残念ながら、判断についての部分は残されなかったので、ある意味で判断についての記述は重要である。判断力は一定の論理的操作とは何の関係もないものであり、そこから生まれる良心というものも一切の法律や規則を乗り越えたものである。この点が重要なのは、ヘーゲルとマルクス以来、歴史の進歩というものが人類の進歩という形であるかのように考えられてきたからである。問題の本質は、人間の精神が結局は世界史の流れのなかに委ねられそこで審判を受けるものなのか、それとも、精神はこの世の出来事から自立して働き得るものなのかという選択に係わる。たとえば、ナチズムのような現象を歴史自身に究極の判定を求めるとすれば、それは歴史的必然性の問題としても論じられることになろう。しかし、判断力が歴史の状況に従属しない能力だとすれば、それを批判しそのことを拒絶する精神の自由が回復される。これこそ、重要な点だとアーレントは主張しているようだ。【21】

〔注〕

彼女の生涯については、主として次の二冊に依拠した。

① Elisabeth Young-Bruehl, Hannah Arendt For Love of the World. Yale University Press, New Haven and London, 1982.（ヤング＝ブリュールとして省略）

② Wolfgang Heuer, Hannah Arendt. Rowohlt rororo, Hamburg, 1987.（ホイヤーと省略）

他に省略で示したものは、

③ Margaret Canovan, Hannah Arendt and the Human Condition, in Political Thought since 1945 edited by L. Tivey and A. Wright. Edward Elgar, 1992.（カノヴァンと省略）

④ Martin Jay, Permanent Exile. Columbia University Press, 1986. 邦訳、今村仁司他訳『永遠の亡命者たち』新曜社、一九八九年（ジェイと省略）。

⑤ L. A, Coser, Refugee Scholars in America. Yale University Press, 1984. 邦訳、荒川幾男訳『亡命知識人とアメリカ』岩波書店、一九八八年（コーザーと省略）。

⑥ H.S. Hughes, The Sea Change. Harper & Row, New York, 1975. 邦訳、荒川幾男・生松敬三訳『大変貌』みすず書房、一九七八年（ヒューズと省略）。

⑦ Hannah Arendt Karl Jaspers Briefwechsel, 1926-1969, Piper Verlag, 1987.（書簡と省略）

⑧ Sheldon S. Wolin, Hannah Arendt and the Ordinance of Time, in Social Research, 1977 spring.（ウォーリンと省略）

■岩波オンデマンドブックス■

精神の生活 上 ──第一部 思考　　ハンナ・アーレント 著

1994年4月20日　第1刷発行
2008年6月16日　第8刷発行
2015年8月11日　オンデマンド版発行

訳 者　佐藤和夫《さとうかずお》

発行者　岡本 厚

発行所　株式会社 岩波書店
〒101-8002 東京都千代田区一ツ橋2-5-5
電話案内 03-5210-4000
http://www.iwanami.co.jp/

印刷／製本・法令印刷

ISBN 978-4-00-730249-7　　Printed in Japan